내 문제가
아닌데

내가
죽겠습니다

**내 문제가 아닌데
내가 죽겠습니다**

초판 1쇄 인쇄 2020년 4월 20일
초판 1쇄 발행 2020년 4월 27일

지은이 유드 세메리아Eudes Séméria **옮긴이** 이선민

펴낸이 이상순 **주간** 서인찬 **편집장** 박윤주 **제작이사** 이상광
기획편집 김한솔 박월 최은정 이주미 이세원 **디자인** 유영준 이민정
마케팅홍보 이병구 신희용 김경민 **경영지원** 고은정

펴낸곳 (주)도서출판 아름다운사람들
주소 (10881) 경기도 파주시 회동길 103
대표전화 (031) 8074-0082 **팩스** (031) 955-1083
이메일 books777@naver.com **홈페이지** www.books114.net

생각의길은 (주)도서출판 아름다운사람들의 교양 브랜드입니다.

ISBN 978-89-6513-593-7 03180

Le harcèlement fusionnel
©Editions Albin Michel - Paris 2018

Korean language edition ©2020 by Beautiful People
Korean translation rights arranged with Edition Albin Michel through
EntersKorea Co., Ltd., Seoul, Korea.

이 책의 한국어판 저작권은 (주)엔터스코리아를 통한 저작권사와의 독점 계약으로
(주)도서출판 아름다운사람들이 소유합니다.

이 도서의 국립중앙도서관 출판예정도서목록(CIP)은 서지정보유통지원시스템(http://seoji.nl.go.kr)과
국가자료종합목록구축시스템(http://kolis-net.nl.go.kr)에서 이용하실 수 있습니다. (CIP제어번호 : CIP2020011456)

내 문제가 아닌데
내가 죽겠습니다

가족만 떠올리면
가슴이 답답한
당신을 위한
생존 심리학

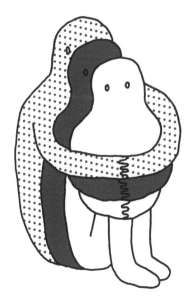

유드 세메리아 지음 ㅣ 이선민 옮김

목차

일러두기

이 책에는 영어권에서뿐만 아니라 불어권에서 연구되고 정립된 심리학 용어가 등장합니다. 추후 독자의 자료 검색 및 참고를 위해, 주요 심리학 용어가 영어권에 존재할 경우에는 영어를, 아직 불어권에서만 존재할 경우에는 불어를 병기합니다.

가족의 사랑이
당신을 지배할 때

누구에게나 있는 그 한 명의 가족

유달리 다른 가족에게 정서적으로 기대고 싶어 하고 집착하는 사람이 있습니다. 이들은 버림받거나 혼자가 될지도 모른다는 두려움에 떨며 살아갑니다. 그래서 다른 가족 구성원과의 적절한 거리를 어떻게든 피하려고 하며 다른 가족의 보살핌을 지나치게 많이 요구합니다. 이들은 이렇게 말합니다. "저는 가족에게 많이 의지하고 있어요, 그들을 잃을까 봐 두려워요.", "혼자서는 결정을 못 내리겠어요.", "어른이 되지 못한 느낌이 들어요.", "항상 제 능력이 모자란 것 같아요.", "인생에 진전이 없어요."….
이들은 극심한 불안감에 시달리며, 타인에게 사랑받고 인정받는다는 느낌을 항시 필요로 합니다. 주변 사람들에게 계속해서 도움을 요청하고, 늘 그들과 가까이 붙어 있고 싶어 하지요.

　부모와 배우자, 친구들은 대체로 이들의 요청을 들어주려고 최대한 애씁니다. 함께 있어주며 안심시키고, 소중하게 대합니다. 이들이 끊임없이 털어놓는 고민에 조언을 해주거나 대신 결정을 내려주거나, 간호해주거나 필요한 돈을 주는 등 온갖 형태로 돕습니다. 하지만 이렇게 해도 아무런 변화가 없습니다. 정서적 의존이 심한 사람은 스스로의 삶을 자율적으로 살아가지 못하고, 결국 또다시 타인에게 기대고 맙니다.

　이제는 지쳐버린 어느 아내가 말합니다. "제 남편은 자기 앞가림을 못해요. 항상 어린애처럼 제가 이끌어주어야 해요." 억압적이면서도 자꾸만 절망하는 엄마에게 질려버린 젊은 딸도 같은 이야기를 합니다. "엄마는 제가 엄마한테서 멀어지려고만 하면 죄책감으로 옭아매요. 제 인생을 송두리째 앗아가요." 혹은 형에게 실망한 남성도 있습니다. "형은 단 한 번도 어른답게 군 적이 없어요. 제가 형을 책임져야 할 것 같아요."

　이러한 행동들이 의존성 인격장애의 전형적인 예입니다. 이 문제로 가족을 '떠맡게' 된 경우가 의외로 많습니다. 분리를 견디지 못하는 배우자, 자신감이 극도로 부족하거나 독립을 거부하는 다 큰 자녀, 소유욕이 강한 엄마, 불안에 사로잡혀 정서적 고통에 시달리는 형제 등, 끊임없이 신경을 쓰며 보살펴야 하는 가족 한 명 없는 집은 보기 드물 정도니까요.

고통에 이름을 붙이다

심리학계는 이미 한 세기가 넘도록 정서적 의존에 관심을 기울여 왔습니다. 여러 전문가가 차례로 '심리적 유아증infantilisme psychologique', '의지결핍aboulia', '순종형 성격compliant personality', '부적합 인격inadequate personality', '무기력증asthenia' 등을 언급하며 정서적 의존을 명확히 밝혀내려고 했습니다. 그러다가 1980년 미국 정신의학회가 출간한 정신장애 진단 분류체계를 다루는 서적인 『정신장애진단 및 통계편람 제3판Diagnostic and Statistical Manual of Mental Disorders : DSM-3』을 통해 '의존성 인격장애'라는 표현이 널리 사용되기 시작했습니다. 정서적으로 의존 상태인 어른이 보이는 대부분의 특성들을 모아 놓은 정신질환이지요.

그러나 심리학계는 이처럼 정서적 의존도가 높은 사람에게 주목하면서도 이들이 주변 사람들에게 미치는 영향에 대해서는 전혀 고려하지 않았습니다. **그런데 이 문제를 가진 이들의 주변 사람들은 하나같이 지나치게 밀접하여 '숨 막히는' 관계 속에서 '꼼짝 못 하게' 된 것 같은 감정을 반복적으로 느낍니다.** 모든 정서적 의존이 발생하는 인간관계에서는 예외 없이 심각한 괴롭힘이 존재한다고 주장할 수 있을 정도로 말이지요. 제가 이 책을 쓴 의도가 바로 여기에 있습니다. 이 정신적인 괴롭힘을 진단하고 분석해 가족이란 이름으로 고통스러웠던 사람들의 짐을 덜어주려는 것입니다.

가족 내에 괴롭힘이 있을까

1990년대 말, 프랑스의 정신분석학자이며 정신과 의사인 마리 프랑스 이리고양Marie-France Hirigoyen은 정신적 괴롭힘을 이렇게 정의했습니다.

"겉으로 드러나거나 보이지 않는 형태로 한 사람 또는 다수가 특정한 한 사람에게 행하는 적대적인 음모. 구체적으로 말하자면 따돌림을 의미한다."

더 구체적으로는 한 사람 혹은 한 무리가 고의로 다른 한 사람의 체면과 가치를 깎아내리려고 할 때, 정신적 괴롭힘이 벌어지는 것입니다. 이리고양이 말하는 괴롭히는 가해자들의 심리적 특성은 아래와 같습니다.

"누군가에게 '타격을 입힐' 때에만 존재할 수 있다. 이들은 다른 사람들을 깎아내려야지만 스스로 자존감이 높아지고 이렇게 해서 심지어 권력까지 얻게 되는 것이다. 이들은 존경과 인정에 굶주린 사람들이니까."

가족 내에서도 괴롭힘은 분명히 존재합니다. 실제로 정서적 의존이 심한 가족 한 명의 반복적인 요구로 인해, 다른 가족 구성원들은 하나같이 불안함과 괴롭힘을 당하는 느낌에 시달린다고 말합니다. 게다가 이들은 자신이 보살펴야 하는 의존적 가족의 심각한 나약함으로 인해 점차 만성적인 스트레스와 불안, 무력감에 시달리다가 결국에는 염세주의와 정신쇠약의 상태까지 겪게 됩니다. 뿐만 아니라 이와 같은 극도의 심리적 불안 증상에 더해 여러 가지 신체적 증상까지 나타나지요. 소화불량, 고혈압, 빈맥, 가슴의 두근거림 등의 심혈관계 질환, 수면장애, 근육통 및 관절통, 두통, 만성피로 등을 예로 들 수 있습니다.

그는 당신이 아는 가해자가 아니다

하지만 정서적 의존이 심한 어른이 자기 주변에 있는 사람들을 '괴롭히고' 싶어 할까요? 심지어 자신을 사랑하고 자신에게 도움을 주려는 사람들을 말입니다. 또한 이러한 감정적 관계를 굳이 언급하지 않더라도 상처받기 쉬운 '약자'가 어떻게 도움을 주는 사람인 '강자'를 괴롭힐 수 있을까요? 당연히 괴롭히는 사람이 강자고, 타인을 지배하고 해치려는 의도를 가진 사람이어야만 하지 않을까요?

이 책에 등장하는 정서적으로 의존이 심한 어른은 직장 내 괴롭힘의 상황에서처럼 다른 사람을 짓누르거나 해치려고 하는 자기애적 성향을 지닌 도착적 폭력 가해자와는 아무 상관이 없습니다. 반대로 의존적 어른은 자기를 비하하고 자신을 깎아내리며, 다른 사람들에게 자신보다 우위에 서있고 자신을 능가할 수 있는 자격을 무조건적으로 부여하려는 성향이 있지요. 심지어 다른 사람이 자신을 지배하고, 자신의 책임을 면제시켜주며, 자신을 어린애처럼 대해주기를 원합니다. 자신의 주변 가족들이 자기 대신 일을 결정하고 책임지게 만들려 애쓰지요. 그리하여 힘든 상황에 처할 때마다 다른 사람들에게 매달리려 듭니다. 주변 사람들을 자신 옆에 붙들어 둔 채, 억지로 자신을 도와주고 부양하게 만들지요. 심지어 주변 사람들이 정신적으로 피폐해질 때까지 쉬지 않고 자신을 '받쳐 주기를' 강요합니다. 이 과정에서 의존적 어른은 주변 가족의 건강을 충분히 해칠 수 있습니다. **그가 해를 끼치는 대상은 다른 사람이 아닌 '자기 자신'입니다. 하지만 그들의 이런 행동은 주변 사람들에게도 심리적인 타격을 줍니다. 뿐만 아니라 다른 이들을 억지로 자신의 사건에 휘말려들게 합니다.** 다른 가족 구성원들은 의존적인 가족의 자해와 자기 파괴 행동을 지켜보도록 강요당하며 만성적인 불안에 시달리게 됩니다.

인생에서 도망가는 사람, 의존적 어른

결국 의존적 괴롭힘이란 한 어른이 매달리고 상대를 구속하는 등 반복적인 의존적 행동을 통해 상대방으로 하여금 자신을 보살피도록 만들고, 상대방은 이 과정에서 정서적, 심리적 불안을 느끼는 상황을 의미한다고 할 수 있습니다. 그렇지만 정신적 괴롭힘의 형태와는 전혀 다릅니다. 의존적 괴롭힘은 한 명의 가해자와 한 명 혹은 다수의 피해자가 서로 대립하는 형태를 띠고 있지요. 하지만 실제로 정서적 의존과 관련된 괴롭힘은 결코 한 개인의 의지만으로 이루어지지 않습니다. 상호작용으로 나타나는 상황이지요. 그 상황 자체가 괴로운 것이지, 한 사람이 누군가를 일부러 그리고 일방적으로 괴롭히는 것이 아닙니다. **정서적 의존이 일어나는 그 관계 자체가 문제의 본질인 것입니다. 이러한 관계는 '쌍방'이 있을 때만 유지될 수 있습니다.** 정서적 의존이 심하다고 확인된 사람과 이 사람을 도와주는 사람은 서로에게서 심리적 및 물리적으로 멀어질 수 없으니까요. 이러한 형태의 괴롭힘을 살펴보면 항상 가족 혹은 부부 사이에 의존적 관계가 존재한다는 사실이 드러납니다. 즉, 서로가 서로에게 '매달려' 있겠다는 의지가 작용하는 상황입니다.

'의존적 관계에 매달린다'는 말을 일상적인 의미에 한정해 이해하고자 한다면, 엄마와 아기 사이의 관계, 서로 헤어질 수 없는 두 연인 사이의 정열적인 관계, 혹은 외부와의 교류가 별로 없는 가족 안에서 이루어지는 도가 지나친 결속관계 정도를 떠올려볼 수 있습니다. 하지만 이 책의 기본 틀을 이루는 실존주의 심리학에서는 이 말을 보다 넓은 의미로 해석합니다. "의존적 관계에 매달리는 사람은 어떤 수를 써서라도 자기 자신을 독립적으로 기능할 수 있는 온전한 개인으로 받아들이지 않으려고 애쓴다." 이른바 '의존적 관계에 매달리는' 사람은 단순한 감정 혹은 애정의 차원을 넘어서서, 자기 존재의 책임을 다른 누군가에게 지우려고 합니다. 이들은 다른 사람에게 기대고 다른 사람 뒤에 자신을 숨기며 자신이 느끼는 불안, 특히 온갖 실존적 불안에서 벗어나고자 합니다. 다른 누군가가 자신을 부양하고 보살피며 자기 대신 결정을 내리는 순간부터 다음과 같은 아주 민감한 질문들에 답하지 않아도 되기 때문이지요. "내 인생의 의미가 뭐지?", "어째서 나는 언젠가 죽어야만 할까?"…. 초기 실존주의 심리학자였던 헬무트 카이저Helmuth Kaiser가 의존적 관계에 매달리는 사람의 삶의 원칙이라 할 만한 내용을 다음과 같이 명쾌하게 정리하고 있습니다. "내가 하는 말을 진지하게 받아들이지 말아요. 나는 주변으로부터 어른으로 분류되지 않고 스스로를 어른으로 여길 수 없는 사람이에요."

버리지 못하지만
이대로 살지도 못할 당신에게

이 책은 의존적 괴롭힘을 당하고 있으며 그에 관한 해답과 해결책을 찾는 모든 사람을 위한 것입니다. 거듭 말하지만 이러한 상황에 처한 사람들은 아주 흔합니다. 의존적 괴롭힘의 일상적인 모습을 살펴보며 이와 같은 상황이 어떻게 만들어지는지, 가족 혹은 부부를 이루는 구성원들이 어떻게 자신도 모르는 사이에 상호의존성으로 점철된 악순환에 갇히게 되는지를 보여주려고 합니다. 아주 다양한 상황들을 살펴볼 것입니다. 부모·자식, 형제자매, 부부 및 연인, 친한 친구 사이의 의존적 괴롭힘에 대해서 말이지요. 의존적 관계는 의외로 정서적 어려움을 겪는 의존적인 어른 혼자만의 책임이 아니라 공동 책임이라는 사실도 살펴볼 것입니다. 또 의존적 존재 방식을 가진 사람의 심리적 특성과 원인을 살펴본 뒤, 의존성 인격장애를 가진 사람과 조력자* 양쪽에게서 근본적인 변화를 이끌어낼 수 있는 방법들을 소개할 예정입니다

이 책은 제가 임상심리학자 겸 심리치료사로 활동하고 연구한 결실입니다. 의존적 관계에 매달리는 어른들과 그들 주변 가족들의 증언을 지난 수년간 수집하고 연구해 온 결과가 담겨 있지요.** 다만, 이 책이 세상에 나오게 된 데에는 다른 이유도 있습니다. 바로 저 자신이 오랜 기간 동안 의존적 괴롭힘을 당한 피해자였다는 사실입니다. 저 역시 이러한 상황과 맞닥뜨려야만 하는 다른 모든 사람처럼, 처음에는 주어진 상황을 분명히 이해할 수가 없었습니다.

그렇지만 오랜 연구 끝에 그 상황에서 벗어날 방법이 있다는 것을, 그리고 나 자신을 완전히 소진시키거나 관계를 완전히 단절시키지 않아도 가능하다는 것을 알게 되었습니다. 그리고 그 시작에는 의존적 어른과 이 관계에 대한 보다 깊은 이해가 있습니다.

---

* 여기서 말하는 '조력자'는 정서적 의존이 심한 가족에게 도움을 줘야 하는 모든 사람을 뜻합니다.

** 본 책에 언급된 이름은 모두 가명임을 밝힙니다. 모든 내담자들의 익명성이 보장될 수 있도록 장소 및 지역명도 일정 부분 바꾸었습니다.

"엄마는 모든 게
다 내 탓이라고 몰아붙여요.
끊임없이 나를
죄인으로 만들어요."

1장

가족이라면
그래야 하는 줄
알았습니다

의존적 괴롭힘은 주로 가족이나 부부, 친한 친구 사이에서 한 사람이 다른 사람에게 지나치게 감정적으로 의존하면서 시작됩니다. 다음은 끊임없이 주변인들에게 도움을 청하며 정서적으로 의존하는 이들의 사례입니다.

가스파르, 40세: "어떻게 살아야 할지 모르겠어요. 그럴 때마다 꼭 바보가 된 것 같은 느낌이죠. 항상 다른 사람들이 저보다 잘나 보여요. 자신감도 없어요. 그러다 보니 계속해서 다른 사람에게 도움을 청하게 되죠. 나는 무능하다고 입에 달고 사는데, 그게 친구들과 부모님을 지치게 만드는 것 같아요."

포스틴, 32세: "머릿속에 온통 가족이랑 친구들 생각뿐이에요. 엄마나 친한 친구의 소식을 매일같이 듣지 않으면 불안해서 미쳐버릴 지경이에요. 누군가에게 의지하지 않고 살아갈 수 있다는 사실을 도저히 받아들일 수가 없어요. 그래야만 한다고 생각하면 화가 날 때가 많아요."

마르게리트, 42세: "저는 정서적으로 다른 사람에게 지나치게 의지해요. 그래서 제 친구도 무척 괴로워해요. 그 친구 없이는 혼자서 아무것도 할 수가 없어요."

한편 주변 사람들이 느끼는 괴로움은 이렇습니다.

카를라, 20세: "엄마가 절 놓아주지 못해요. 제 인생을 살아보려 할 때마다, 엄마는 심하게 우울해하고 절망하며 저를 압박해요. 심지어 "내가 죽으면 다 너 때문이야!"라고 말하기도 해요! 결국 저는 죄책감과 함께 엄마를 책임져야 한다는 생각에 사로잡혀 버려요."

가랑스, 52세: "아멜리 언니는 한순간도 절 그냥 내버려 두지 않아요. 제가 늘 같은 태도로 언니를 받쳐주지 않으면, 분명 언니는 견디지 못하고 쓰러져 버릴 거예요. 언니는 언제나 스스로 힘겨운 상황을 만들어 놓고선 그때마다 저를 끌어들여요. 정말 지쳐요."

아르노, 31세: "제 여자 친구는 질투가 심해요. 도저히 그녀에게 확실한 믿음을 줄 수가 없네요. 시도 때도 없이 제 소지품을 뒤지는가 하면, 제가 다른 여자들과 잠깐 이야기를 하는 것조차 못 견뎌하고, 늘 저를 감시하느라 바쁘죠. 비난을 퍼부으며 저를 몰아붙이다가 이내 눈물을 흘리는 일이 끊임없이 반복되는데, 정말 미칠 지경입니다."

다음 사례를 보면 정서적 의존이 심한 어른이 어떻게 심각한 정서 불안 상태에 이르는지를 알 수 있습니다. 주변 사람들이 정상적인 일상생활을 하지 못할 정도로 말이지요.

마르쿠스는 49세이다. 그의 인생은 망가졌다. 체념한 듯 멍한 눈빛 속에는 자신감이라곤 찾아볼 수 없다. 사춘기가 끝날 무렵부터 그가 하는 것은 모두 실패로 이어졌다. 온 가족이 그를 괴로움 속에서 끄집어내려 애써왔다. 특히 두 살 아래 동생인 피에르는 형의 미숙함과 끊임없는 불안정함 때문에 발생하는 모든 짐을 고스란히 짊어져야만 했다. 피에르는 이렇게 말했다. "제가 늘 형을 뒷받침해주어야만 했어요. 처음에는 저한 테서 돈을 빌리기 시작하더니, 언젠가부터 조금씩 몰래 훔쳐 가더군요. 눈에 보이는 제 물건이란 물건도 다 훔쳐가고요. 그러더니 곧 술을 마시기 시작했어요. 형은 안정적인 삶을 살아본 적이 없어요." 마르쿠스는 자살 충동을 느끼는 경우가 급격히 늘어났고, 이따금 실제로 시도하기도 했다. 결국 얼마간 병원생활도 했다. 그랬던 그도 30살 무렵 잠시 정상적인 생활을 하기도 했다. 결혼을 해서 자식도 하나 두고 2년 동안 안정적인 직장생활까지 했다. 피에르가 설명했다. "그땐 정말 형이 정상으로 돌아온 줄 알았어요. 하지만 아니었어요. 한순간 모든 것이 다시 무너졌죠." 마르쿠스는 직장을 잃고 이혼당한 뒤 노숙을 하거나 우연히 알게 된 사람들 집을 전전하며 방황했다. 절도죄로 잠시 감옥살이까지 하고 난 뒤에는 결국 냄새나는 단칸방에 처박혀 몇 년을 술에 빠져 겨우 목숨만 부지한채로 살았다. 가족들은 결국 모두 연락을 끊었다. 하지만 피에르는 아니었다. "10년 만에 제가 결국 다시 형을 찾아갔어요.

형은 이미 알코올중독이 심한 상태였어요. 그때부터 저는 또다시 형을 돌봐야만 했지요."

하지만 마르쿠스도 열여덟 살까지는 누가 봐도 건실한 청년이었다. 자전거, 유도와 같은 운동을 즐기고, 밥도 잘 먹었으며, 술이나 담배도 하지 않았다. 그런데 군 복무를 마치고 돌아온 뒤, 말하자면 사회에 진출하면서부터 불안 증세와 함께 심각한 수준의 무기력증이 나타나기 시작했다. 부모는 그런 마르쿠스에게 독립해서 스스로 삶을 살아가도록 권유했다. 하지만 마르쿠스는 머뭇거리며 시간을 끌 뿐이었다. 따놓은 학위도 없고 일거리도 찾지 못했다. 사실상 그는 일하고 싶은 마음이 전혀 없었다. 한동안 방에 틀어박혀 아무것도 하지 않고 잠만 잤다. 부모는 의지 없고 게을러 보이는 아들의 모습이 못마땅했다. 결국 부모는 아들을 좁은 원룸에 밀어넣었다. 마르쿠스는 야간 주차요원으로 일하게 되었지만, 그는 차츰 친구들과도 연락을 끊고 자기 안에 틀어박혔다. 피에르가 설명했다. "형이 저를 괴롭히기* 시작한 건 그때부터였어요. 시도 때도 없이 저한테 돈을 달라고 했죠. 자기가 힘들거나 위험한 상황이라고 했어요. 이런저런 심각한 병에 걸렸다고 말하기 시작한 것도 이때부터였고요. 저는 몇 년 뒤에야 병에 걸렸다는

---

* 피에르가 자신의 형에게 괴롭힘을 당했다고 말할 수는 있지만 그렇다고 해서 문제의 인물이 동생을 고의로 괴롭힌 것은 아닙니다. 형 '자신도 모르게' 벌어진 괴롭힘이기 때문이지요. 굳이 말하자면 문제의 인물은 괴롭힘을 '지니고 있는' 존재라고 할 수 있습니다. 마찬가지로 이러한 괴롭힘을 당하는 대상처럼 보이는 주변 사람들은 그것을 '짊어짐'으로써 자신들도 어느 정도 괴로움을 나눠 가지게 됩니다.

게 형이 모두 지어낸 거짓말이란 걸 알게 되었죠. 암에 걸렸
다, 심지어 에이즈에 걸렸다고까지 했어요. 심지어 하루는 이
런 일도 있었습니다. 익명으로 부모님께 형이 교통사고를 당
해 의식불명 상태로 죽어가고 있다는 전보를 보낸 겁니다! 형
이 도움을 필요로 하고 있다는 것은 분명히 알겠어요. 하지만
진정으로 원하는 게 무엇인지는 도저히 알지 못하겠더라고요.
어째서 형은 항상 그토록 절망적이고 불안한 걸까요?"

부모의 부모가 된 사람들
부모화와 충성심 강요

의존적 괴롭힘이 벌어지는 모든 상황의 중심에는 '도와달라
는 호소'와 '극적인 과장'이 놓여 있습니다. 이러한 행동은 심리
학에서 말하는 '가족에 대한 충성심family loyalty'이라는 작용을 이끌
어내며, 의존적 괴롭힘의 상황을 지속시킵니다.

40여 년 동안 가족심리치료에서 사용된 임상 개념인 가족에
대한 충성심은 가족 구성원들 사이에 일종의 암묵적 약속이 존
재함을 말해줍니다. 이 약속에 따르면 각각의 구성원은 이런저
런 방식으로 나머지 구성원들에게서 받은 것을 갚아줘야 할 의
무가 있습니다. 이러한 이유로 우리는 가족을 위해 기꺼이 마음
을 쓰고, 시련에 빠진 가족을 지지하며, 가족이 겪는 불안을 달
래주는 것을 당연하게 받아들입니다. 심지어 경우에 따라 가족

을 위해 기꺼이 자신을 희생하는 일까지도 자연스럽다고 생각하는 겁니다. 우리는 수직적 관계인 부모와 수평적 관계인 형제자매 또는 친구에게 빚을 졌다 느낍니다. 내가 누릴 수 있는 당연한 권리이면서도 한편으로는 상대방에게 일종의 빚 진 감정이 생겨나는 것이지요. 결국 이를 통해 관계를 조정하고, 가족의 유대감과 가족 간의 긴밀한 관계를 지켜나가는 겁니다. 이러한 관계는 유년기 때부터 형성됩니다. 부모가 자녀를 학대하는 상황 속에서도 마찬가지이지요. 정신과 의사이자 심리치료사인 마르코 바노티Marco Vannotti에 따르면, "이러한 충성심은 부모가 자녀로 하여금 약속을 잘 지키도록 반복적으로 훈련하는 상황 속에서 성립되는 것이 분명하다." 말하자면 후천적 반사인 것이지요. **충성심의 밑바탕에 무엇이 깔려 있는지는 묻지도 않은 채, 경험에 의해 가족을 돕고 신뢰하게 되는 겁니다. 그런데 바로 아주 강력한 작용을 하는 이 후천적 반사로 인해 우리는 의존적 괴롭힘의 상황에 직면하게 됩니다.**

실제로 정서적 의존도가 높은 어른에게 충성심은 어마어마한 힘을 부여합니다. 특히 가족 구성원을 괴롭히는 주체가 부모일 때에는 더욱 그렇습니다. 아주 어렸을 때부터 엄마에게 자기를 희생하도록 강요받은 카를라의 사례처럼 말입니다. 늘 우울하고, 정서적으로 의지할 상대가 필요한 카를라의 엄마로 인해 모녀 사이의 역할은 뒤바뀌고 말았습니다. 결국 카를라는 유년시절 내내 '엄마의 엄마'라는 무거운 짐을 짊어져야만 했습니다.

카를라는 쉽게 얼굴이 빨개지는 섬세하고 감수성이 예민한 대학생이다. 1년간 법학 공부를 했지만, 결과가 형편없었기 때문에 역사를 공부하기로 마음먹었다. 그녀는 진로 변경을 핑계로 부모님을 떠나 친구 1명과 방을 구해 같이 살게 되었다. 엄마와 물리적 거리를 두자 카를라의 마음이 정말 편해졌다. 하지만 이미 갈등이 있던 모녀관계는 더 악화되고 말았다. 카를라의 말은 이렇다. "별다른 수가 없었어요. 감옥에 갇힌 것처럼 답답해서 숨이 막힐 지경이었죠. 엄마는 내가 타지로 떠나길 원치 않았어요. 엄마는 단 한 번도 내가 자기의 곁을 떠나는 것을 찬성한 적이 없어요. 내가 어디에 있는지 모르면, 내가 있는 곳을 알 때까지 집요하게 추적하고 수도 없이 메시지를 보내와요. 엄마의 불안 증세가 너무 심해 급기야 구급차를 불러야 한 적도 있어요. 또 자기가 흥분하면, **모든 게 다 내 탓이라고 몰아붙여요. 엄마는 끊임없이 나를 죄인으로 만들어요.**"

카를라의 말에 따르면 그녀가 다섯 살이었을 때, 엄마가 우울증으로 인해 갑자기 일을 그만두었다고 한다. 그 뒤로 그녀의 비참한 상황은 쭉 이어졌다. 소극적이고 수더분한 그녀의 아빠는 혼자서 일을 더 늘리며 가족의 생계를 책임지려고 했다. 엄마는 일을 다시 찾으려는 마음이 없었고, 매사에 별것 아닌 일에도 신경질적인 반응을 보이기 시작했다. 행주가 비뚤게 걸려있는 모습, 바닥에 물 한 방울이 떨어진 것을 보고도 짜증을 냈다. 그러다가 점점 집 밖으로 나가지 않고, 옷차림도 신경 쓰지 않게 되었다. 기껏해야 장 보러 갈 때만 외출하는 정도였다. 이때에도 실내복 차림으로 나가기 일쑤였다. 그리고 나머지 시간에는 줄곧 잠만 잤다. 거기에 피곤하다는 말도 입에 달고 살았다.

그 뒤로 그녀의 엄마는 깨어 있는 시간의 대부분을 혼자 멍하니 있거나, 막연한 생각을 중얼거리며 망상에 빠져 지내는 것처럼 보였다고 한다. 카를라의 말은 이렇다. "어렸을 때부터 우리 가족은 하루하루 사는 게 고역이었어요. 아빠가 엄마에 대해 나쁘게 얘기하신 적은 한 번도 없었지만, 엄마를 아픈 사람이라고 생각하시는 것이 뻔히 보였죠. 아빠는 자신의 감정을 겉으로 드러내는 법이 없는 사람이었어요. 언젠가 엄마에게 심리적 발작이 심하게 일어난 적이 있었어요. 엄마는 식칼을 들고 자살하겠다며 협박했죠. 그 일이 있은 뒤 하루는 아빠가 나를 학교에 데려다주며 그래도 행복하려고 애써 보라고, 그럴 수 없으면 행복한 척이라도 하라고 말씀하시더군요." 그녀의 엄마는 증세가 심해질수록 딸에게 더 매달렸다. 딸을 마치 자기 소유물처럼 대했다. 카를라에게는 사생활이라는 것이 없었다. 엄마는 딸의 생활을 모조리 통제하려 했다. 딸의 소지품을 뒤지거나, 딸의 방을 엿보았고, 휴대폰 메시지도 몰래 훔쳐보았다.

카를라가 성인이 된 뒤로는 남자 친구를 사귀기 시작했다. 그러자 그녀의 엄마는 난폭한 모습을 드러냈다. 고함을 질러대고, 때리는 것도 서슴지 않았다. 어마어마하게 화를 내며 욕을 퍼붓거나, 카를라의 물건들을 창밖으로 내던지기까지 했다. 하지만 주변에 다른 사람들이 있을 때는 다정다감한 엄마로 돌변했다. "엄마가 갑자기 딴사람으로 변하면, 불쾌하고 불안한 마음이 들어요. 그런데 그보다 더 최악인 순간은 엄마가 몇 주 내내 혼자서 토라져있을 때예요. 내가 엄마 집에서 나온 뒤로 상황이 더 악화되었어요. 엄마는 내가 멀리 떨어져 지내는 만큼 대가를 치르길 원해요. 내가 엄마를 내팽개치려 한다는 둥, 엄마에게 등을 돌렸다는 둥, 끊임없이 불평을 늘어놓아요. 심지어 툭하면 자살하겠다며 협박을 해요."

자기 자신이 온전히 부모에게 받아들여진 적도 없고, 자신의 충성심이 한 번도 인정받지 못하는 상황 속에서 아이가 건강하게 자랄 리 만무하겠지요. 자식을 학대하는 부모 밑에서 자란 아이는 심지어 어른이 되어서도 부모라는 존재를 절대 마음의 빚을 갚을 수 없는 사람으로 받아들입니다. 그렇다 보니 이 아이는 유년기에 성립된 부모와의 관계에서 벗어나 자율적인 어른이 되기가 매우 힘들어지는 것이지요. 심지어 성인이 된 뒤로 상황이 더 악화될 때가 많습니다. 여전히 원인은 동일합니다. 부모가 자식을 정신적, 육체적으로 학대하면서도, 자기를 책임져주고, 자기가 스스로 낸 상처나 결핍까지 보살펴주기를 자식에게 은연중에 강요하는 것이지요.

25세의 뤼도빅은 별것 아닌 일에도 늘 화를 내는 아빠 밑에서 자랐다. 아빠는 툭하면 소리 지르고, 혼내기 일쑤였다. 그는 유년기와 청소년기 내내 우울증을 보이는 아버지를, 무슨 수를 써서라도 견뎌내야만 한다는 처참한 마음을 안고 살았다. 아버지 앞에서는 그 어떤 바램, 불평, 이의도 제기할 수 없었다. 그저 학대의 대상이자 아버지의 하나밖에 없는 상담자 역할을 동시에 맡을 수밖에 없는 처지를 받아들여야만 했다. 그가 성인이 되어도 상황은 나아지지 않았다.

"한번은 아버지가 집을 날린 적이 있었어요. 그때 제가 지내던 원룸을 빌려달라고 하셨죠. 그래서 저는 어쩔 수 없이 여자 친구 집에서 지내게 되었어요. 아버지가 1년 만에 마침내 공영주택을 구하셨고, 저는 제가 살던 원룸에 다시 들어갈 수 있게 되었어요. 그런데 원룸 상태가 엉망이었어요. 마루에 까는 카펫은 불타 있고 온 집안 구석마다 곰팡이 천지였죠. 가구들은 망가진 상태였고요. 그래서 저는 아버지에게 어떻게 하실 거냐고 물었어요. 그러자 돌아온 대답은 고작 "내가 뭘 어떻게 해. 그냥 사람 하나 살렸다 셈 치면 되지."였어요. 그 순간 화가 치밀어 올랐어요. 내가 아버지가 저지른 일을 뒤치다꺼리나 하는 사람은 아니잖아요. 아버지와 나의 관계는 늘 이런 식이었어요. 모든 권리는 아버지가 가지고 저는 의무만 지닌 거죠."

의존적 괴롭힘의 상황들이 하나같이 이렇게 극단적이지는 않습니다. 물론 정도가 덜한 경우도 있지요. 의존적 괴롭힘은 다소 억압적으로 결속된 가족관계 속에서 벌어지기도 합니다. 예컨대 이제 막 성인이 된 사람 중에서는 자신의 동선을 일일이 부모에게 알려야 하며, 하루에 서너 번은 부모에게 연락하고, 부모에게는 어떤 비밀도 가져서는 안 된다고 느끼는 이도 많습니다. 그들은 어린 시절부터 강요된 이러한 상황을 어느 정도 자연스럽게 받아들이다가, 어느 순간 이 상황이 일반적이지 않음을 깨닫게 됩니다.

22세인 클로틸드의 이야기는 이렇다. "저는 부모님이 정말 좋아요. 언제나 저를 위해 곁에 계시지요. 그런데 한편으론 부모님이 절 여전히 어린애로만 여기시는 것 같고, 그 점이 저 스스로 인생을 개척하는 걸 어렵게 만드는 것 같단 생각이 들기도 해요."

마르코 바노티에 따르면 자녀들은 "부모 편을 드는 임무를 충실히 수행하기 위해 매사에 자율성을 희생해야만 한다는 생각에 사로잡힌다."라고 합니다. 이것이 바로 **자녀가 부모를 보살피는 현상인 '부모화**parentification'**라고 부르는 개념입니다. 의존적 괴롭힘의 상황 속에서 가장 중심적인 작용을 하는 개념이지요. 충성심과 밀접한 관련이 있는 이 개념은 자녀가 스스로 자기 나이에 비**

해 과도한 책임을 짊어지려는 작용을 가리킵니다. 즉, 원래는 부모나 어른들이 맡아야 할 책임을 짊어지려 한다는 것이지요. 결국 부모화된 자녀는 대체로 어쩔 수 없이 '자기 부모의 부모'가 되는 모습을 보이는 것이 일반적입니다.

그렇지만 분명히 해야 하는 부분이 있습니다. 부모화 과정은 그 자체로 무조건 부정적이거나 나쁜 것은 아니라는 점입니다. 부모화가 우연한 기회를 통해 아이에게 책임 의식 정도만 불러일으킬 정도로 가볍게 이루어진다면, 그리고 그 과정의 중심에 아이가 있다면 아무런 문제가 되지 않지요. 부모화 과정은 아이에게 성장할 기회를 주니까요. 반면, 부모화가 부모에 의해 고의적으로 이루어지며, 부모가 그 과정 안에서 아이의 역할을 부정하거나 무시하면 문제가 일어납니다.

여기서 주목해야 할 점은 바로 모든 의존적 괴롭힘 속에서 이러한 잘못된 부모화 과정을 발견할 수 있다는 것이지요. 부모화 전문가인 장 프랑수아 르 고프Jean-François Le Goff의 임상소견에 따르면 다음과 같은 특성이 나타납니다. 자녀가 "자기의 능력을 벗어난 책임감을 과도하게 떠안는다.", 자녀의 요구가 "무시되거나 악용된다.", 자녀가 "비난받고, 행실이 나쁘다고 지탄받는다." 장 프랑수아 르 고프는 "부모된 자녀는 불안과 죄책감, 낮은 자존감, 관계에 대한 불신, 우울감 및 수치심을 키운다."라고 이야기합니다.

만약 당신이 의존적 괴롭힘의 상황 속에서 도움을 주는 입장이라면, 앞서 언급한 특성 중 자기에게 해당된다 생각하는 부분이 분명 있을 겁니다. 아버지나 어머니, 형제자매, 성인이 된 자녀 혹은 배우자로부터 오랜 기간 의존적 괴롭힘을 당했으니까요. 카를라의 경우도 바로 여기에 해당합니다. 그녀의 엄마는 툭하면 카를라를 형편없고 무식하다며, 비난하고 괴롭혀 왔습니다. 그리고 그녀가 독립한 뒤로는 아예 연을 끊은 것처럼 신경을 쓰지 않고 있죠.

'부모의 은혜도 모르는 배은망덕한 것'으로 취급을 당하는 카를라는 늘 죄책감을 느낀다. "제일 힘든 건 저도 모르게 엄마 말대로 스스로 불효녀인 것처럼 느끼게 된다는 점이에요. 결국 전 항상 엄마가 원하는 대로 할 수밖에 없었죠. 엄마 말을 듣고, 시키는 대로 하면서, 늘 엄마 곁에 있었어요. 그러다 보니 저는 다른 사람들이 주는 것을 받을 자격도 없고, 반대로 저 역시 그들에게 무언가를 충분히 해줄 수 없을 것 같다는 생각이 들어요. 저는 매사를 어렵게 생각하고, 스스로 형편없다고 느껴요. 특히 엄마처럼 실패한 인생을 살까 봐 두려워요."

앞으로 등장하는 상황들을 살펴볼 때에도 부모화와 충성심이라는 두 가지 개념이 의존적 괴롭힘의 근본적인 장치임을 염두에 두어야 합니다. 실제로 가장 중요한 핵심적인 요소이지요. 우울증에 빠진 성인이 정말로 절실하게 당신에게 바라는 것을 끊임없이 말하고, 자기를 도와주기를 바란다고 상상해봅시다. 당신이 듣게 될 만한 말들은 이렇습니다.

부모화: "네가 나를 온전히 책임져야 해." 다른 말로 이야기하면, 이런 것이죠. "혼자 알아서 하기 두려워. 그러니까 네가 나 대신 항상 날 책임졌으면 좋겠어. 네가 내 부모가 되어주어야 해."

충성심: "모든 권리는 내게 있고, 넌 의무만 다하면 돼." 다른 말로 이야기하면, 이런 것이죠. "네가 날 버릴까 봐 두려워. 그래서 네가 나에 대한 충성심을 충분히 보였다고 인정할 수 없어."

기대는 사람, 기대게 해주는 사람
상호의존적 괴롭힘

의존적 괴롭힘은 형제자매, 부모·자식 혹은 부부, 연인, 친구 사이에서 벌어질 수 있습니다. 결국 두 사람이 양자관계를 형성하고, 그 안에서 한쪽이 다른 한쪽에게 절박하게 매달리는 것이지요. 이러한 양상의 관계는 불가피하게 갈등을 일으킬 수밖에 없고, 둘 사이에는 말다툼과 원망의 감정이 끊임없이 일어납니다. 수영을 하지 못하는 두 사람이 떠내려가지 않으려고 물속에서 발버둥 치며, 한쪽이 다른 한쪽에 매달리는 상황을 떠올리면 이해가 보다 쉬울 겁니다.

당신이 부모라면, 아이가 놀이터에서 놀면서 당신에게 이것저것 사먹자고 졸라대는 한없이 긴, 지루하기도 한 시간을 떠올려보세요. 내 아이가 안전하게 놀고 있는지 걱정하고, 잠깐만 눈에 안 보여도 어디에서 무엇을 하는지 궁금하고, 별일 없이 놀고 있는 아이가 다시 눈에 보이면 안도하는 당신의 모습을 떠올려보세요. 당신이 온통 자식 걱정만 하고 있다는 사실에 약간 숨막힐 것 같은 느낌을 가져본 적이 없나요? 충분히 있을 법한 일입니다. 어떻게 보면 당연한 일이지요! 이런 상황 자체는 결코 문제가 될 게 없습니다. 아이는 본래 의존적인 성향을 지니고 있을뿐더러, 부모·자식 사이에 적당한 의존적 결합관계가 이루어지는 것은 불가피하고 당연한 것이니까요. 하지만 문제는 그 정도에 있습니다. **부모가 자식과 부모의 세계 사이에 분명한 경계선을 긋기 어려워하고, 자식도 부모의 연장선상에서 살아가며, 그리하여 자식에게 자율적인 생활이 허락되지 않는다면 부모나 자식이 일방적으로 혹은 서로가 상대방을 해치는 괴롭힘의 상황이 벌어질 위험이 매우 큽니다. 이는 부부나 친한 친구 사이에서도 마찬가지입니다.**

45세로 홀로 자식을 키우는 앙젤린은 스무 살 아들 위고가 철없고 공격적인 성향을 가진 것이 불만이다. 아들은 졸업장 하나 없고, 번듯한 직장을 구할 마음도 없을 뿐 아니라 온종일 집구석에 틀어박혀 컴퓨터나 온라인 게임만 한다. 한편 앙젤린은 생활비를 벌기 위해 카페 종업원으로 일한다. 집에 돌아오면 위고와의 말다툼이 끊이질 않는다. 아들은 옷가지, 전자기기 등등을 사내라는 것도 모자라 용돈까지 내놓으라 한다. 앙젤린은 아들이 그럴 때마다 수시로 혼을 내면서도 정작 아들이 원하는 것을 해주지 않은 적은 한 번도 없다. 그녀는 한숨을 내쉬며 말했다. "정말 하루 종일 빈둥거려요. 모든 걸 제가 다 해 주길 바라죠. 용돈도 주고, 식사도 차려주고, 빨래도 해주고 말이에요. 저는 그렇게 다 해 주면 안 된다는 것을 잘 알면서도 결국 다 해 줘요." 앙젤린은 다림질에 집 안 청소에 심지어 아들이 게임을 하는 동안 아들의 행정 서류 처리까지 혼자 떠안아서 한다. 아들한테 한 소리 하면 도리어 아들은 욕설을 지껄인다. 앙젤린도 같이 욕을 하며 응수하다 보면 결국 폭력이 오가는 상황에 이르기도 한다.

앙젤린은 자기 인생이 정말 기구하다며 한탄한다. 그녀는 급작스레 남편과 헤어진 뒤, 홀로 네 살짜리 아들을 키우게 되었고, 아들은 그 뒤로 아빠를 만난 적이 없었다. 그녀는 외로움과 힘겹게 맞서 싸워야만 했다. 그녀 스스로도 아들에게 매달렸음을 인정한다. 그녀의 고백에 따르면, 그녀는 아들과 줄곧 '의존적 관계'를 맺어왔다. 그렇다 보니 아들의 요구에 안 된다고 한 적이 없었고, 아들이 원하는 것은 뭐든지 사주었다. 심지어 밤마다 아들이 게임을 하고 있으면 대신 숙제를 해주기까지 했다. "아들 수업 내용을 제가 달달 외울 정도였으니까요. 정말 말도 안 되는 일이지요. 제가 학창 시절에 못했던 공부를 만회하고 싶었던 건지도 모르겠어요." 결국 아들은 앙젤린과 마찬가지로 열여섯 살에 학교를 그만두기에 이르렀

고, 스무 살이 된 지금 아무런 자격증도, 미래에 대한 계획도
없이 지내고 있다.

이러한 상호의존적 괴롭힘은 두 사람 모두가 은연중에 둘 사
이에 분명한 경계나 분리가 존재하지 않는다는 사실에 동의하고
있다는 뜻으로 볼 수 있습니다. 서로 숨기는 것도 없고, 전혀 거
르지 않은 채 서로의 모든 것을 이야기하지요. 상대방의 사생활
을 존중하지 않는다는 것은 곧 스스로도 자신의 사생활을 지키
려는 마음이 없다는 것을 뜻합니다. 게다가 이런 경우 상대방은
내가 아닌 '타인'이 아니라, 그저 모호하고 불명확한 '공동의 나'
의 연장선인 셈이지요. 앙젤린이 말하기를 그녀 집에 있는 문들
은 항상 열려있다고 합니다. 사실상 사생활이 없는 것이지요. 아
들은 엄마가 방에서 무엇을 하는지 언제든 보고 들을 수 있고,
엄마도 아들의 일거수일투족을 지켜볼 수 있지요. 아들은 엄마
가 겪는 돈 문제, 일 문제 등등 모든 것들을 알고 있습니다. 앙젤
린도 자신이 아들의 사생활을 지켜주지 못한다는 것을 알고 있
습니다. "아들이 멀어지거나 심지어 언젠가 제 곁을 떠난다는 생
각을 하면 불안해요. 제 생각엔 아들도 엄마라는 끈을 놓기를 두
려워하는 것 같아요."

물론 앙젤린이 아들을 남편 대신으로 취급한다는 생각이 들
수도 있습니다. 그녀는 스스로 새로운 파트너를 만나 새 삶을 시
작할 마음이 없고, 아들을 '자기'라고 부르고, 아들이 자신의 '유
일한 희망'이자 '유일한 사랑'이라고 말하니까요. 하지만 전혀

그렇지 않습니다. 사실 그녀는 아들을 부모화의 대상으로 바라보고 있는 겁니다. 아들을 자기 자신 위에 우뚝 서서 자신을 지배하고, 자기 대신 책임져줄 수 있는 부모 같은 인물로 여기는 것이지요. 실제로 그녀는 아들 때문에 여자로서의 삶을 다시 살지 못하고, 아들 때문에 사회생활도 자신이 원하는 만큼 성공하지 못했다고 주장합니다. 다른 한편으로는 아들 덕분에 사랑받는 느낌이 들고, 아들 덕분에 외롭지 않고, 아들 덕분에 자신의 삶의 의미를 찾을 수 있다고 말합니다. 이렇듯 **상호의존적인 괴롭힘의 경우에는 철저하게 악순환이 반복됩니다. 상대방을 내가 '나의 삶'을 살지 못하게 방해하는 괴로움의 근원으로 여기면서도, 동시에 그 상대방을 나를 사랑하고 책임져줄, 괴로움을 치유할 수단으로도 생각하니까요.**

이런 상황에서는 아들 위고도 정서적 의존의 정도가 심할 수밖에 없겠지요. 그는 어떻게든 엄마 품 안에 머무르려 하며, 더욱이 자립심을 키울 마음도 없습니다. 게다가 아직 자기 스스로 인생을 살아본 적도 없지요. 그는 자신을 '형편없고', '능력 없고', '잘하는 것도 없고', '하고 싶은 것도 없는' 사람이라고 여깁니다. 그는 약간의 정서적 일탈만 겪어도 불편한 느낌이 든다고 고백합니다. 엄마가 자기가 하는 말을 들어주지 않으면 불편한 감정은 훨씬 커지고요. 자기 스스로의 인생을 사는 것은 가족에 대한 충성심을 저버리는 것과 같다는 생각에 강하게 사로잡혀 있습니다. 게다가 의존적 관계를 끊고 집을 떠나 스스로 인생을 꾸려나가는 실존적 상황을 도무지 감당할 수 없을 것이라 생각합니다. 오직 혼자만의 힘으로 모든 일을 헤쳐나가야 하니까요.

정서적 의존의 대가는 매우 큽니다. 가족에게서의 독립을 거부하는, 정서적 의존이 심한 성인은 자신이 형편없고 쓸모없으며 무의미한 인생을 사는 것 같은 느낌에 괴로울 때가 많지요. 누군가와의 정서적 의존관계는 결국 자기 자신을 포기하는 대가를 치러야만 맺을 수 있기 때문입니다.

30세 살로메는 '생활비를 아낄 수 있다'는 핑계로, 예순이 넘은 엄마와 좁은 집에서 함께 산다. 두 사람은 서로를 감당하는 것을 매우 힘겨워하고, 줄곧 서로에게 험한 말을 퍼부으면서도 여전히 상대방 없이는 살 수 없는 상황이다.

이와 동시에 살로메는 유부남과 부도덕한 관계를 맺으며, 그 남자가 자신을 충분히 사랑해 주지 않는다고 비난한다. "그 남자는 날 가지고 놀아요. 내가 정서적 의존이 심한 사람이라는 걸 알고, 자기가 시간이 날 때만 날 만나고 그 외에는 연락 한번 하질 않아요." 살로메가 자신을 무시하는 남자를 사귄 건 이번이 처음이 아니다. 그녀는 남자를 만나면 그 사람에게서 특별한 장점을 찾지도 못하고 사랑하는 감정을 느끼지 못하는데도, 상대방에게 쉽게 매달린다. 그리고 그녀는 이번에도 현재 만나는 유부남인 남자 친구와 평생 사랑하는 '어떤 진지한 관계'를 맺고 싶어 한다. 하지만 그녀가 내뱉는 말과는 달리 진심으로 '의존적 인큐베이터'에서 나와, 즉 엄마를

떠나 제대로 된 파트너를 찾아 부부생활을 시작하려는 마음
은 전혀 없어 보인다.

직장생활도 마찬가지이다. 그녀에게 순조로운 직장생활
이란 어떻게든 빨리 벗어나야 하는 위험을 의미한다. 살로메
가 아주 낮은 자존감에 시달리고 있는 건 맞지만, 돈을 잘 벌
면 생활비를 핑계로 엄마 곁에 붙어 지낼 수 없다는 것을 잘
알기 때문이다. 그래서 그녀는 자신이 사회생활을 잘 해내고,
그 속에서 성장할 수 있는 자격을 갖추지 못했다고 주장한다.
"저도 잘하고 싶은데 그럴 만한 재능이 없고, 더 좋은 직장을
기대할 수도 없어요. 일자리 제안이 와도 번번이 거절해요. 너
무 두려워서요."

이처럼 두 사람 모두 서로에게의 정서적 의존이 심한 경우에
는 어떤 일이 벌어질까요? 각자 도움을 주는 역할과 도움을 받
는 역할을 번갈아 맡게 됩니다. 예컨대 어떤 때에는 둘 중 한 사
람이 은연중에 두 사람을 위한 결정을 내리고, 상대방이 필요한
것을 마련해주고, 곁에 꼭 붙어 있는 등등, 믿음을 주고 책임을
집니다. 하지만 힘이 들거나 못 견디겠으면, 어느 순간에 역할을
뒤바꾸어 버립니다. 도와주는 역할을 했던 사람이 결국 실패에
이르러 스스로 포기하고 절망하며 도움을 호소하거나, 상대방에
게 불만을 토로하고 비난을 퍼붓게 되는 것이지요. 두 사람의 상
호작용은 상당히 치밀한 방식으로, 갈등과 긴장이 끊임없이 반
복되는 상황으로 이어집니다. 결국 이 두 사람은 수영할 줄도 모

르면서 동시에 물에 빠지는 상황에 처할 수밖에 없는 것이지요. 한 사람이 상대방에게 기대면, 이 상대방은 잠깐 물속에 빠져 물을 마셨다가 다시 이번에는 자기가 물 밖으로 나와 나머지 한 사람에게 기대는 식으로 말입니다.

나는 당신의 부모가 아니야, 배우자지 :
애정관계에서의 의존적 괴롭힘

부부나 연인 사이에서 벌어지는 의존적 괴롭힘의 상황 또한 근본적으로는 앞서 언급했던 상황들과 별반 다를 것이 없습니다. 다만, 아무래도 두 사람이 물리적으로 가까이 붙어 지내는 시간이 다른 관계보다 훨씬 많다든가, 둘 사이에 자식이 있다면 헤어지거나 자립하고 싶은 의향을 오랜 시간 참을 수밖에 없다는 특수한 상황이 있기는 합니다. **시간이 흐르면서 정서적 의존이 심한 배우자는 자신이 맡은 책임을 하나둘씩 포기하고, 흔히들 하는 말처럼 '또 한 명의 아이'가 되고 맙니다. 만약 당신이 도움을 주는 입장이라면 늘 뒤치다꺼리를 해야 하는 '종노릇'의 삶에서 벗어나고픈 '욕망'과 그런 삶에 지쳐 있음에도 상대방을 쉽게 떨쳐낼 수 없는 '애틋한 정' 사이를 오가며 지내게 됩니다.**

30세 마에바가 28세의 가에탕을 처음 만났을 때, 마에바는 가에탕이 매력적이고 적극적이며 에너지가 넘치는 사람이라고 생각했다. 하지만 두 사람이 사귀고 몇 주가 지나자, 가에탕은 점점 의기소침하고 우유부단한 모습을 보이기 시작했다. 더 이상 아무것도 혼자서 하지 못했고, 데이트를 하거나 주말을 같이 보낼 때에도 무언가를 자발적으로 하는 일이 없었다. "제가 아침에 나가서 저녁때 돌아오면, 가에탕은 제가 없는 동안 생활을 멈춘 듯한 느낌이 들었어요. 자기 의견을 내지도 않았고, 하고 싶은 것도 없는 사람이었죠. 모든 일을 제가 결정해야만 했어요."

마에바는 금세 덫에 걸린 느낌이 들었다. 한편 가에탕은 그녀의 일거수일투족을 일일이 간섭하고, 누구를 만나는지 캐물으며, 그녀를 감시하기 시작했다. 심지어 그녀의 휴대폰과 PC를 몰래 뒤지고, 그녀를 몰래 염탐하기까지 했다. "찰거머리처럼 들러붙어 집착하기 시작했어요. 제가 무슨 말을 해도 그를 안심시킬 수 없었어요."

한편 가에탕이 스스로에 대해 생각하는 입장은 또 달랐다. 그는 자신의 의존적 성향 때문에 스스로도 고통에 시달린다고 생각했다. "저는 다른 사람이 모든 것을 해줬으면 좋겠어요. 뚜렷한 목표의식도 없고 인생이 발전도 없어요. 스스로 어떤 결정을 내릴 수도 없어요." 게다가 그는 스스로 개성 없이 '허무한' 삶을 살아가는 것 같다고 했다. 현재 그는 이런저런 소일거리만 하며 근근이 살아가고 있다. 미래에 대한 계획을 세우지도 않은 채, 해야 할 일을 모두 줄곧 나중으로 미루기만

한다. 지금 당장은 룸메이트와 함께 집을 하나 구해서 지낸다. 하지만 방세는 대부분 부모님의 지원을 받고 있다.

　그에게 자신의 엄마는 속마음을 가장 잘 털어놓을 수 있는 사람이다. 그는 매일같이 엄마에게 전화를 걸고, 일주일에 몇 번이고 엄마를 찾아가 고민을 털어놓으며 위안을 찾는다. 둘 사이의 대화 주제는 대체로 가에탕의 자신감 부족이나 그의 미래에 관한 이야기일 때가 많다. 물론 애정관계에 관한 이야기도 빠지지 않는다. 가에탕은 자신의 애정문제에 관해 스스로 문제가 있다고 판단한다. "뭔가 잘못되었어요. 저는 심적으로 깊은 공허함에 빠져 있어요. 혼자가 되면 곧바로 누군가를 새롭게 사귀기 바쁘고, 그 관계에 매달려요. 누군가 제 곁에 없으면 제 자신이 더 이상 존재하지 않는 느낌이 들어요. 저만의 삶을 살지 못해요."

　자신의 심한 의존적 성향으로 인해 고통을 겪는 상황에 처한 성인에게서 가에탕의 사례처럼, 자신의 연인을 자신의 부모처럼 여기는 부모화 과정이 일어나는 것을 볼 수 있습니다. 결국 의존적 관계를 맺으려는 의지가 상대방의 집에 보금자리를 지으려는 경향으로 구체화되는 것이지요. 즉, 그야말로 상대방의 영역에 들어가 그 안에 둥지를 틀어 자신의 물건들을 갖다 놓고 사용하려는 모습을 보이는 겁니다. 이는 전적으로 '우리'라는 이름의 울타리 안에서 숨어살고 싶은 욕구를 드러내는 것입니다. 자신만의 삶을 살아가기가 두려우니까요. **한 개인으로서의 모습을 보**

다 잘 숨기고, 자기 스스로 무언가를 책임져야 한다는 마음에서 생겨나는 불안감을 보다 쉽게 쫓아내기 위해, 의존성이 심한 성인은 어떤 의견이나 욕구, 개인적인 계획을 지니지 않으려고 애씁니다. '아무도 아닌 존재'가 되는 것이지요.

마에바는 1년 동안 가에탕과의 관계를 유지했습니다. 사귀고 나서 첫 몇 주가 지나자마자 마음이 떠나기 시작했다는 사실을 떠올려보면 결코 무시하지 못할 시간이지요. 오히려 가에탕이 그녀에게 부모의 역할을 하게 만든 것이 그녀의 가족에 대한 충성심을 자극했고, 자신이 의도했던 것보다 훨씬 더 그 감정에 깊숙이 몰입했던 겁니다. 게다가 마에바처럼 결단력 있고 적극적인 여성은 충분히 누군가를 구제해야겠다는 생각에 사로잡힐 법하지요. 사랑하는 사람들을 돕는 일은 큰 고민 없이 행할 수 있으면서도, 감동적이고 그만큼 뿌듯할 수 있는 일입니다. 적어도 사랑하기만 한다면 말입니다…. 사실 마에바처럼 자기 자신에 대한 확신이 분명하고 독립적인 성향의 사람은 이러한 관계를 이어가기가 힘듭니다.

물론 의존적 괴롭힘 상황을 겪는 커플 중에는 매일 힘겨워하면서도, 수십 년을 함께 한 경우도 많이 있을 겁니다. 실제로 심각한 알코올중독으로 지속적인 실업 상태에 있거나, 끊임없는 자살 충동과 우울증에 시달리는 배우자를 오랜 세월 동안 견뎌내는 사람들도 있습니다. 다만 이런 경우에는 두 사람이 서로 의존적 관계를 맺고 있습니다. 단지 둘 중 한쪽이 그 정도가 좀 덜할 뿐이지요. 이렇다 보니 결국 상호적 괴롭힘의 상황에 직면하

게 되는 겁니다. 이와 동일한 상황에 놓여 있다면, 서로의 역할
은 분명히 나누어져 있을 겁니다. 도와주는 쪽이 조종하면, 도움
을 받는 쪽은 좇아가고 순종하려는 모습을 보이지요. 다음의 사
례가 이러한 부분을 잘 보여줍니다.

아드리아나와 스테판의 상황은 처음에는 일방적인 정서적 괴
롭힘으로 보였습니다. 아드리아나의 이야기에 따르면 모든 일을
맡아서 하는 쪽(그녀)과 정서적 의존 성향을 보이는 어른(그녀의 남편)
이 있었죠.

현재 38세인 아드리아나는 18년 전에 자신보다 한 살 연상
인 스테판을 만났다. 열렬히 사랑했던 둘은 만난 지 6개월 만
에 결혼했다. 아드리아나는 발음 교정사 교육 과정을 수료한
뒤 개인 사무실을 열었다. 스테판 역시 몇 년 동안 배관 업체
에서 근무하다가 독립해 자신의 사업을 시작했다. 둘은 두 명
의 아이를 낳았고, 두 아이는 현재 아홉 살, 일곱 살이다. 아드
리아나의 말에 따르면 대략 십여 년 전부터 스테판은 되는대
로 살면서 점점 아빠와 남편으로서의 의무를 제대로 하지 않
기 시작했다. 요즘도 스테판은 영업을 등한시하며, 의뢰가 들
어오는 일들도 이런저런 핑계를 대며 거절하는 상황이다. "한
번은 아프다고 하고, 또 언제는 일하러 갈 거라더니 실제로는
집에 죽치고 있더라고요. 또 어떨 때는 작업 시작일을 계속
늦추거나 계약이 유보됐다고 하고 말이죠." 스테판의 수입이

변변치 않아서 아드리아나는 어쩔 수 없이 일을 더 많이 해야만 했다. 집세, 생활비를 책임지는 것도 모자라 이런저런 집안일까지 전부 그녀의 몫일 때가 대부분이다. 아이들 돌보는 일도 온전히 그녀의 몫이다. 그동안 스테판은 비디오 게임에 빠져 있거나 오토바이를 타러 밖에 나가 있다. 아드리아나는 "집에 남편이 아니라 애 하나가 더 있는 것 같아요."라며 한숨 짓는다.

아드리아나에게 어째서 그토록 오랜 시간 동안 이런 상황을 참고 지냈냐고 묻자, 결혼하고 첫 몇 년간은 지금과 같은 강한 사람의 역할이 싫지 않았다고 했습니다. "제가 우리 두 사람의 관계에서, 쓸모 있고 강인한 사람인 것 같은 느낌이 들었어요. 그런 상황이 마음에 들었지요. 저는 어떤 일을 장악하고 결정하는 것을 아주 좋아하거든요. 그런데 이젠 더 이상 그러고 싶지 않아요."

그렇다면 스테판의 시선에서 현재의 상황을 바라보면 어떨까요? 그의 관점은 아드리아나의 관점과 판이하게 다릅니다. "제가 가끔 돈을 잘 벌지 못할 때가 있는 건 맞아요. 하지만 아내는 제가 정말로 아무것도 하지 않는 것처럼 과장해서 말해요. 오히려 아내는 자기가 스스로 과도하게 무언가를 많이 하는 것이 아닌지 스스로 되돌아봐야 한다고 생각해요. 아내는 눈떠서 잠들 때까지 일뿐이에요. 집안일은 물론이고 모든 일을 자기 뜻대로 하려고, 사사건건 지시하는 걸 좋아해요. "밥 좀 해, 애들 숙제

좀 봐줘, 이것 좀 정리해, 저것 좀 고쳐 봐⋯." 아내는 정말 한시도 가만히 있지를 못해요. 처음 만나기 시작했을 때부터 아내가 모든 일을 좌지우지하고 저는 그냥 따랐어요. 그렇게 해야 두 사람 모두 편했으니까요."

자녀들이 태어나기 전까지는 두 사람의 관계가 의존적이기는 해도 어쨌든 상대적으로 균형이 잡혀 있었지요. 두 사람 중 어느 쪽도 상대방에게 괴롭힘을 당한다는 느낌이 없었습니다. 한쪽은 늘 가까이 붙어 있으면서 의지하고 싶고, 다른 한쪽은 상대방을 이끌어주려는 욕구가 서로 어느 정도 조화를 이루었으니까요. 달리 말하자면 각자의 역할이 뚜렷하게 구분되어 있었던 것이지요. 아드리아나는 강한 독점욕과 자기 주도적인 가계 운영, 일종의 희생정신을 바탕으로 생활을 책임지고 조정하는 역할을 맡음으로써 안정감을 얻었습니다. 반면 스테판은 누군가에 순종하고 의존하길 선호하는 성향을 바탕으로, 그냥 되는 대로 살고 어떤 일에도 책임지지 않는 방식으로 삶의 안정감을 찾았던 겁니다. 결국 각자가 자신이 가지고 있는 실존적인 불안을 부정하기에 이르렀고, 자기 자신에게 직접적으로 어떤 질문도 던질 필요가 없어져 버린 것이지요. 요컨대 상호적 괴롭힘의 상황에 놓인 것입니다. 이는 아드리아나와 스테판이 평생을 각자의 부모의 말을 순순히 따르고 좇으며, 부모와 순종과 복종의 관계를 맺어온 사실과도 어느 정도 관련이 있을 겁니다. 아드리아나는 적극적인 성향을 보이면서도, 늘 어떤 일을 결정할 때 친정 엄마의 지지를 얻어야만 하지요. 스테판 역시 항상 자기 엄마의 의견을 따르고, 수시로 엄마와 통화를 합니다.

그런데 둘 사이에 자식이 생기면서 모든 것이 바뀌었습니다. 아드리아나와 스테판이 취한 생활 방식이 서로 조화를 잘 이루다가, 갑자기 대립하는 상황에 놓이게 된 것이지요. 부모로서의 책임감이 생기면서, 아이들이 자신들의 삶에서 절대적으로 우선시되어야 하는 존재로 다가온 겁니다. 달리 말하자면 모든 의존적 관계가 이제는 아이들을 거쳐 성립되어야만 하는 것이지요. 아드리아나와 스테판이 자신의 충성심을 우선적으로 보여줘야 하는 대상이 이제는 아이들이 된 겁니다. 그런데 이처럼 관계적 부분이나 애착의 요소에 변화가 일어나자, 두 사람 모두 점점 상대방이 이제 더 이상 자신에게 충성심을 충분히 보이지 않는다는 느낌을 받게 됩니다. 거기에서 비롯된 불안감이 두 사람을 서로 멀어지게 하고, 대신 상대에게 기대려는 정서적 욕구가 더 강해졌습니다. 그러다 보니 아드리아나는 스테판을 부모화하려고 애쓰며 남편에게 아이들을 위하는 아버지가 되기를 요구하고, 아이들을 매개로 남편이 자신에게도 책임감 있는 부모가 되도록 요구하게 된 겁니다. 그래서 매사를 책임지고 조정하는 입장에서, 자신이 모든 권리를 가지고 있으며 남편은 자신이 명령하는 것들을 의무로 실행해야 하는 사람이라고 확신하게 되었지요.

그런데 문제는 스테판의 입장도 똑같다는 점입니다. 스테판 역시 아드리아나를 부모화하려 애썼습니다. 아이들의 잘못을 눈감아주거나 아이들을 지나치게 방임하는 방식을 통해, 권위 있는 아버지가 되기보다 '친구 같은 아빠'가 되려고 했습니다. 게

다가 커리어 계획을 세우지도 않고, 가정의 돈 문제를 등한시하는 등의 모습을 보이게 된 겁니다. 그야말로 상호의존적 괴롭힘의 상황에 빠진 것이지요. 이로 인해 정서적 의존도가 높은 두 어른 사이에 갈등이 벌어지는 겁니다.

이 사례를 통해 아버지 혹은 어머니라는 위치가 커플관계를 급작스럽게 변화시키는 주요 원인이라는 것을 알 수 있습니다. 두 사람의 관계 속에 숨어 있던 실존적 불안들이 자식이 태어난 뒤로 하나둘씩 깨어나기 때문이지요. **자식들이 부모에게 어른의 자격을 부여하면, 부모는 삶과 마주하며 짊어져야 하는 책임감을 모르는 척하기가 점점 어려워지지요.** 부모는 죽음의 관점에서 흘러가는 세월과 마주해야 하고, 여러 가지 선택을 하며 자신의 존재 의미를 끊임없이 고민하는 시간까지 겪어야만 하니까요. 스테판과 아드리아나가 아이들 없이 여름휴가를 떠나면 모든 문제가 마법처럼 정리되는 건 어쩌면 너무도 당연한 일입니다. 두 사람 모두 원래의 자리로 되돌아가 '예전처럼' 서로 상대방의 이야기를 듣는 겁니다. 둘 사이에 아무런 매개자가 없던 그 시절처럼 말입니다. 아드리아나는 모든 여행 계획을 맡아서 짜는 과정 속에서 아주 큰 기쁨을 누리겠지요. 비행기 표 예약부터 호텔 및 식당, 박물관 관람을 비롯해 여행지에서 할 수 있는 다양한 활동들을 알아보며 말입니다. 한편 스테판은 그저 아내가 하자는 대로 따라가며 그 역시 아주 만족스러워하겠지요. 하지만 여행은 짧게 지나가는 순간일 뿐입니다. 여행에서 되돌아오면 부모로서의 책임감을 다시 짊어져야 할 것이고, 서로를 향한 의존적 괴롭힘은 당연히 더욱 심해지겠지요.

아드리아나와 스테판은 자신들이 처한 상황을 보다 잘 이해하기 위해 몇 가지 간단한 실험을 해보기로 했습니다. 딱 일주일 동안 아드리아나는 집안일을 맡아서 하거나 사무실에서 일을 하지 않기로 했습니다. 대신 스테판이 알아서 가족들을 돌보고 아이들 숙제도 봐주며 장보는 일도 하도록 했습니다. 아드리아나는 실험이 이루어지는 일주일 내내 소파에 입을 꾹 다물고 앉아 발을 동동 굴리며 자신이 해야만 한다고 생각하지만 하지 못하는 모든 일, 즉 사무실 일, 집안일, 아이들과 남편 감시 등등을 마음속으로만 줄기차게 생각해야만 했습니다. 한편 평소보다 자신이 맡아서 관리해야 하는 일이 훨씬 많아진 스테판은 '홀로 유유자적하게' 보내던 자기만의 시간을 버려야 하는 상황이 고통스러웠습니다. 그렇지만 이와 동시에 이 두 사람 사이의 관계는 눈에 띌 정도로 상당히 좋아졌습니다. 말다툼을 벌이는 순간들이 사라졌지요. 어떻게 된 걸까요?

아드리아나와 스테판은 상대방에게 의존적 관계를 맺으려는 욕구를 버리고, 자신의 제대로 된 책임을 수행하자, 정서적 고통이 사그라지고 관계가 편안해진다는 사실을 몸소 경험한 겁니다. 그렇다면 아드리아나와 스테판은 구체적으로 어떠한 의존적 욕구를 포기한 걸까요? 어떠한 실존적 책임을 수행한 걸까요?

아드리아나는 하루 종일 그저 바쁘게 지내던 일상에서 벗어나기로 마음먹고, 대신 자신의 존재 혹은 삶과 마주하기로 했습니다. 사실 그녀는 쳇바퀴처럼 돌아가는 남편, 자식, 일과 관련된 일상에만 얽매이며, 정작 항상 자신을 잊으려고 애썼거든요. 실제로 직업상 책임과 가족을 돌보는 의무 안에서만 자신이 할 일을 찾다 보니 결국 자기 자신에 대해서는 제대로 생각해보지 않았고, 삶의 의미에 대해서도 고민하지 않게 된 것이지요.

한편 스테판은 무기력한 생활에서 벗어나 매사에 자신이 직접 나서서 해보기로 했습니다. 집안일뿐만 아니라 자신의 일까지도 말입니다. 이를 통해 스테판 역시 삶을 보다 적극적인 자세로 대하게 되었지요. 자신의 책임을 완수하려면, 자기 자신을 더 적극적이고, 독립적이며, 책임감 있는 존재로 여겨야 했기 때문입니다. 결국 상대방을 부모화하거나 배우자에게 끊임없이 충성심을 증명해 보이기를 바라는 마음이 줄어들면서, 아드리아나와 스테판의 관계도 균형을 이루었습니다. 이 관계에서 중요한 것은 더 이상 서로가 서로에게서 보호를 받는 것이 아니라, 상대방과 함께하고 싶다는 애정 어린 진심이니까요.

너는 절대 내 곁을 떠날 수 없어:

질투 어린 독점욕

남녀 사이의 독점욕

질투 어린 독점욕은 남녀 사이에서 벌어지는 의존적 괴롭힘의 흔한 형태처럼 보일 수 있습니다. 이 독점욕이 '병적인' 형태로 나타나면, 상대의 충성심에 직접적이고 명시적으로 의문을 던집니다. 남녀 사이에서 일어나는 질투 어린 독점욕이 상대방에게 보내는 메시지는 명확합니다. "날 사랑하니? 나만 바라보는 거 맞아?" 본질적으로 의존적 관계와 맞닿아 있는 이 개념은 다음과 같은 방식으로도 나타날 수 있습니다. "우린 하나지?" 상대방이 멀어지거나 조금이라도 독립적인 모습을 보이면, 의존도가 높은 어른은 곧바로 죽을 것 같은 불안감에 빠지고 맙니다. 그 이유를 한번 살펴볼까요.

각각 26세와 27세인 마틸드와 레미는 2년 조금 넘게 함께 살았다. 둘은 헬스장에서 처음 만났다. 만난 지 불과 6개월 만에 마틸드가 레미의 집에 들어가서 함께 살기로 하면서 일이 어그러지기 시작했다. 마틸드는 레미가 부모에 대한 의존이 심하다는 것을 금세 알아차렸다. 일주일에 한두 번은 꼭 부모를 만났고, 부모님에게 수시로 전화를 해댔다. 게다가 집안일에는 점점 소극적인 모습을 보였다. IT 회사에 잠깐 다니다가 그만두고 나와서는 새 직장을 찾으려고도 하지 않았다. 늘 집에 틀어박혀 지루하다, 뭘 해야 할지 모르겠다는 말만 반복했다. 하루 중 대부분 잠만 잤다. "혼자 어떤 일을 결정하지 못해요. 내가 먹는 걸 따라 먹고, TV도 제가 보는 프로그램을 그냥 보고 있고, 물어보면 무조건 다 좋다고 하고 자기 의견을 내는 법이 없어요." 그러면서 질투심은 있는 그대로 드러내기 시작했다. 혹시라도 마틸드가 딴 남자랑 몰래 문자를 주고받는 건

아닌지 걱정되는 마음에 화장실까지 쫓아오기도 하고, 그녀가
SNS에서 주고받는 메시지도 감시하는가 하면, 핸드백 안에
뭐가 들어 있는지 확인까지 했다.

의존적 괴롭힘의 상황이 벌어질 때, 정서적 의존이 심한 어른
은 예외 없이 참지 못하고 상대방과의 관계가 견고함을 확인하
려는 경향을 드러냅니다. 그 관계가 자기 자신이 살아 있음을 유
일하게 보증하는 끈이라고 생각하니까요. 그래서 의존성이 심한
어른은 이렇게 자주 말합니다. "상대방이 날 떠나면, 난 더 이상
아무것도 아니에요."

질투 어린 독점욕은 어쩌면 신생아들이 태어나서 첫 몇 달
동안 부모가 자기한테서 멀어지면 느끼게 되는 불안감과 매우
유사합니다. 어떻게 보면 의존성이 심한 어른은 여전히 생존 본
능이 강하게 작동하는 상태의 사람이니까요. 그런데 자기 스스
로 생존 욕구를 충족시킬 수 있게 되면, 더 이상 생존 본능이 설
자리가 없게 되는 것이지요. 하지만 **의존성이 심한 어른에게 가
장 끔찍한 일은 바로 자신을 도와주는 상대가 자유로와져, 언제
든 자기에게서 멀어지거나 관계를 끊을 수 있는 상태가 되는 겁
니다.**

조력자들은 독점욕이 심한 어른이 건강염려증으로 소란을 피
는 것을 본 적이 있을 겁니다. 일종의 대응책으로 나타나는 증상
인 것이지요. 의존성이 심한 성인에게서 자주 나타나는 건강염
려증은 상대방이 아니라, 자신의 몸이 자기를 배신할까 봐 강박

적으로 느끼는 두려움에서 비롯됩니다. 혹시라도 자신이 불치병과 같은 중병에 걸릴까 봐 두려움에 떠는 증상이지요. 이러한 두려움은 불안에 의한 공황발작으로 이어집니다. 발작을 일으킨 건강염려증 환자는 다음과 같은 증상을 보입니다. 심장박동수 증가, 발한, 경련, 숨 막힘, 흉부나 복부 통증과 같은 신체 전반에서 나타나는 통증, 구토, 죽음에 대한 두려움, 미쳐가는 느낌 등등. 이 모든 증상으로 인해 정말로 죽음을 목전에 둔 것처럼 느껴지겠지만 실제로 죽어가는 것은 아닙니다. 건강염려증 환자는 누군가에게 절박하게 도움을 호소하며 자신을 안심시키려 하지요. 그런데 병원에 가서 수없이 검진을 받아도, 건강염려증 환자 스스로 건강하다고 생각하도록 만들 방법이 없습니다.

여러모로 고려해봐도 **건강염려증과 질투 어린 독점욕 사이에는 놀랍도록 유사점이 많다는 것을 확실히 알 수 있습니다.** 저는 이 두 가지 증상이 양상은 서로 달라도, 사실상 결국엔 자기 자신과 스스로 마주해야 한다는 동일한 불안감에서 기인했다고 생각합니다. 자기 자신의 본질과 마주하고 그에 따라 존재의 위험에 노출되는 것이 불안한 것이지요. 다만 건강염려증 환자는 자기 몸에 이상이 있을지도 모른다는 걱정에 늘 빠져 있다면, **독점욕이 강하고 의존성이 심한 어른은 자신의 배우자에게 집착하고 어떻게든 붙어 있으려고 한다는 차이점이 있습니다.** 그러니까 건강염려증 환자가 수시로 맥박을 재보거나 신체적으로 조금이라도 비정상적인 변화가 감지되면 검사를 해보듯, 질투 어린 독점욕이 큰 사람은 배우자가 자신을 잘 견디고 있는지, 늘 그 자리에 있는지, 혹시라도 자신을 버리고 가는 건 아닌지를 강박적으로 확인하는 것이지요. 배우자와 헤어지면 자신의 존재도 함께 완전히 사라질 거라는 생각에, 조금이라도 관계가 약해질 만한 기미가 없는지 유심히 살핍니다. 갖가지 징후들을 분석하고, 관계가 삐걱거리거나 상대방이 배신할 만한 모든 경우의 수를 미리 따져보기 바쁩니다. **정서적 의존이 심한 어른은 자신을 도와주는 사람을 '자기 몸의 본체', 혹은 일종의 모든 기능이 총망라된 휴대 가능한 부모로 만들려고 애쓴다고 할 수 있습니다.**

가족 사이의 질투

가족 사이에서는 부부 사이보다 보다 간접적이고 우회적인 형태로 질투가 드러납니다. 대체로 유사 개념인 '시기심'의 형태로 나타나지요. 정서적 의존도가 높은 어른은 원망과 화, 원한, 반발심을 쉽게 드러냅니다. 이러한 감정은 다른 가족 구성원들로 인해 마음의 상처를 입은 데서 비롯된 것이라 볼 수 있습니다. 예컨대 이들은 부모나 형제가 자기보다 교육을 잘 받고, 운도 좋고, 좋은 시절에 태어났으며 다른 가족 구성원들의 사랑도 더 많이 받는다고 쉽게 단정 짓습니다. 항상 자신보다 '운 좋은' 사람, '편애를 받는' 형제나 자매가 있다 여기는 것이지요. 게다가 자신을 도와주는 사람은 스스로의 인생을 누릴 수 있지만, 자기 자신은 그럴 수 없다고 확신합니다. 결국 점점 자신을 비난하고 비하하는 일이 많아지고, 항상 누군가에게 더 많은 도움과 관심을 요청하지요. 한편, 조력자는 도움을 원하는 사람에게 자신이 모든 것을 빚졌다고 느끼거나 상대는 모든 권리를 갖고 있지만 자신에게는 의무만 있다고 느낍니다. 그리고 이 느낌은 점점 커져만 갑니다. 바로 이것이 전형적인 부정적 부모화의 모습입니다. 도움을 주는 사람들에게 끊임없이 자신을 향한 충성심을 증명해 보이도록 명령하는 것이지요. 조력자 입장에 처한 사람이 실제 그런 상황에 놓이면, 장 프랑수아 르 고프가 기술한 부모화된 자녀들이 느끼는 감정에 빠지게 됩니다. 자신의 능력을 벗어난 책임감을 과도하게 떠안은 조력자는 자신이 주는 것만큼 충분히 인정받지 못하고, 오히려 무엇을 하든지 간에 무시당하고 이용당하며 비난받는다고 느끼게 됩니다.

하지만 부모화와 가족에 대한 충성심이 의존적 괴롭힘을 가중시키는 유일한 요소는 아닙니다. 정서적 의존도가 높은 어른은 다양한 심리적 수단을 동원해 가족들과 의존적 결합을 유지하려고 애씁니다.

"그들은 문제의 해결을 바라는 게 아닙니다.
당신이 어떤 해결책을 제시하든지 간에
새로운 문제를 만들어낼 것입니다.
그들에게 가장 중요한 건 당신을
곁에 붙들어 두는 겁니다."

2장

그들은
어쩔 수 없는 거라
생각했습니다

조력자들은 아마도 끊임없이 도움을 요구하는 이 의존적 어른이 결국은 악의적으로 가족들을 휘두르며 조종하는 것은 아닐까 하는 의구심을 이미 가져본 적이 있을 겁니다. 조종이라는 개념을 '누군가를 내가 원하는 쪽으로 이끌기 위해, 상황을 조작하는 것'이라 정의할 수 있다면, 조종은 일반적 소통 행위의 일부라는 것을 인정해야 합니다. 바꾸어 말하면 누구나 상대방과의 관계 속에서 어느 정도의 조종과 조작은 어쩔 수 없이 필요하다는 겁니다. 게다가 마음을 조종하려고 한다고 해서 무조건 다 나쁜 것만은 아닙니다. 상대방에게 어떤 고통이나 피해를 주려는 마음은 전혀 없이, 그저 상대방이 자신이 원하는 것을 해 주기를 바라는 상황들은 아주 많습니다. 부모의 사랑을 얻기 위해 부모에게 애교를 부리는 어린아이를 떠올려 보세요. 아니면 더 간단하게는 이 세상 모든 사람이 자신이 잘 지내는 것처럼 보이고 싶은 욕구를 가지고 있다는 사실도 떠올려 볼 수 있겠네요.

그렇다면 정서적 의존이 심한 어른들에게서는 조작이 어떤 형태로 나타날까요?

병적 거짓말

정서적 의존이 심한 어른은 잦은 거짓말, 과장이나 잘못된 일반화, 말 지어내기와 고의로 말 빠뜨리기와 같은 행동을 일삼습니다. 조력자들은 어이없는 방식으로 그들에게 길들여지고, 너그러운 마음으로, 혹은 너무 빈번히 벌어지는 갈등을 피하고 싶은 마음에서 그들에게 따져 묻기를 포기합니다. 서로 대립해 봤자 얻는 게 아무것도 없다는 것을 이미 경험으로 알고 있으니까요. 이렇다 보니 이들 관계 안에서는 양쪽 모두에게 가식이 자리 잡게 됩니다. 도와주는 쪽은 아무것도 모르는 척하지만, 제대로 된 도움을 주기 위해 결국 끊임없이 참과 거짓을 가려내야 합니다. 그러는 과정에서 조력자는 늘 지치기 마련이지요. **그래서 의존적 관계를 원하는 가족이 꾸며대는 행동을 통해 진짜로 바라고 표현하려는 것이 무엇인지를 제대로 알아내는 것이 필요합니다.**

의존적 어른은 자신이 꾸며낸 사실을 들키면 대체로 상대방이 자신을 잘못 이해했거나 자신이 잘못 말했다고 주장합니다. 하지만 이 사람은 분명히 거짓말을 했고, 자신도 그 사실을 압니다. 이쯤 되면 '병적 거짓말Pathological lying'이라는 말이 떠오를 법도 합니다. 흔히 쓰이는 이 표현은 사실 심리학계에서 공식적으로 정의를 내리고 인정한 전문용어는 아닙니다. 심리학에서 정의 내린 의미에 따르면 '작화증' 혹은 '허담증'이라고 말하는 것이 더 적절합니다. 심리학에서는 '실제 일인 것처럼 꽤 논리적이고 조리 있게 가상의 이야기를 하려는 경향'이라고 말합니다. 이러한 경향은 현실을 있는 그대로 수용하기를 거부하는 마음이 반영된 결과일 수도 있겠지요.

말 지어내기는 의존적 어른들이 자신의 감정을 잘 인지하지 못하고, 심지어 제대로 느끼지도 못하는 사실과 관련이 있습니다. 의존적 관계를 원하는 태도에서 비롯된 행동으로, 실제 생활에서 계속해서 자신을 잊거나 드러내지 않으려고 애쓰다 보면, 결국 매우 불안한 서사적 공백을 남기게 됩니다. 그리고 그 공백을 채워야만 하는 상황에 부딪힙니다. 또한 이들은 타인에게 의지하기 위해 자신은 무언가를 자발적으로 혹은 자연스럽게 할 수 없다고 털어놓는 경우가 많습니다. 하지만 이런 상황은 의존적 어른이 주관이 없거나 무슨 말을 해야 할지 모른다는 인상을 주지요. 상대에게 기대고는 싶지만, 나쁜 인상은 주기 싫은 그들은 자신을 잊으며 보냈던 그 시간과 행동을 숨기기 위해, 자신이 무슨 말을 해야 하는지, 어떻게 감정표현을 해야 하는지 끊임없이 계산할 수밖에 없습니다. 상대방이 원하는 것들을 해석해서 반응을 보일 때가 많고, 상대방이 상상하는 것에 맞춰 대응합니다. 상황적 증거가 충분치 않을 때에는 완전히 이야기를 지어내기까지 하면서 말입니다. 결국 그들은 심지어 이유도 모르는 채 반사적으로 거짓말을 하게 됩니다. 거짓말을 한다고 해서 얻을 수 있는 게 하나도 없는 상황에서도 말입니다.

하지만 의존적 어른이 순응하는 삶을 사느냐 아니냐에 따라 거짓말의 형태가 달라지기도 합니다. 우리가 '순응적'이라고 이야기하는 의존적 어른들은 비교적 안정적으로 사회생활을 하는 사람들입니다. 반대로 '비순응적'이라고 이야기하는 의존적 어른은 안정적인 삶을 살지 못하고, 방황, 살 집을 잃은 상황, 실직, 경제적 어려움, 외로움 등등의 끊임없는 좌절 상태에 놓이고 맙니다.

직장생활을 유지하고 필수적인 책임을 다할 줄 아는, 즉 순응적인 사회생활을 하는 의존적 어른들은 자신이 거짓말하는 상황을 싫어하고, 심지어 이러한 자신의 성향을 힘들어하며, 오히려여기에서 벗어나고 싶다고까지 말합니다. 반면, 앞서 사례로 든마르쿠스처럼 비순응적 생활을 하는 의존적 어른은 자기 스스로지어낸 이야기에 별 의미를 두지 않을뿐더러, 조작된 이야기가왜 문제인지도 깨닫지 못합니다. 그들에게는 말 지어내기가 상대방과 마주하여 자신의 존재를 뚜렷이 드러내지 못하고, 현실을 거부하는 것과 관련이 있는 것입니다. 이들은 거리낌 없이 거짓말을 합니다. 가족들이 격분하고 낙담할 정도로 말이지요. 이렇다 보니 결국 관계가 끊어질지도 모른다는 느낌을 받습니다. 그래서 이들은 이번에는 환심 사기에 돌입합니다. 환심 사기는주로 두 가지 형태로 나타납니다. 하나는 어린애 같지만 가식이느껴지는 상냥함이고, 다른 하나는 감미로운 아부입니다. 하지만 이러한 방식은 지나친 과장으로 인해 오히려 속셈이 드러나고 말지요.

물론 조력자들은 쉽게 속지 않지요. 순진함과 위선이 뒤섞인 것처럼 느껴질 때마다 짜증이 나면서도, 이러한 행동들이 어김없이 보호받고 싶은 욕구와 그것이 채워지지 않아서 겪는 괴로움에서 비롯한다는 사실을 간파합니다. 실제로 의존적 어른은 조력자가 듣고 싶어 한다고 스스로 생각하는 말로 상대방의 비위를 맞출 때가 많습니다. 조력자의 지위를 강조하고 조력자의 학력에 감탄하며, 조력자의 자녀와 집, 자동차, 요컨대 조력자의 성공을 축하하는 말을 계속해서 건네지요. 게다가 대체로 이런 말들을 과장해서 합니다. 조력자를 필요 이상으로 높이 평가하고, 과장된 방식으로 큰 가치를 부여해야지만, 자신의 비참함을 있는 그대로 드러내고 싶은 성향을 바탕으로 스스로를 좀 더 낮출 수 있으니까요. 의존적 어른은 어떻게든 조력자와의 자신의 관계가 결코 진실하지도 진지하지도 않다는 사실을 감추려고 애씁니다. 하지만 제아무리 공들여 봤자 소용이 없고, 그 열정은 부자연스럽기만 하지요. **의존적 어른은 인간관계를 상당히 막연하고 피상적으로만 이해합니다. 오로지 상대방을 조종하는 일에만 능숙하지요. 이들은 상대방을 조종하기 위해 연민과 두려움에 호소하는 등의 치밀한 전략을 취합니다.**

불쌍한 척하거나, 위험에 처한 척하거나, 스스로 죽겠다고 협박하거나

조력자라면 이미 정서적 의존도가 높은 성인이 마치 모든 것에서 손을 놓기로 마음먹은 사람처럼 주기적으로 사회생활에서 완전히 물러나는 것을 본 적이 있을 겁니다. 우울한 태도가 평소보다 더욱 자주 눈에 띄고, 여러 우울 증상이 한꺼번에 나타나지요. 일상적인 활동에 관심이 없고, 정신의 반응속도가 느려지는가 하면, 살이 찌거나 빠지고, 피곤해하고, 수면장애를 겪거나 자신을 심하게 비하하고, 자주 비관적 생각을 합니다. 대부분의 경우 불가항력적인 우울함에 빠져 있는 것이 그 원인이겠지만,* 일부는 조력자의 연민과 두려움을 유발하기 위한 의도적 행동인 경우도 있으므로 구별이 필요합니다.

불쌍한 척하기

조력자의 연민에 호소할 때에는 평소보다 무기력한 모습을 더욱 자주 보입니다. 순응적인 의존적 어른들에게서는 특히 나약함을 드러내는 행동을 관찰할 수 있습니다. 억지스럽거나 지나치게 빈번하게 짓는 미소, 어린애 같은 목소리, 어딘가 아픈 듯한 표정, 자기비하 등등. 한편 비순응적인 의존적 어른들에게서는 훨씬 더 과도한 연출을 목격할 수 있습니다. 발을 질질 끄는 걸음걸이, 고개 숙인 자세, 무표정한 얼굴 등이 대표적이지요. 또한 눈물을 자주 흘리는가 하면, 집 밖에 나설 때도 실내복 같은 것을 입을 정도로 옷차림에도 전혀 신경 쓰지 않습니다. 한편 위생도 갈수록 악화되는 모습을 보이지요. 또한 고의성 여부와는 무관하게 목소리 자체가 확연히 바뀌고, 이는 나약함을 극적

---

* 여러 연구 결과를 통해 의존성 인격장애와 우울증 사이에 관계가 있는 것으로 밝혀졌습니다. 한 예로 미국의 심리학자 아르망 로레인저에 따르면 의존성 인격장애를 겪는 이들 가운데 31퍼센트는 우울증을 겪는 반면, 의존성 인격장애를 겪지 않는 이들이 우울증을 겪는 비율은 19.8퍼센트에 그치는 것으로 나타났습니다.

으로 연출하는 데 중요한 요소가 됩니다.

피에르의 이야기이다. "형 마르쿠스는 죽어가는 목소리로 음성 메시지를 남길 때가 많아요. 애절한 목소리 톤을 기막히게 잘 내지요. 평소보다 더 저음으로 느리게, 심지어 귀에 거슬릴 정도로 불편한 목소리를 내요. 꼭 목감기에 걸린 사람처럼 말이에요. 숨쉬기도 힘들어 보이고요. 말을 떠듬거리거나 횡설수설해요."

조력자들은 고통을 호소하며 도움을 원하는 가족이 자신이 원하는 것을 손에 넣으면 이러한 증상이 순식간에 사라진다는 것을 쉽게 알아차릴 때가 많습니다. 그렇다면 과연 의존적 어른은 상대방에게 동정심을 이끌어내면 만족스러울까요? 어쨌든 대다수의 조력자는 그런 인상을 받습니다. 조력자인 당신이 걱정하는 모습이 의존적 관계를 원하는 가족의 눈에는 충성심을 보여주는 증거인 셈이니까요. 그들은 무슨 수를 써서라도 충성심을 자극하고 증명하게 만들려고 애씁니다. 그들에게는 희망이 없어 보이거나 절망에 빠진 것처럼 보이는 일이 매우 중요합니다. 그래야 스스로 일을 해결할 수 없다는 것을 당신에게 보여줄 수 있으니까요. 예를 한번 들어볼까요? 처음에는 휴대폰 살 돈이 없다며 앓는 소리를 했다가 휴대폰을 손에 쥐고 나면, 이번에는 통신사 요금을 낼 돈이 없다며 앓는 소리를 합니다. 이렇게 하면

간접적으로 자신이 외롭고 무능하다는 것을 다시 한번 드러낼 수 있으니까요.

———◇———

피에르의 말은 이렇다. "한 번씩 형한테 옷을 사줘요. 그런데 왜 그러는지 모르겠지만, 형은 예전부터 입던 낡아빠진 옷만 계속 입어요. 불쌍한 사람 흉내를 내고 싶은 것 같아요. 운도 없고 사회로부터 배척되고 소외당한 사람 말이에요."

피에르의 마지막 말 안에 요점이 들어 있습니다. 조력자는 이러한 경우를 수없이 접했을 겁니다. **정서적 의존이 심한 어른은 자신의 문제가 해결되기를 원치 않습니다. 게다가 당신이 어떤 해결책을 제시하든지 간에 또다시 새로운 문젯거리를 만들어냅니다. 의존적 관계에 매달리는 가족에게 중요한 것은 무엇보다도 당신이 곁에 가까이 있는 겁니다. 문제를 해결해주기를 바라는 것이 아니라는 것이지요.** 문제가 해결되면 당신이 다시 떠날 수도 있으니까요. 그들 입장에서는 문제를 가까이하고, 해결은 멀리해야 하는 겁니다. 그러니까 당신이 문제가 해결되기를 바라는 욕구를 내비칠수록, 그들은 당신의 욕구를 꺾어버리기 위해 더욱더 애쓰겠지요.

어쨌거나 시간이 흐를수록 당신도 결국 상대방이 연민에 호소하는 상황에 조금씩 무뎌지겠지요. 그러면서 반응속도도 더뎌지고, 반응 강도도 약해지고요. 하지만 당신은 언제고 큰 두려움과 마주하게 될 겁니다. 정서적 의존이 심한 어른은 심각한 불안을 야기할 수 있는 실제 혹은 가상의 환경에 자신을 밀어 넣음으로써 주변 사람들을 말려들게 하는 데 탁월한 재주가 있으니까요.

위험에 처한 척하기

실제로 위험할 때도 있습니다. 의존적 어른은 위험한 행동이나 자기 파괴적인 태도를 많이 보이니까요. 해당 주제와 관련해 질문을 받은 조력자들이 일관되게 대답한 내용에는 과식, 지나친 흡연, 신경안정제, 강장제, 수면제 등등의 약물남용과 더불어 컴퓨터 게임, 도박 등의 게임중독이 포함되어 있습니다. 종종 상대적으로 눈에 잘 띄지 않는 위험도 있습니다. 근육통, 두통, 현기증, 불면증, 피로감, 호흡곤란 등의 증상이 대표적이지요. 이런저런 갖가지 증상들을 드러내 보아도 주변 사람들의 관심과 도움을 충분히 이끌어내는 데 턱없이 부족하다고 느끼는 때가 옵니다. 그러다 보면 결국 과장해서 말하게 됩니다. 이것이 바로 단계적 확대의 시작인 셈이지요.

의존적 어른은 어느 정도 사실로 확인된 병리학적 근거를 바탕으로 당신에게 불안을 야기하는 말을 만들어낼 줄 압니다. 이 말 속에는 진실과 거짓이 뒤섞여 있지요. 자신이 암이나 심각한 전염병에 걸렸다, 혼수상태를 겪었다는 등의 이야기를 거리낌 없이 지어내, 매번 놀랄 만큼 체념 섞인 말투로 이야기할 겁니다. 게다가 이상한 행동으로 본심을 드러내지요. 스스로 많이 아프다거나 죽을병에 걸렸다고 이야기할 때, 그 어느 때보다 편안해 보일 겁니다. 불안감을 내비치거나 몹시 당황한 기색을 보이지 않고, 오히려 일종의 만족감 혹은 심지어 뿌듯함을 드러내지요. 병이 위중하다는 것을 말하는 순간, 더 이상 과장해서 말할 필요가 없어서 그런 것 아닌가 싶습니다.

여기 위험한 상황을 연출한 또 다른 사례가 있습니다. 이번에는 꾸며대는 정도가 심각한 경우입니다.

52세 가랑스는 이런 이야기를 털어놓는다. "하루는 밤중에 아멜리 언니한테서 전화가 왔어요. 완전히 정신 나간 사람 같았죠. 마구 소리를 지르고 엉엉 울며 최대한 빨리 자기 집으로 와달라고 했어요. 언니가 횡설수설해서 무슨 말을 하는지도 모르겠더라고요. 수화기 너머로 벽을 치는 소리가 요란하게 들려왔어요. 언니는 몹시 당황한 듯 제대로 말도 못하더라고요. 그래서 저는 언니 집 현관문을 부수고 강제로 집 안으로 들어오려는 사람들이 있나 보다고 생각했지요. 언니가 "얼른 와, 얼른, 제발!"하고 소리쳤어요. 그런데 저는 언니랑 완전 반대편 지역에 살고 있었거든요. 제가 뭘 어떻게 할 수 있었겠어요? 우선 언니한테 당장 경찰에 신고부터 하라고 했더니 싫다고 하더라고요. 꼭 제가 와야 한다는 거예요. 그 순간 이건 뭔가 말이 안 되는 상황이라는 걸 깨달았지요. 저는 그냥 전화를 끊고 자러 갔어요. 당연히 그 뒤로는 이 이야기는 꺼내지도 않더군요."

자살한다고 협박하기

의존적 어른이라고 해서 무조건 자살 위험성이 있는 것은 아니라는 점을 먼저 짚고 넘어갑시다. 여러분들 중에는 다행히 한 번도 자살 협박이나 자살 기도의 상황과 마주한 적이 없는 경우도 있을 겁니다. 그렇지만 의존적인 사람 중 대다수가 자살하고 싶은 유혹에 강하게 끌립니다. 그런 마음이 겉으로 분명하게 드러나지 않고, 협박이나 시도의 대상이 아닌 경우에도 말입니다. 실제로 이 모든 것을 끝내고 싶은 욕구를 알코올이나 마약중독, 위험한 상황에 뛰어들기, 자기 파괴적인 행동(제7장 참조)과 같이 자살에 상응하는 여러 가지 상황들로 끊임없이 채워 나가려고 하지요.

반면, 자살 기도가 실제로 이루어지는 경우에는 그 행위가 일어나기 오래전부터 미리 신호를 보냅니다. 도와달라는 연락이 자주 오기 시작하면, 자살 기도로 이어지는 첫 단추가 끼워진 겁니다. 정서적 의존이 심한 어른은 이런 식으로 자신의 '죽음'을 준비하는 것이지요. 어떨 때는 예고 없이 연락을 끊고 더 이상 전화도 받지 않고 문도 열어주지 않고 꼭꼭 숨어버립니다. 토라진 것처럼 보이고, 이와 동시에 몰래 숨어 기회를 엿보고, 가족들의 반응을 염탐하며 가족들이 두려움을 느끼는지 슬퍼하는지를 알아보지요.

공들여 또 다른 계획을 준비할 거라는 생각을 해볼 수 있지요. 진짜 자살이 아니라, 자신의 자살에 관한 이야기를 연출하는 겁니다. 그리고 연출 자체가 나중에 진짜로 시도할 수도 있는 자살을 예고하는 역할을 하지요. 훨씬 이전부터 앞서 언급한 자살에 상응하는 여러 가지 행동들이 관찰될 겁니다. 의존적 어른은 대체로 죽음을 두려워하지 않는 척한다는 사실을 깊이 감안하고 바라보아야 하는 행동들이지요. 정말로 그들에게 있어 죽음은 격하게 부정하면 잊을 수 있는 문제입니다. 상대방과의 의존적 결합에 대한 착각으로 인해, 그 개념이 상쇄되기 마련이니까요. 하지만 그들에게도 이 세상 모든 사람과 마찬가지로 죽음에 대한 두려움은 분명히 있습니다. 다만 내면의 아주 깊은 곳에 묻혀 있다가 가끔씩 공황발작의 형태로만 나타나지요.

당연히 자살 협박은 항상 심각하게 받아들여야 합니다. 제아무리 연출의 성격을 띠고 있고, 정말로 자살하는 일은 벌어지지 않는다고 해도, 이러한 협박은 항상 그들이 진짜로 겪는 고통에서 비롯된 것이니까요. 문제는 조력자가 지속적으로 의존적 어른을 관찰해오지 않은 상황에서 자살 협박이 이루어졌을 때 나타날 수 있습니다. 이럴 때 조력자 중 대다수에게 악순환을 불러일으키는, 의존적 성인에게 얽매여 그들을 벗어날 방법을 찾지 못할 정도로 큰 정서적 협박이 되는 것이지요.

하지만 조력자인 당신이 문제를 해결할 열쇠를 쥐고 있습니다. 그게 무엇이냐고요? 먼저 정서적 의존도가 높은 가족을 계속해서 지켜보려는 생각을 일정 부분 내려놓을 필요가 있습니다. 첫 번째 이유는 계속 그들을 지켜보는 일 자체가 사실상 불가능하고, 또 다른 이유는 상대방의 책임까지 자신이 짊어지려 하는 건 무의미한 일이기 때문이지요. 그렇지만 상대방이 자살 협박을 하면 분명히 어떻게라도 도와야 하므로, 적어도 다음과 같은 열쇠만큼은 꼭 쥐고 있기를 바랍니다. 의존적 어른이 자신의 행동에 책임이 없다는 생각을 많이 할수록 자살을 시도할 가능성이 더욱 커진다는 사실을 명심하세요.

의존적 가족이 자살 협박을 하기 전에 그보다 먼저 거의 어김없이 가까운 사람들에게 자신의 잘못과 책임을 떠넘기는 모습을 보입니다. **책임을 남에게 떠넘기고 자신은 죄의식에서 벗어나려는 것이지요. 한없이 이기적인 생각이지요. "나는 내 죽음에 아무런 책임이 없어. 그 책임을 져야 할 사람은 오직 너뿐이야." 그렇기 때문에 당신은 이러한 주장이 유효하지 않도록 항상 신경 써야 합니다. 당신이 의존적 가족을 계속 지켜보거나, 죄의식을 느끼는 모습을 보여주면, 그들은 당신이 이 명제에 동의했다는 인상을 받을 겁니다. 정반대로 모든 책임을 아주 분명하고도 단호하게 내던지는 자세가 중요합니다. 더 정확히 말하면 책임을 그들에게 되돌려주는 것이지요.** 무슨 일이 있어도 자살은 당사자 혼자 책임져야 하는 일임을 인정하도록 해야 합니다.

피에르의 이야기이다. "형은 저에게 자살하겠다는 협박을 아주 자주 했어요. 하루는 형 집에서 수천 킬로미터 떨어진 곳에서 휴가를 보내고 있는데 전화가 왔더라고요. 이번에도 역시 잔뜩 겁에 질린 목소리로 엉엉 울더군요. 11층짜리 건물 옥상에 올라와 있다고, 여러 차례 발걸음을 움직여 난간 끝까지 왔다가 떨어지기 일보 직전에 간신히 멈춘 상태라고 했어요. 그

러더니 매우 불안한 목소리로 다시 발걸음을 떼기가 무섭다고, 더 이상 오래 버티지 못할 것 같다는 말을 덧붙였어요. 저더러 당장 형이 있는 곳까지 찾아오라고 했지요. 제가 그럴 수 없는 상황이라고 설명했지만, 형은 제 말을 듣지 않았어요. 제가 당장 와야 한다는 말만 반복했지요. 그래서 그날 저는 형에게 만약 뛰어내린다면 그건 형이 내린 선택이라고 분명히 말했어요. 그 뒤로는 한 번도 자살 협박을 한 일이 없어요."

또 다른 사례도 있습니다. 딸 테레사에게 괴롭힘을 당하는 올가와 장의 사례입니다.

테레사는 애정 관계나 직업에 있어서 평탄할 때가 없었다. 그녀는 주변에 쉽게 휘둘리는 성격이었고, 그래서 그녀의 너그러운 마음과 순진함을 악용하는 사람에게 당하는 일이 많았다. 그녀는 한동안 관공서에서 일하다가 연이어 병가를 냈고, 결국 해고당했다. 현재 37세인 테레사는 부모님이 집세를 내주는 좁은 집에서 혼자 산다. 이미 70대인 두 사람은 아직까지도 딸 뒷바라지를 해야 하는 상황에 지쳐 있다.

아버지의 말은 이렇다. "이제는 한시도 딸 곁을 떠날 수가 없어요. 단 며칠간 휴가도 다녀오지 못할 상황에 이르렀지요." 테레사가 수차례 자살 기도를 했기 때문이다. 최근에는 독약을 먹고 벨트로 목을 맨 적도 있었다. 딸은 자살 기도를 할 때

마다 행동에 옮기기 전에 부모에게 작별 메시지를 보내고는
자기 손으로 119에 전화를 거는 식이다. 주기적으로 찾아오
는 자살 욕구를 스스로의 힘으로 떨쳐버리지 못하는 것 같다.

자살 협박을 하는 순간에도 실제로 자살 계획을 실행하는 순
간과 똑같은 불안과 우울, 주변 사람들을 향한 깊은 죄책감에 사
로잡힙니다. 그렇기 때문에 결국 매번 꼼짝없이 다시 무력한 상
황에 처하고 말지요. 하지만 의존적 어른의 인생 여정에서 결정
적인 전환점이 되는 순간이기도 합니다. 처음으로 자살 협박이
일어나고 실제로 자살 기도로 이어지면, 주변 사람들과 대립관
계에 놓입니다. 이렇게 해서 의존적 괴롭힘의 상황은 새로운 국
면을 맞이하게 되지요. 이때부터 공격적인 행동들이 표출되기
시작합니다.

3장

내 탓일지도
모른다고
믿었습니다

자살 기도를 기점으로 서로 간의 갈등이 확실한 전면전으로 확대되기 전, 비교적 소강상태 혹은 안정적인 상태를 유지하는 기간이 있습니다. 이 기간은 보통 수개월에서 1년, 심지어 아주 드물긴 해도 2년까지 지속되기도 하지요. 이런 경우 조력자들에게는 우울에 빠진 가족이 마음을 잡거나 진정된 것 같아 보일 수도 있습니다. 실제로 보다 독립적인 삶에 다가가기 위해 애쓰는 것처럼 보입니다. 예컨대 직장을 꾸준히 다니고, 자신의 보금자리를 잘 지킨다거나, 애정관계도 오랜 시간 안정적으로 유지하는 식이지요. 물론 여전히 돈 관리를 한다거나 자기가 한 약속을 지키는 일은 약간 어려워할 수도 있겠지만 전반적으로 상황이 호전되는 것을 확인할 수 있을 겁니다. 그러면 주변 가족들도 예전에 비해 훨씬 덜 얽매인 느낌이 들겠지요.

하지만 이것은 폭풍 전야일 뿐입니다. 반드시 그런 것은 아니지만, 소강상태를 지낸 뒤에 상황이 갑자기 걷잡을 수 없을 정도로 나빠질 때가 아주 많습니다. 그러다 보면 주변 사람들이 보기에는 뜬금없이 와르르 무너졌다는 느낌을 받겠지요.

그들의 모든 것이 한순간에 무너지는 이유

우울증에 빠진 성인이 여태까지 이루어냈거나 지켜온 모든 것들이 순식간에 산산이 무너지는 경우가 있습니다. 직장부터 집, 경제력, 인간관계에 이르기까지 모든 것을 한순간에 잃어버리고 맙니다. 바로 이때 의존적 괴롭힘의 상황이 전면적 갈등 상태를 맞게 됩니다. 이제는 끊임없이 늘어놓는 불평과 도움 요청에 이어 비난, 책망, 언어폭력까지 더해집니다.

피에르의 이야기는 이렇다. "형에게도 모든 일이 대체로 잘되는 시기도 있었어요. 그래서 어느 정도 거리를 두기도 했었지요. 형은 결국 여자를 만났고 상당히 빨리 결혼했어요. 금방 아이도 낳았고요. 사돈어른이 작은 빌라에서 형 내외가 생활을 꾸려나갈 수 있도록 도와주었어요. 형은 야간 주차 관리 요원으로 일했지요. 덕분에 저는 2년이 조금 안 되는 시간 동안 안심하고 지낼 수 있었어요."

그런데 2년이 지난 뒤, 마르쿠스가 발작을 일으켰다. 주차 관리 일을 하는 곳에서 사람들을 협박하려고 한 것이다. 경찰이 오자 마르쿠스는 그 일에 대해 전혀 기억이 나지 않는 척했다. 결국 마르쿠스는 정신병원에 2주 동안 머물러야만 했다. 퇴원하고 나자 그의 아내는 이혼을 요구했다. 마르쿠스는 이혼한 뒤 곧바로 본가로 들어왔다가, 다시 종적을 감췄다. 나중에 그는 프랑스 남부 지방에서 발견되었다. 한동안 그는 우연히 만난 사람들 집을 전전하며 지내다가 결국 절도죄로 붙잡혀 몇 달간 수감생활까지 했다. 지금까지 나열한 일련의 사건 내내 마르쿠스의 부모는 자식을 부양하려 애썼지만 헛수고였다. 마르쿠스의 머릿속에는 오직 한 가지, 그저 이리저리 방황하며 술에 빠져 살고 싶은 생각뿐이었다.

어째서 이렇게 급격히 무너진 걸까요? 어째서 보다 안정적이고 독립적인 방식으로 살아보겠다는 결연한 시도 직후에 이런 일이 벌어진 걸까요? 어쩌면 분명히 그가 막 성공하려는 참이었기 때문이 아닐까요. 이런 관점이 아마도 의아하겠지만, 실존주의 심리학에 따르면 앞뒤가 들어맞습니다. 삶에 완전히 맞서고, 개인적인 책임을 모두 받아들이다 보면, 그 사람은 자신의 외로움, 나약함과 마주하게 되는 것이지요. 그래서 결국 다시 뒤로 물러서기도 합니다. 그런데 이러한 후퇴는 독립을 위해 진지하고 꾸준히 애쓰는 것보다 훨씬 더 급격히 이루어집니다.

게다가 바로 이 순간부터 의존적 성인은 자신이 독립하도록 격려하고 도와준 사람들을 항상 의심의 눈초리로 바라보게 됩니다. 실제로는 사람들이 자신을 도와준 것임에도 불구하고, 상대방이 더 이상 자신을 신경 쓰지 않고 그냥 내버려 두고 싶은 마음에 자신을 그 상황으로 내몰았다고 생각합니다. 이처럼 상대방이 자신을 거부한다는 생각이 들기 시작하면, 원망하는 마음이 점점 커지게 되며 방어 태세를 갖추고 막무가내로 공격적인 행동을 하게 됩니다.

갈등은 다른 가족에게
매달릴 수 있는 좋은 기회

의존적 갈등은 학대의 감정을 띤 비난 때문에 불거지는 경우가 많습니다. 의존적 어른이 그토록 바라는 의존적 관계를 가족들이 받아들이지 않아서이지요. 이것 때문에 우울증에 빠진 사람은 갑자기 자신에게 일어난 모든 일의 책임이 가족에게 있다고 주장합니다. 그래서 강박적으로 자신의 유년 시절로 되돌아가 그 안에서 잠재적인 트라우마를 찾으려고 하지요. 지나치게 엄격했던 교육, 부모의 무관심, 항상 간섭하던 엄마, 권위적이거나 폭력적인 아빠 등등 말입니다. 실제 원인은 그다지 중요하지 않습니다. 어쨌든 근거 없는 화난 감정에 사로잡혀 있으며 무슨 수를 써서라도 그러한 감정을 정당화시키려고 하니까요. 게다가 의존적 어른은 갈등 상황 속에 상당한 장점이 있음을 직관적으로 압니다. 바로 갈등 상황이 그 안에서 대립하고 있는 사람들과의 관계를 단단히 붙들어 매어 준다는 점이지요. 그러한 이유로 갈등을 또 다른 매달리는 수단으로 생각하게 되는 겁니다.

니코엘은 46세이다. 학창 시절 평균 수준의 성적을 받던 그는 대입 시험에 떨어진 뒤 문화센터에서 레크리에이션 강사로 일하게 되었다. 강사 일을 3~4년 정도 하다가 그만두고, 새로운 일을 찾아 이곳저곳 떠돌다 보니 우울증이 심해져서 집에 틀어박혀 지내게 되었다. 그의 아버지의 말은 이렇다. "아들은 늘 혼자였어요. 제대로 여자 친구를 사귀어본 적도 없고 절친한 친구도 없었으니까요. 그저 몇 차례 짧은 연애를 하거나, 친구가 생겨도 결국 소원해지기 일쑤였어요."

니코엘은 35살 무렵, 수차례 자살을 시도하는 바람에 정신병원에 드나들기 시작했다. 그때부터 그는 일을 해서 생활비를 스스로 버는 것을 한사코 거부했다. 그는 사실상 몇 년째 집 밖으로 나가지 않고 있다. 70대 노부모에게 자기 대신 장을 보게 하고, 여러 가지 행정업무를 떠넘기며, 집을 구하고 집세를 내게 하는 것도 모자라 생활비까지 얻어 쓴다. 이번엔 어머니의 설명이다. "빌려준 돈 내놓으라는 식이에요. 부탁하는 게 아니라, 당연한 걸 요구한다는 태도지요. 얼마 전에는 자기 몫인 유산을 미리 달라고까지 하더군요. 그래서 우리 아직 죽지 않았다고 단호하게 거절했습니다."

요즘 들어 니코엘은 집에서 맨날 TV를 보거나 잠만 잔다. 더 이상 씻지도 않는다. 먹는 것도 온라인으로 주문한 액상 요구르트와 아이스크림뿐이다. 무엇보다 주변 사람들에게 쉴 새 없이 비난을 퍼붓는다. 이번에도 어머니의 말이다. "우리더러 친구도 있고 건강하게 살고 있으니 운이 좋다고 얘기해요. 자기 여동생에게도 똑같이 이야기하지요. 그러면서 우리가 정도 없고 베풀 줄도 모른다며 비난을 해대요. 우리가 자기한테 해주는 게 아무것도 없고, 심지어 우리가 맘속으로 자기가 죽기를 바란다고까지 말해요! 게다가 죽고 싶다, 사라지고 싶다는 말을 입버릇처럼 하면서 자기가 자살하는 걸 도와줘야 한다고도 말해요. 우리가 자기 말을 제대로 듣지 않는다 싶으면 하루에도 수십 통씩 폭언과 욕설을 담은 문자메시지를 보내요. 내 배 아파서 낳은 자식이지만 정말 어찌해야 할지 모르겠어요."

나는 늘 피해자야.
그러니까 당신은 비난받아야 해

그러니까 **의존적 어른은 과거에서 자신에게 상처를 줬을 법한 사건이나 별것 아닌 말에서 비난할 거리를 수도 없이 찾으려는 경향이 있습니다.** 사람들이 자신을 무시하고 거부하며 업신여겼다고 주장합니다. 더 놀라운 건 자신이 가족한테서 괴롭힘을 당한 진짜 피해자라고 주장하는 상태까지 이르기도 한다는 점입니다. 예컨대 부부 사이에서는 배우자가 자기를 마음대로 조종하고 자기를 '가지고 놀며', 온갖 수를 써서 자기가 집착하도록 만든다고 의심하는 경우가 많습니다. 또한 직장에서는 자신이 왕따를 당하고 있다든가, 무시당하며 이용당한다는 느낌을 자주 받지요. 한편 가정에서는 툭 하면 자신이 소외되거나 사랑을 받지 못한다고 투덜거립니다.

이처럼 어처구니없이 역전된 상황, 즉 실제로는 자신이 의존적 방식으로 사람들을 괴롭히는 것임에도 불구하고, 오히려 자신을 사람들에게 괴롭힘을 당하는 희생자라고 여기는 것은 왜곡된 부모화의 과정에서 비롯된 것입니다. 의존적 성인은 다른 성인 앞에서 무조건 스스로 아이가 되어야 합니다. 자신의 약한 모습을 드러내거나, 불평을 늘어놓고, 계속해서 도움을 요청함으로써 자신에게 필요한 위안을 찾기 위해서이지요. 하지만 다른 한편으로 이런 식으로 주변 사람들에게 주어진 권위는 의존적 어른에게 불리하게 작용합니다. 주변 가족들이 권위를 앞세워 의존적 어른을 '의존적 인큐베이터' 밖으로 밀어내, 보다 독립적으로 살아가도록 할 테니까요. 예컨대 의존적 어른은 마침내 직장을 얻으면, 기쁜 마음보다는 먼저 불안감을 느끼고, 자신을 도와준 사람들을 오히려 원망하게 됩니다. 주변 가족들에 의해 강제로 자립하는 상황이 의존적 어른에게는 가족들이 자신을 버린다는 뜻으로 받아들여진다는 점을 고려하면 당연한 반응입니다.

그리고 이런 배신감에서 나오는 의존적 괴롭힘은 메시지 폭탄이나 비난과 불평만 잔뜩 늘어놓는 전화를 해대는 방식으로 나타나기도 합니다. 때때로 물리적 공격을 가하겠다는 협박이나 심지어 살해 위협까지 일어나기도 합니다. 니코엘의 여동생 카미유는 수백여 통이 넘는 메시지를 받았습니다. 그중 일부는 특히 걱정스럽고 위험한 것이었습니다.

카미유의 말은 이렇다. "오빠는 가끔 끔찍한 말들을 해요. 저한테 이런 메시지를 적어 보낸 적도 있어요. '네가 아프고 고통스러웠으면 좋겠어. 넌 대가를 치러야 해. 넌 정말 인간도 아니야!' 한번은 심지어 청부살인업자를 고용해 저를 죽이겠다는 협박까지 했어요." 그때 극심한 공포심을 경험한 카미유는 그 이후로 공황발작증에 시달리고 있다. 현재 42세인 그녀는 결국 가족과의 연을 끊고, 부모님이 오빠를 감당하도록 내버려 둘 수밖에 없었다.

'서로 말로 헐뜯는' 가족들 사이에서 의존적 괴롭힘의 상황, 보다 정확히 말하자면 상호 괴롭힘이 자주 보이는 것은 괜히 그런 것이 아닙니다. 모욕과 욕설과 같은 공격적인 말들은 그러한 상황 속에서 특별한 의미를 지닙니다. 서로에게 모든 것을 털어놓는다거나 자유롭게 이야기한다는 핑계를 대지만, 실제로 공격적인 말들을 통해 서로 간의 간격을 부정하고 각자의 사생활을 부정하는 것이지요. 엄마에게 괴롭힘을 당하는 제랄드의 사례는 이러한 관점에 있어서 엄청난 교훈을 던집니다.

제랄드의 이야기는 이렇다. "제가 어릴 때부터 엄마는 모든 걸 자기 마음대로 하려고 했어요. 제 나이가 25살이 되고 독립을 한 지금까지도 하루에 10번 넘게 전화를 해요. 모든 걸 알고 싶어 하지요. 게다가 제가 사는 집 열쇠도 가지고 있어서 제가 집에 없을 때 제 물건들을 뒤져요."

제랄드는 자신이 완전히 엄마의 통제 하에 있다는 느낌을 받는다. 제랄드의 엄마는 자기가 아들의 인생을 좌지우지하려는데, 아들이 따르지 않으면 서슴지 않고 소리를 지르며 욕을 퍼붓는다. 하지만 제랄드도 가만히 있지 않고 똑같이 욕을 해댄다. 심지어 어떨 때는 모자간에 몸싸움까지 벌어진다. 제랄드가 이런 이야기를 털어놓는다. "이런 식으로 소통하는 것이 비정상적이라는 것을 최근에야 알게 되었어요. 저는 엄마랑 늘 붙어 있어야 하는 환경 속에서 자랐거든요."

전통적으로 언어적 공격은 낮은 자존감으로 힘겨워하는 사람이 상황 통제력을 잃었을 때 벌어집니다. 자존감이 낮은 상태에서 상황에 대한 통제력까지 잃은 느낌이 들면 상대방을 향한 분노로 이어질 때가 아주 많지요. 의존적 어른들에게서는 적대감이 모욕적인 말뿐만 아니라, 때리는 행위, 즉 물리적 공격으로 나타나기도 합니다. 이러한 행위들은 의존적 결합을 구체화하고, 말 그대로 보이고 느낄 수 있도록 하는 기능이 있지요. 정서적 의존이 심한 사람에게는 자신과 상대방 사이의 거리와 경계를 부정하는 일이 전혀 불편하지 않고 자연스럽습니다. 이들에게 육체적 폭력은 자기 자신에게도 일어날 수 있는 별 대수롭지 않은 행위이기 때문입니다.

4장

그런 책임감은
나를 무너뜨릴 수
있습니다

가족 중 누군가에게 자신의 인생을 독립적으로 이끌어가지 못하는 일종의 '장애'가 있다는 사실을 쉽게 인정하고 받아들일 수 있는 사람은 드뭅니다. 더구나 의존적 성인이 지닌 장애를 명확히 특정하는 것도 어렵습니다. 대부분의 경우 정신 혹은 인격장애 상태라고 진단하고 접근할 만한 증상이 나타나지 않습니다. 이런 상황에 놓이면 경계선, 양극성 등과 같은 증상으로 여기고, 정서적 의존에서 비롯된 결과로 바라보지 않지요. 의존적 어른이라고 해서 모두가 특별한 인지장애가 있는 건 아니라는 사실은 쉽게 관찰할 수 있습니다. 오히려 똑똑하고 유머러스한 면모를 보이며, 필요할 경우 자기 자신을 객관적으로 평가하기 위해 거리를 두고 바라볼 줄도 압니다. 이렇다 보니 주변 가족은 이 의존적 어른에게 무언가 '잘못된' 것이 있다는 막연한 생각만 가진 채 살아가지요. 그러나 가족들은 자신의 형제자매나 엄마·아빠, 배우자가 자신이 생각하는 것만큼 자립적인 사람이 아니라는 점을 언제고 분명히 인정해야 합니다.

어느 정도 지켜보다가 주변 가족들이 보기에 상황이 호전되지 않을 게 분명해지면, 결국 가족들 스스로 의존적 어른과의 관계를 '끊어내야겠다는' 생각을 해야만 합니다. 우리는 이러한 단념의 과정을 주의 깊게 살펴볼 것입니다. 이것이 의존적 괴롭힘 상황의 한 축을 이루는 요소이니까요.

의존적 어른의 가족이 겪는
감정의 6단계

세계적으로 유명한 정신과 의사이자 호스피스 분야의 전문가인 엘리자베스 퀴블러로스Elisabeth Kübler-Ross는 소중한 사람의 죽음과 마주한 사람들이 겪는 심리적 단계에 관해 이론적 모델을 제시했습니다. 단계의 순서 및 개수는 전문가에 따라 약간의 차이를 보이지만, 각 단계는 부정denial, 고뇌pain, 분노anger, 타협bargaining, 침울depression, 수용acceptance으로 이루어집니다.* 관념적으로 가족의 죽음을 앞둔 사람은 위 단계들을 차례로 겪으며, 단계마다 특정한 감정을 매우 뚜렷하게 느낍니다.

부정: 사랑하는 사람을 잃는다는 사실에 충격을 받고, 상황을 있는 그대로 인정하지 못한다.

고뇌: 부정의 상태에서 어느 정도 벗어나 사랑하는 이의 죽음을 인정하지만, 심적인 고통에서 헤어 나오지 못한다.

분노: 자신에게 닥친 상황이 도저히 납득할 수 없는 부당한 일이라 생각한다. 책임을 전가할 대상을 찾고, 다른 사람 혹은 자기

---

* 여기서 말하는 죽음의 과정 혹은 단계는 여전히 심리학자들 사이에서 논쟁거리입니다. 임박한 죽음을 받아들이는 과정은 해당 모델이 제시하는 것처럼 일정하게 연속적이거나 순서대로 이루어지지 않는 것이 사실이니까요. 해당 모델을 정립한 엘리자베스 퀴블러로스조차도 이미 이러한 점을 밝혔습니다. 실제로 여러 단계가 서로 겹치기도 하고, 전 단계로 되돌아가기도 하고, 이와는 상반되는 심리적 동요를 보이기도 합니다. 그럼에도 불구하고 해당 모델을 특히 병원에서 실제로 적용하는 이유는 이를 통해 자신 혹은 사랑하는 이의 죽음을 앞둔 이들이 겪는 감정적 동요를 보다 잘 파악하고, 함께 나눌 수 있는 아주 유용한 지표이기 때문입니다.

자신에게 깊은 분노를 느낀다.

타협: 어느 정도 분노를 다스리지만, 여전히 사랑하는 이의 죽음을 온전히 받아들이지 못한다. 무슨 수를 써서라도 현실을 뒤집거나 바꾸어보려고 한다. 예컨대 죽은 사람을 다시 살려달라고 기도를 하거나, 그 사람이 죽음에서 '다시 깨어날 수도' 있다고 상상하는 식이다.

침울: 죽음은 불가피하며 결국 일어날 일임을 인정한다. 우울증을 겪는 것처럼 보일 수 있는 증상, 즉 활동 둔화, 관심 상실, 활력 상실, 비관적인 생각과 함께 단념의 시간을 겪는다.

수용: 사랑하는 이의 죽음을 받아들이고 죽음이 지닌 확정성을 인정한다. 결국 자신의 삶을 다시 이어갈 수 있는 힘이 생긴다.

수많은 연구 결과에 따르면 이러한 죽음을 맞이하는 단계가 엄격한 의미에서의 가족이나 사랑하는 이가 죽음을 맞이한 상황에서만 적용되는 것이 아니라고 합니다. 이혼, 해고, 사회적 지위 상실, 혹은 심지어 중병과 같은 다른 형태의 상실과 마주한 사람들에게도 유효한 것으로 나타났습니다. 그래서 이 단계를 빌어와 의존적 괴롭힘을 당하는 조력자가 겪는 감정에 어떠한 변화가 일어나는지를 한번 살펴보겠습니다.

1단계, 부정: 처음에는 조력자가 정서적 의존성을 보이는 가족이 심리적으로 심각한 문제를 겪고 있으며, 결코 생각하는 만큼 자립적인 사람이 되지 못할 거라는 사실을 인정하지 않으려 한다.

2단계, 고뇌: 조력자에게 나타나는 심리적 불안감의 초기 증상은 불면증, 흥분, 불안, 죄책감, 발작적 울음 등이다. 부정하는 마음이 약해지면서, 현실과 거리를 둘 수 있는 술이나 약물 같은 물질에 의존해 자신을 지키려 애쓰기도 한다.

3단계, 분노: 조력자가 정서적 의존성을 보이는 가족에게 느끼는 주기적 분노가 결국 자기 자신이나 다른 가족 구성원에 대한 분노로 이어진다. 이때 가족 구성원 중 일부가 정서적 의존이 심한 가족과 관계를 끊는다.

4단계, 타협: 여전히 현실을 인정하지 못한 채, 실현 가능성이 없다는 것을 알면서도 상황이 호전될 거란 기대감을 키운다. 의존적 가족이 자신이 생각하는 모습대로 '되돌아올' 수 있는 방법을 찾아 나서고, 의존적 가족을 '구하기' 위해 몇 배로 더 노력한다.

5단계, 침울: 자신의 노력이 아무런 소용이 없음을 확인한 조력자는 극심한 절망에 빠진다. 상처받기 쉬운 성격인 경우 절망감은 더욱 커진다. 바로 이때 의존적 가족과 관계를 끊는 경우가 빈번하다.

6단계, 수용: 조력자는 의존적 어른에 대해 과거 마음속으로 품었던 기대를 단념하고, 새로이 마음먹기 시작한다. 한결 편안해진 조력관계의 가능성을 막연히 예상해보기도 한다. 하지만 사실상 실제로 이 단계에 이르는 경우는 없다.

버팀목의 우울증

스트레스와 신경쇠약

조력자들은 자신의 의존적 가족이 처음 도움을 호소하기 시작했을 때에는 분명 도움을 주면서 그 사람과의 관계를 유지하려 했을 겁니다. 적어도 얼마 동안은 그것이 일시적인 문제일 뿐이고, 사정이 금방 나아질 거라고 믿었겠지요. 나머지 가족들도 마찬가지이고요. 그래서 의존적 가족 구성원에게 헌신했을 겁니다. 하지만 상황은 점점 악화됩니다. 정서적 의존이 심한 어른은 계속해서 실패를 거듭하고, 우울한 상태가 점차 만성적인 모습을 띠기 시작합니다. 가족들 사이에서도 서서히 의심이 생기기 시작하지요. '이게 정말 정상적인 걸까?' 하고 말입니다. 하지만 이때 의존적 어른은 이미 자신의 목적을 달성한 상태입니다. 자기 주변에 있는 가족들을 어떻게든 자신에게 가까이 붙어 있게 만들었고, 그들에게 삶을 유지하기 위해 자기가 책임져야 하는 부분을 떠넘길 수 있게 되었으니까요. 이런 흐름은 결국 조력자에게 스트레스를 유발합니다.

스트레스는 우리 몸이 주변 환경이 가하는 압박에 재빨리 적응해야 할 때 당연히 나타나는 반응입니다. 우리의 뇌는 갈등, 욕구불만, 위협, 변화 등의 스트레스를 주는 상황과 마주하면 코르티솔이라는 호르몬과 아드레날린이라는 신경전달물질을 분비하도록 신호를 보냅니다. 그러면 심장박동이 빨라지고, 혈압이 높아지며, 기관지가 확장되고, 혈당 수치가 올라가도록 자극하지요. 이렇게 함으로써 인간의 신체는 위험한 상황이나 중요한 문제에 잘 대처할 에너지를 얻게 됩니다. 일단 난관을 극복하고 나면, 시상하부와 같은 뇌의 일부분에서 이 작용을 멈추어, 우리 몸은 차분함을 되찾게 됩니다. 하지만, 스트레스 상태가 계속해서 이어지고 반복되면, 뇌는 더 이상 코르티솔과 아드레날린의 분비를 조절하지 못하는 상태에 이릅니다. 결국 위험한 상태가 지속되면, 우리 몸과 마음은 심각하게 쇠약해집니다.

사실상 하나의 병으로 볼 수 있는 만성적 스트레스의 증상들은 의존적 괴롭힘 상황을 겪는 조력자들이 말하는 증상들과 많이 겹칩니다. 이때 나타나는 정신적 증상은 다음과 같습니다. 주의력 상실, 기억력 저하, 과민성, 불면증 등등. 한편 육체적 증상은 심장 두근거림, 위장장애, 역류성 식도염과 같은 속쓰림, 궤양, 면역력 저하, 습진, 피로, 근육 뭉침, 관절염이나 두통과 같은 통증 등이 나타납니다.

앞에 나열한 증상들만 해도 엄청나지만, 아직 언급하지 못한 증상도 있습니다. 실제로 조력자들이 의존적 괴롭힘을 당하게 되면 특히, 주 조력자는* 완전한 무력감을 느끼게 되고 이는 스트레스의 부작용을 더욱 악화시킵니다.

낙담과 의구심

조력자는 의존적 가족이 결국 어려움을 스스로 벗어나지 못

---

* 주 조력자는 감정적 의존이 심한 가족과 긴밀한 관계를 유지하는 사람으로, 그저 멀리서 지켜보며 가끔씩 개입하는 나머지 다른 가족 구성원들과는 다른 양상을 띱니다.

할 거라는 생각을 반복해서 하게 되며, 이 때문에 정신적인 고통에 시달립니다. 나머지 다른 가족들과 함께 문제의 분명한 원인을 파악하려 하고, 그 원인을 예전부터 이미 알고 있었다는 것을 인정하기도 합니다. 처음에는 현실을 강하게 부정했다가도 이런 과정을 통해 조금씩 상황을 받아들이게 됩니다.

결국 문제의 가족이 어쩌다 이토록 의존적인 사람이 되었는지를 이해하려고 애쓰는 단계에 이릅니다. 가족 구성원들이 서로 토론하고 관련 서적을 뒤져보며 이런저런 사람에게 물어보기도 하지만, 늘 도달하는 결론은 한결같습니다. 정서적 의존이 심한 가족은 '미성숙하고', '무책임하며', '유아기적이고', '무기력한' 사람이라는 겁니다.

한편 사회는 이런 '무책임한' 사람들에게 큰 관심을 기울이지 않으며, 인내를 가지고 기다려주지도 않습니다. 적어도 정신분열증, 조울증, 우울증과 같이 정식 정신질환으로 분류되지 않는 증상을 보이는 사람들에게는 말입니다. 게다가 범법 행위나 범죄를 저지르지 않는 이상, 무책임한 어른을 전문으로 치료하는 기관도 없습니다. 그렇다면 하는 수 없지요. 의존적 가족의 빚을 대신 갚아주거나, 끼니를 챙겨주고, 집세와 병원비도 대신 내주며 도와줄 수밖에요. 어디 그뿐인가요. 그들을 안심시키고, 함께 다녀주고, 자신감을 불어넣어 주며, 일상에서 겪는 문제들을 해결해줘야 합니다. 또 행여나 그들이 자살할 생각을 하지는 않는지 살피고, 밖에 나가서 남과 벌인 싸움을 해결하거나 술이나 마약에 빠지지 못 하게 하는 일까지 해야 합니다.

이런 일련의 과정을 반복하다 보면, 조력자도 점점 낙담하게 되고 의존적 가족과 거리를 둘 생각을 합니다. 주 조력자라면 여전히 의존적 가족의 보호자를 자처하며, 계속해서 이런저런 구실을 찾으려고 하겠지요. "엄마는 우울증을 겪고 있는 거야, 괜찮아지겠지.", "남편은 과도하게 걱정을 많이 하는 사람일 뿐이야.", "누나는 결국 안정될 거야.", "아들이 훌륭한 정신과 의사만 만난다면 다 잘 될 거야."…. 하지만 분명히 점점 그러한 믿음이 사라져가게 될 겁니다. 게다가 나머지 가족 구성원들도 하나같이 이때 희망을 잃는 시기를 거치며, 가족 혹은 부부관계의 전환을 선언합니다. 일부 구성원은 견딜 수 없는 상황에 종지부를 찍기 위해, 의존적 가족과 인연을 끊을 생각부터 하기도 하지요. 보통은 이때 분노의 단계로 접어듭니다.

분노와 단절

정서적 의존이 심한 가족이 하는 숱한 거짓말과 조작을 비롯해 공격적 혹은 부정적 행동, 좀도둑질, 일방적 약속 취소, 사회생활 낙오 등과 같은 다양한 과오들로 인해 결국 주변 가족 구성원 대다수는 인내심의 한계를 경험하게 됩니다. 노골적으로 분노가 폭발하기도 하지요. 이 분노는 문제의 가족뿐만 아니라 조력자 자신을 향하기도 합니다. "어쨌거나 우리가 무슨 수를 써봐도 아무 소용 없어.", "이제 정말 끝이야, 더 이상 신경 쓰기 싫어.", "난 어째서 이 지경이 되도록 가만히 있었지?", "내가 바보천치였지!"….

이렇듯 분노에 찬 조력자(주변 가족들 중 대부분)는 의존적 가족이 자신들을 그토록 오랜 시간 동안 곤경에 빠뜨린 사실을 용서하지 못합니다. 문제의 가족이 엉뚱한 짓을 수차례 반복할 때마다, 조력자들은 이제는 정말 직접적인 연락을 모조리 피하겠노라고 결심하지요. "더 이상은 못해, 이건 정말 내 능력 밖의 일이야.", "이건 완전히 같이 죽자는 거지.", "이건 내 건강이 달린 문제야." 이처럼 한 발 뒤로 물러선다는 것은 또다시 부정의 단계로 돌아갈 수 있음을 시사합니다. 어떻게 보면 '문제'를 잊어버리거나, 보다 정확히 말하자면 주어진 문제와 어느 정도 거리를 두고 싶은 것이지요. '이제부터 소식을 덜 들으면 버티기가 좀 낫겠지'라는 생각을 하는 겁니다. 그러다 보면 주 조력자는 그 사이에서 고군분투하며 보호막 역할을 혼자서 떠안게 됩니다. 수년간 이 역할을 하다 보면, 쇠약해지고 우울한 상태에 빠지게 될 때가 많지요.

연민의 고갈과 우울증

주 조력자 역시 다른 가족 구성원들처럼 당연히 분노를 느낍니다. 다만 항상 현실을 부정하며, 자신의 부정적인 마음을 애써 무시합니다. 혹은 속으로 의존적 가족을 위해 무엇이든 할 수 있을 것만 같은 마음이 생기기 때문일 수도 있습니다. 결국 주 조력자는 계속해서 내적으로 타협하고, 그렇게 함으로써 훨씬 더 무거운 책임감을 짊어집니다. 구원자 겸, 교육자 겸, 후견인 역할을 떠안고 끊임없이 이어지는 심한 불안감 속에서 살아가지요. 문제의 가족을 자살이나 사고, 부주의로 영원히 잃을지도 모른다는 두려움이 절정에 이릅니다. 가족이 죽을 수도 있다는 생각, 그것도 이번에는 더 이상 상징적 죽음이 아닌 진짜 죽음이라는 생각과 마주하면, 그것에 대한 불안감이 극도로 커집니다. 그러면 주 조력자는 그러한 상황을 맞닥뜨리지 않기 위해 몇 배로 더 애쓰지만, 의존적 가족의 파괴적인 행동으로 인해 또다시 곤경에 빠지고 실망을 느끼는 일만 쌓여갈 뿐이지요. 곧 지칠 수밖에 없습니다.

주목해야 할 점은 바로 이때, 주 조력자 역시 자신의 도움이 아무 소용이 없었기 때문에 그가 도와주려고 하는 문제의 가족과 마찬가지로 좌절감을 느끼게 됩니다. 또한, 여전히 상대방과의 관계가 해결되지 않고 고통스럽기 때문에 정서적으로도 육체적으로도 심각한 상황에 처하고 만다는 것입니다. "아무리 애써도 되는 일이 없군.", "정말 쉴 새도 없고 몸도 아프고 늘 고통스럽기만 하네.", "누군가가 나도 지켜주면 얼마나 좋을까."…. 주 조력자의 정신적, 육체적 건강은 문제의 가족이 얼마나 안정적인 상태에 있느냐에 따라 달라집니다. 이처럼 의존적 관계를 맺은 상황에 처해 있다 보면 결국에는 '연민의 고갈usure de compassion'이라고 부를 만한 상태로 이어질 수밖에 없습니다.

이 표현은 아프거나, 약하거나, 고통 받는 사람들과 긴 시간동안 긴밀한 접촉을 해온 전문가들의 건강 상태에 관한 연구를 거쳐 만들어낸 것입니다. 각 분야의 전문의, 정신과 의사 및 심리학자, 간호사, 교육자 등등의 전문가들 말입니다. 이러한 연구를 통해 고통이나 죽음, 정신적 외상을 매일같이 마주하는 이들은 결국 감정적 피로감이 커지며 쇠약과 우울, 심지어 자살에까지 이르게 된다는 사실이 드러났습니다. 이때 말하는 쇠약은 전형적인 규범 안에서 언급되는 신경쇠약이 아니라, 도움을 주는 관계 그 자체와 연관된 쇠약을 의미합니다. 즉, 공감과 자비를 베푸는 능력과 관련된 것이지요. 일시적 완화치료를 전문으로 하는 캐나다 의사 세르주 다널트Serge Daneault에 따르면 타인의 고통을 마주하고, 그것을 돌보는 사람은 결국 자기 스스로 '상처받은 돌보는 사람soignant blessé'이 되고 맙니다. 우리는 이러한 상황을 두고 돌보는 역할을 하는 사람이 연민의 고갈을 겪는다고들 말하지요. 쉽게 말해 더 이상 누군가를 도와줄 수가 없는 것입니다.

교육가 겸 사회복지사인 조엘 나가르Joel Naggar와 리즈 노엘Lise Noel은 연민의 고갈을 이렇게 설명합니다. "우리의 공감과 희망, 그리고 상대방뿐만 아니라 나 자신을 향한 연민의 감정이 점점 약해지고 줄어드는 것과 같다. … 처음에 느꼈던 연민의 감정이 희미해지고, 그 자리에 점차 무력감과 회의감, 죄책감, 분노, 절망이 대신 자리를 잡게 된다." 나약한 이들을 힘겹게 보살피고, 함께해주고, 고통을 덜어주다 보면 결국 대부분의 돌보는 역할을 맡은 이들이 연민을 느끼는 능력을 잃고 맙니다. 주어진 상황에 질려버리고, 자신이 돌봐야 하는 정신적 외상의 무게에 짓눌려, 더 이상 상대방의 고통을 이해하지 못하는 상태가 되고 말지요.

연민의 고갈 증상은 다음과 같습니다.

- 극도로 쇠약해진 감정
- 타인에 대한 공감 부족
- 매사에 초연한 감정 혹은 흥미를 잃은 감정
- 냉소주의적 성향이 강해짐
- 짜증이 늘어남
- 무감각한 상태
- 관용이 줄어듦

이러한 증상들은 의존적 괴롭힘을 당하는 주 조력자들에게도 동일하게 나타납니다. "얼마 전부터 점점 무덤덤해져요.", "내가 할 수 있는 모든 걸 했어요. 이젠 더 이상 내 몸 하나 건사할 힘도 없어요.", "더 이상은 그 사람을 챙기지 못할 것 같아요.", "어디엔가 구멍이 난 것만 같아요."….

의존적 어른을 도와주는 것은 스스로에게 고통을 주고, 자신을 무너뜨리게 될 수도 있는 일입니다. 자신의 모든 것을 내려놓은 채, 의존적 어른에게 수년간 버팀목이 되어주다 보면 주 조력자는 자기도 모르게 우울한 상태로 빠져듭니다. 그러다가 결국 우울증의 임상적이고 전형적인 증상들을 차례로 겪게 되지요. 참고로 주요 증상들은 다음과 같습니다.

- 한번씩 오열을 터트릴 만큼의 심각하고 지속적인 우울
- 평소에 하는 일과 취미 생활에 대한 즐거움이나 관심이 줄어듦
- 피로감 혹은 기력 상실

- 급격한 체중증가나 체중감소
- 수면장애, 불면증 혹은 수면과다
- 과도한 정신운동 혹은 반대로 활동의 둔화
- 과도한 죄책감 혹은 자기비하
- 기억장애 및 집중장애를 동반한 사고력 둔화, 결정장애
- 비관적인 생각, 죽음과 자살에 관한 생각

가족 간의 불화, 무너지는 개인의 삶

가족과의 불화

주 조력자는 정서적 의존이 심한 가족과 나머지 가족 구성원들 사이에서 잦은 외로움을 느낍니다. 자신이 도와줘도 아무 소용이 없으니, 강 건너 불구경을 하는 듯한 태도의 나머지 가족에게 화가 치밀어 오르는 한편, 자신도 그들에게 이해받고 있지 못하다는 느낌이 드는 것이 사실이니까요. 그렇다 보니 문득 자신이 수행하고 있는 조력자로서의 역할에 의문을 품기도 합니다. "다른 가족들은 내가 하는 일이 아무 소용없다고 생각해요.", "나더러 마음이 너무 약하고, 속도 없다고들 하지요.", "다른 가족들은 내가 왜 이렇게 매달리는지 이해를 못 해요."

이런 상황에 놓이면 주 조력자들은 결국 점점 더 고립되어 자기 자신만 바라보게 되지요. 그러다 보면, 주변 가족과의 관계에 균열이 생기고, 심각한 불화가 야기되어 서로를 원망하는 마음

이 쌓여갈 수밖에 없습니다.

———————

올가의 이야기이다. "사람들이 내가 딸을 도와주고 그 애가
요구하는 일을 모두 들어주는 게 잘못됐다고 말할 때가 많아
요. 제가 어떻게 하면 좋을까요? 어떨 땐 내가 나쁜 짓을 저지
르는 기분이 들어요."

경우에 따라 초기 단계에는 가족 구성원 간의 의견 대립이 각
자의 관점을 공고히 하는 결과를 초래하기도 합니다. 주 조력자는
현재 자신이 맡은 역할이 정당하다고 확신하면서도, 한편으론 다
른 그 누구도 자신의 역할을 대신하지 않을 거라는 생각에 의존
적 가족에 보다 더 가까이 다가가게 됩니다. 한편 나머지 가족 구
성원들은 가족 간의 화목과 유대를 부숴버린 의존적 가족에 대한
분노와 무관심을 더욱 키워나갑니다.

개인적인 삶의 붕괴

게다가 의존적 괴롭힘의 파장이 불가피하게 주 조력자와 관
련된 모든 사람의 삶에까지 영향을 미치게 됩니다. 주 조력자가
부부생활을 꾸려가는 경우에 보이는 전형적인 모습은 두 가지로
나뉩니다. 배우자가 조력자와 전혀 별개로 행동하거나 아니면
배우자가 조력자와 똑같이 의존적 관계에 매달리는 양상을 보이
지요.

가랑스의 이야기이다. "한때 아멜리 언니한테 돈을 주고, 언
니의 일이 잘 안되면 중간에 개입해서 도와줄 때도 있었어요.
처음에는 제 남편도 이해해주다가, 금세 거리를 두더라고요.
남편이 언니가 모든 사람들을 조롱하고, 가는 곳마다 문제를
일으킨다고 얘기하더군요. 점점 우리 부부 사이에 언니 얘기
는 금기가 되고 말았어요. 남편은 더 이상 언니가 우리 집에
오는 것도 원치 않아요."

의존적 괴롭힘은 부부 사이를 크게 흔들어놓을 뿐만 아니라,
주 조력자의 가계에도 꽤 무거운 부담을 지웁니다. 끝없이 경제
적 지원을 하다 보면, 점점 더 감당하기 힘들어지지요. 경제적
지원 범위가 경우에 따라, 1년에 수백 내지 수천만 원에 달하기
도 합니다. 집세, 식비, 의류비, 통신비, 교통비, 다양한 의료비는
물론 종종 소송비용을 대기도 합니다. 직장생활이 방해를 받을
때도 많습니다. "언니가 도움을 요청할 때마다 황급히 대응하느
라 사무실을 비울 때가 많았어요.", "가끔은 아버지 때문에 업무
에 집중할 수가 없어요.", "오빠가 있는 곳에서 멀리 떨어질 수가
없어서, 괜찮은 직장을 얻을 기회도 몇 차례 거절했어요." 더욱
이 여가생활은 시간과 기력, 돈이 부족해 포기할 때가 많습니다.
게다가 자기 자신과 '문제 가족'과의 관계가 언제 끝날지 모르는
문제로 여겨지는 때가 오지요. 불안감은 일시적이 아니라, 영구
적으로 자리 잡아갑니다.

아들 니코엘에게 괴롭힘을 당하는 잔느와 프랑시스 부부의
설명은 이러하다. "아들을 돕는 일은 끝이 없는 형벌과 다름
없어요. 우리는 아들을 위해 할 수 있는 거라면 뭐든지 해요.
그런데 그러고 나면, 결국 몇 배로 벌받는 기분이에요. 아들을
돕느라 건강은 건강대로 잃었어요. 그런데 우리는 다른 사람
에게, 심지어 아들에게까지 무시를 당하니까요. 우리를 돕는
사람은 아무도 없어요."

"아무도 우리를 도와주지 않아요." 이렇게 관계의 단절이 일
어납니다. 의존적 가족이 주 조력자를 제외한 사회에서 외면당하
게 되면, 의존적 어른과의 관계를 유지하는 주 조력자도 외로움
에 빠지고 맙니다. 의존적인 어른을 혼자 떠맡게 된 주 조력자는
자신의 우울함과 분노, 좌절감을 최대한 스스로 이겨내는 것 말
고는 별수가 없습니다. 애초에 뚜렷한 해결책이 없는 일이니까요.
　심리학자가 되어 의존적 괴롭힘과 정서적 의존에 관한 연구
를 스스로 진행하기 이전에는 저 역시 '우리를 도와줄 사람이 아
무도 없다'는 사실을 유감스럽게 생각했습니다. 그 상황에서 벗
어나는 방법은 저에게 자신을 도와달라고 외치기만 하는 문제
가족과 연을 끊는 일밖에 없다고 믿었으니까요. 그래서 문제 가
족과 저는 서로 보지 않고 살다가, 몇 년이 흐른 뒤에야 다시 만
났습니다. 그런데 문제 가족은 전혀 변한 것이 없었지요. 저 역
시 마찬가지였고요. 저는 충분한 시간을 가진 뒤 우리의 예전 관

계에 '괴롭힘', '정서적 의존', '의존적 어른'이라는 표현을 붙였습니다. 또한 제가 짊어진 문제에 관해 어떤 본질적인 것을 깨달았지요. '모든 것을 바꿔 놓을 무언가', 문제적 관계로 인해 상처받은 제 감정적 반응을 넘어서서, 모든 것을 무너뜨리는 관계에 이르지 않고서도 문제 가족을 다시 도울 수 있는 가능성을 엿볼 수 있게 하는 무언가를 말입니다.

제가 깨달은 바는 바로 저 또한 이 의존적 가족에게 의존한다는 사실이었습니다. 저 스스로가 저도 모르게 의존적 관계를 수용하고, 심지어 이 관계를 지속시키는 데 한몫하며, 문제 가족이 저를 괴롭힐 수 있도록 했던 겁니다. 괴롭힘에 대처하고 그 원인에 대해 이미 알려진 그 너머의 것들을 알기 위해서, 무엇보다 다음과 같은 몇 가지 질문에 대한 답부터 찾아야 했던 것이죠.

'의존적 어른의 행동은 어떠한 논리를 바탕으로 결정되는가?', '이 사람은 누구인가?', '의존적 어른이 지닌 그토록 특이한 사고방식은 어떻게 이해할 수 있는가?', '의존적 어른의 인격적 특성은 어떻게 설명할 수 있는가?', '의존적 어른의 의존성과 자립하지 못하는 상태는 어디에서 비롯되었는가?' 마지막으로 이 책이 건네는 핵심적인 메시지 중 하나인 질문이 남아 있습니다. "주조력자이거나 의존적 어른인 우리는 어떻게 해야 자기 자신의 본래 모습으로 살아갈 수 있을까?"입니다.

5장

아픔에
이름 붙이기:
의존을 진단하다

의존적 어른의 심리를 명확히 파악하는 일이 가능할까요? 당신
이 희망하는 것처럼 의존적 어른은 이미 진단이 가능하고, 치료
법이 체계화된 정신질환을 앓고 있는 걸까요? 현재 정신의학계
에서는 이들의 상황에 근접한 여러 가지 유형을 제시합니다. 그
중 대표적인 것이 바로 의존성 인격장애, 경계선 인격장애, 심
리·정서적 미숙입니다.

끝없는 매달림:
의존성 인격장애

'의존성 인격장애dependent personality disorder'를 정의 내릴 때 가장
널리 사용되는 것은 『정신장애진단 및 통계편람』에 제시된 내용
입니다. "의존성 인격장애의 주요한 특성은 타인에게 보호받고
자 하는 욕구가 지나쳐, 주변 사람들에게 순종적이고 끊임없이
'매달리는' 행동을 보인다. 또한 주변 사람들과 멀어지는 것에
대해 두려움을 느낀다는 것이다." 이 책자에 제시된 진단 기준
여덟 가지는 다음과 같습니다.

• 일상생활에서 결정을 내릴 때, 타인에게 과도하게 조언을 구

하거나, 확신을 얻으려 한다.

• 삶의 중요한 대부분 영역에 관한 책임을 타인이 짊어져야 한다.

• 자신의 의존 욕구 혹은 승인 욕구가 거절당할까 봐 두려워서 타인에게 싫다는 표현을 하지 못한다.

• 자신의 판단 혹은 능력에 대한 자신감 결여로 인해, 계획한 일을 실행에 옮기지 못한다. 또는 어떤 일도 혼자서 하지 못한다.

• 하기 싫은 일도 기꺼이 하는 등, 타인의 지원과 지지를 얻으려고 과도하게 애쓴다.

• 혼자 있으면 어떤 문제도 해결하지 못할 거라는 지나친 두려움으로 인해, 불편하거나 무기력한 느낌이 든다.

• 하나의 긴밀한 관계가 끝나면, 자신이 원하는 보살핌과 지원이 충족 가능한 또 다른 관계를 황급히 찾는다.

• 자신의 욕구가 타인에게 거절당해서, 혼자 해결해야만 하는 상황이 두려워 심각할 정도로 걱정에 사로잡힌다.

위에서 말한 여덟 가지 중 다섯 가지 이상에 해당되면, 의존성 인격장애가 있는 것으로 진단합니다. 해당 장애를 겪는 환자는 스스로에 대한 회의감, 지속적인 염세주의, 자기를 폄하하려는 성향, 모든 면에서 타인의 도움과 보살핌에 의지하려는 욕구가 동반될 때가 많습니다.

그런데 이러한 여러 가지 기준 사이에는 서로 어떤 관계가 있는 걸까요? 모든 증상이 한꺼번에 나타나는 것은 어떻게 설명할 수 있을까요? 관련 전문가들은 이에 대한 명확한 설명을 내놓지는 못하지만, 해당 장애의 근본적 원인은 유년기에서 찾아야 하는 것으로 판단합니다. "부모에 의한 끊임없는 공포 분위기 조장, 감시 및 과잉보호 속에서 자율성이 억압되며 자란 아이는 미래에 의존적인 태도를 지닌 사람이 된다." 사회학습이론에 따르면 의존성은 유년시절에 부모, 특히 자녀들을 과보호하는 엄마에게 지나치게 의존하며 자랐을 때 형성됩니다. 유아기 때 발달 단계 중 한 단계인, '분리-개별화separation-individuation'를 거치면서 잘못된 경험으로 자신이 버림받을 수도 있다는 강력한 두려움을 겪은 뒤로 가족들과 맺는 관계를 신뢰하지 못해서 생긴 의존성도 있지요. 어떤 아이들은 엄마와의 의존적 관계의 시기를 너무 일찍 끝내 버려서 어려움을 겪게 된다는 의견도 있고요.

앞서 말한 관계 유형에 머물러 있는 사람들은 완전한 자립을 하지 못합니다. 그리고 가족에게서 멀어지면, 견뎌내기 힘들 정도로 버림받았다고 느낍니다. 마지막으로 전문가들이 언급하는 의존성의 원인은 다음과 같습니다. 가족이라는 울타리 안에서 은밀한 보상이나 처벌을 자주 겪은 경우입니다. 충성심을 보이면 사랑으로 보답받았지만, 자립을 시도하면 암묵적인 처벌을 받았던 경험 때문이죠. 결국 병적인 의존성은 인지적 왜곡 및 조정 과정에서 비롯된 것입니다. 이런 인지적 왜곡을 겪은 사람은 성인이 되어서도 환자 스스로 자신은 나약하고 수동적인 사람이며, 주도적으로 살 능력이 없다고 인지하게 되지요. 관련 리스트를 보완하기 위해 최근에 이루어진 여러 연구는 의존성 인격장애가 몇몇 다른 인격장애와 동반될 때가 많다는 결과를 내놓고 있습니다. 대표적인 것들로 기분조절이 어렵고 비정상적인 기분이 장시간 계속되는 기분장애, 지나치게 들뜨는 기분과 우울한 기분이 번갈아가며 나타나는 양극성 장애라고도 불리는 조울증, 사회적 관계에서 공포나 불안을 느끼는 대인공포증과 같은 사회불안장애를 비롯한 여타 인격장애들이 거론됩니다.

이러한 진단 기준을 살펴보면, 의존성 인격장애의 특성이 앞선 장들에서 설명한 의존적 가족 구성원의 특성과 대부분 겹칩니다. 반면 가족들을 괴롭히려는 성향이라든지 스스로를 위험에 빠뜨리려는 성향, 관심을 얻기 위해 상황을 꾸며대는 행위, 집착하려는 성향, 상반되는 감정을 내포한 의식 상태에 관해 언급한 부분은 어디에서도 찾아볼 수 없습니다. 결국 부분적으로만 설명이 가능하다는 것을 알 수 있습니다. 그렇다면 의존적 가족 구성원을 설명하는 또 다른 정신질환인 '경계선 인격장애'는 어떤 것일까요?

거센 감정의 파도:

경계선 인격장애

이번에도 『정신장애진단 및 통계편람』에 따르면, '경계선 인격장애borderline personality disorder'는 개략적으로 다음과 같은 특성이 두드러집니다. "대인관계가 대체로 불안정하고, 자신의 자아상이 불분명하며, 매우 충동적이고 감정의 기복이 심하다." 다음에 제시된 기준들 중 다섯 가지 이상이 들어맞으면 해당 질환을 앓고 있는 것으로 간주합니다.

- 실제의 일이건, 자기 상상 속에서 벌어지는 일이건 버림받지 않기 위해 필사적으로 노력한다.
- 상대를 이상화하거나 평가절하하는 양극단 사이를 오가며, 타인과 불안정하고 모순된 방식으로 관계를 맺는다. 이 같은 사람과 관계를 맺는 이는 어떨 땐 과대평가되었다가 또 어떨 땐 과소평가되기도 한다.
- 자신이 누구이며 어디로 나아가고 있고, 자신에 맞는 집단이나 사회는 어디인가 혹은 어떻게 적응할 것인가에 대한 확고한 의식인 자아정체성이 불안정하고 모호하다.
- 충동적으로 행동한다. 과소비, 마약중독, 섹스중독, 폭식, 난폭운전 등의 위험한 행동을 해서, 자기 자신을 해치는 경우가 많다.
- 자살시도나 자살 위협을 비롯한 자해 행동을 반복해서 되풀이한다.
- 주기적이고 반복적으로 심한 짜증과 과도한 불안을 표출하며, 특히 감정의 기복이 심하다.
- 만성적인 공허감을 가지며, 극도의 권태감을 끊임없이 느낀다.
- 부적절하고 강한 화나 극도의 분노를 통제하기가 어렵다. 화를 자주 내고, 몸싸움도 자주 한다.
- 스트레스를 받으면, 짧은 기간 동안 학대를 당하는 망상에 빠지거나, 여타 정신분열증을 겪을 때가 있다.

경계선 인격장애는 그 원인을 환자가 생후 6개월에서 만 2세 사이 시기에 겪은 스트레스의 한계를 넘는 갈등, 즉 '유아기 외상성 사건_évenements traumatiques précoces_'에서 찾습니다. 해당 시기에 분리-개별화라는 중요한 발달이 이루어집니다. 이 과정 속에서 모든 아동은 부모와 자연스레 분리되어 거리를 두며, 자기 스스로 정체성을 형성합니다. 그런데 이때 겪는 여러 가지 일이 발달상의 지장을 초래하기도 합니다. 유아 시절 공감능력이 거의 없거나 폭력적인 부모 손에서 성장할 수도 있고, 아니면 모욕당하거나, 무시당하거나 배신당하고 버려지는 등 극한의 상황을 겪는 경우가 있습니다. 이러한 폭력적인 상황 속에서 가족과 돈독하고 안정감 있는 관계를 맺지 못하고 성장하면, 감정 표출 및 인간관계에 있어서 불안정한 모습을 보이게 됩니다. 또 가족과 멀리 떨어지거나 헤어져서 혼자 지내는 상황을 용납하지 못하게 됩니다. 일부 전문가들은 다음과 같은 사항도 덧붙여 말합니다. 자녀의 분리-개별화가 이루어지는 과정에서, 부모, 그중에서 특히 엄마가 자녀에게 건네는 메시지 안에 경우에 따라 부모의 사랑을 잃을 수도 있다는 내용이 담겨 있으면, 결국 자녀는 자립을 거부하고 자기감정을 왜곡하게 된다는 것입니다.

한편 생물학적 측면을 근거로 든 설명들도 있습니다. 여러 가지 인격장애를 연구한 미국의 정신분석학자 오토 컨버그_Otto Kernberg_는 경계선 인격장애의 원인을 이루는 가장 중요한 요인 중 하나가 선천성 공격성이라고 말합니다. 이러한 공격성으로 인해 자신의 감정들을 제대로 조절하지 못하고, 결국 사회생활에도 적응하지 못한다는 것이지요. 신경해부학적인 요인에 관한 여러 연구를 통해, 주목할 만한 뇌이상 증상 두 가지가 밝혀지기도 했습니다. 하나는 뇌에서 두려움과 관련된 행동을 관장하는 편도체의 과도한 활동이고, 또 하나는 감정을 조절하는 대뇌피질의 기능 저하입니다. 이 두 가지 뇌이상은 경계선 인격장애 환자에게 자주 동반되는 여러 가지 증상의 원인이 될 수 있습니다. 그중 대표적인 증상이 식욕부진이나 폭식증 같은 섭식장애, 우울증, 양극성 장애, 만성불안, 알코올, 마약, 약물, 성욕 등에의 중독입니다.

그렇다면 경계선 인격장애 환자와 의존적 어른 사이에는 어떤 관계가 있는 걸까요? 우리는 어렵지 않게 둘 사이에 유사점이 있음을 확인할 수 있습니다. 바로 불안정한 모습, 갈등을 유발하는 언행, 자살 위협과 같은 상황 조장 등을 통해 가족들을 괴롭히려는 성향이 있다는 것이지요. 하지만 이러한 공통점에도 불구하고 여전히 중대한 차이점들을 발견할 수 있습니다. 그중 가장 눈에 띄는 것은 바로 의존적 어른은 분노를 표출하는 정도가 그다지 심하지 않고 빈도도 그리 높지 않다는 점입니다. 게다가 어떤 일을 스스로 결정하기 어려워하는 특성은 경계선 인격장애에 관한 설명에서는 찾아볼 수 없습니다.

나를 도와주세요:

심리·정서적 미숙

해당 개념은 상당히 흥미로운 특성을 보입니다. 해당 개념은 앞서 언급한 두 가지 장애와는 분리된 요인들에서 출발해 정립된 것이기 때문이지요.

철학자이자 프랑스 심리학의 아버지로 불리는 테오될 리보 Théodule Ribot는 1896년에 '심리적 유아증 infantilisme psychologique'이라는 용어를 만듭니다. 프랑스의 정신과 전문의로, 도덕적 치료를 중시하는 현대 정신병 치료법 확립자 중 한 사람인 필립 피넬 Philippe Pinel이 설명한 유아기의 연장 상태에 있는 정서 불안 환자들을 연구한 결과였죠. 그 뒤로 정신적 유치증, 정서적 유아증, 유아기적 인격과 같은 유사 개념들이 나왔습니다. 그러다 한참 뒤인 1970년대가 되어서야 '심리·정서적 미숙 immaturité psycho-affective'이라는 보다 명확한 개념으로 정리됩니다. 해당 개념과 관련해 전문가들이 제시한 특성들은 다음과 같습니다.

- 자신의 정서적 탐욕으로 인해, 대인관계에서 자신의 정서적 욕구를 쉽게 충족시키지 못한다.
- 강한 소유욕을 보이고, 주변 가족들의 사랑을 혼자 독차지하려 한다.
- 정서적 의존성을 보인다.
- 혼자 있는 것에 어려움을 느끼며, 타인으로부터 끊임없이 도

움받기를 원한다.
- 타인에게 수동적으로 복종하려는 모습을 보일 때가 많다.
- 지나치게 민감한 감성을 지니고 있고, 감정의 기복이 극히 심하다.
- 자신의 욕구 충족을 미루어야 하는 상황을 잘 참지 못한다.

심리·정서적 미숙은 경계선 인격장애의 원인인 유아기 외상성 사건에서 발견된 유형과 마찬가지로 정서적 발달의 일시적 정지에 기인한다고 봅니다.

앞서 제시된 여러 가지 기준 중 의존적 어른의 면모와 들어맞는 부분이 있음을 확인할 수 있습니다. 그렇지만 이번에도 부분적인 일치만 보여줄 뿐입니다. 자기 폄하, 가족에 대한 과대평가, 내면적 공허감과 같은 주요 항목들이 빠져 있지요.

결국 의존적 어른은 정신병리학적으로 이미 잘 알려진 질환들과는 세부적인 부분까지 일치하지는 않습니다. 그러므로 의존적 어른이 확실히 겉으로 드러내지 않는 성격들을 명확히 가려내기가 훨씬 어려울 수밖에 없습니다. 의존적 어른은 자신이 어떤 사람인지를 규정하고, 자신의 기호 및 취향, 관심사, 삶의 목표가 무엇인지를 설명하기 힘들어할 때가 많습니다. 게다가 이미 언급한 유형 이외에 또 다른 인격장애 유형들과도 유사한 특성들을 보이지요. 예컨대 자신이 느끼는 감정을 피상적으로 드러내거나, 어떤 일을 과장해서 표현하려는 경향은 다른 사람의 관심이나 애정을 이끌어내기 위해 과도하게 노력하거나 감정을

표현하는 증상인 '연극성 인격장애histrionic personality disorder'를 상기시
킵니다. 또한, 비난받는 것과 자신의 부족한 능력에 대한 두려움
은 내적으로는 친밀한 대인관계를 원하면서도 상대에게 거부당
하는 것이 두려워 사람을 피하는 '회피성 인격장애avoidant personality
disorder'를 상기시킵니다. 이외에도 의존적 어른과 유사한 유형은
훨씬 더 많이 찾아낼 수 있을 겁니다. 인격장애 질환은 각각의
특성들이 서로 겹칠 때가 있으니까요.

그렇다고 해서 의존적 어른이 앞서 언급한 모든 장애를 겪고
있다는 의미는 아닙니다. 관련 특성이 나타나는 질환도 있고 아
닌 것도 있습니다. 오히려 관련 특성들이 상당히 산재된 형태로
드러나기 때문에 하나의 특정한 인격장애로 규정하지 못하고,
그저 증상의 특징으로 말할 수 있는 겁니다. 특히 순응적인 의존
적 어른에게서 그들이 가진 인격장애적 특성을 뚜렷하게 구분해
내기가 어려울 때가 많습니다. 그들은 자기가 지닌 특성을 스스
로 보완하고, 감출 수 있기 때문이지요.

어쨌든 분명한 것은 여러 인격장애 질환을 나란히 정리해 살
펴본다고 해서, 의존적 어른의 특성을 완전히 이해할 수는 없다
는 점입니다. 그래서 우리는 지금부터 관점을 바꿔 살펴볼 예정
입니다. 바로 이 책이 '의존적 성인의 증세'를 파악하기 위한 틀
로 삼고 있는 실존주의 심리학적 관점입니다.

우리 흔들림의 근본을 짚다:
실존주의 심리학

'실존주의 심리학existential psychology'에서의 상담치료는 다른 종류의 심리치료와 달리, 다음과 같은 전제를 근간으로 하고 있습니다. **인간의 불안과 심리적 고통은 자신의 존재에 대한 근본적인 문제를 마주하는 방식과 관련이 있다는 것**입니다. 여기서 이야기하는 근본적인 문제는 모두 네 가지입니다.

- **죽음과 비존재:** 어느 날 우리는 인간의 삶이란 유한한 것이며, 누구라도 언젠가는 죽음을 맞아 자기 자신을 잃을 수밖에 없다는 사실을 인지하고 공포감을 느낀다.
- **실존적 고립:** 인간은 누구나 이 세상에 혼자 왔다가 혼자 간다. 아무도 나와 모든 것을 같이할 수 없다. 고립은 인간의 존재 자체를 이루는 부분이기 때문이다. 결국 나를 사랑하는 주변 사람들이 몇 명이 있든지 간에, 인간은 자신의 의식 안에서 항상 고립되어 있으며, 나 자신과 타인 사이에는 항상 좁힐 수 없는 간격이 존재한다.
- **삶의 무의미성:** 이 세상의 의미는 무엇일까? 우리는 누구일까? 우리는 어디로 가는가? 인생을 살면서 무엇을 해야 하는 걸까? 이러한 질문에 대한 답을 그 누구도 우리에게 던져주지 않는다. 우리 스스로 그 답을 정해야만 한다. 자신이 올바른 선택을 했는지에 대한 확신을 가지지 못한 채로 말이다.

- **자유와 책임:** 우리는 자유로운 동시에 아무것도 아닌 존재이
  다. 우리가 누구인지를 절대적으로 규정할 수 있는 기준은 존
  재하지 않는다. 그러므로 인간은 끊임없이 스스로의 길을 선
  택해야만 하고, 자신의 존재에 대해 혹은 내가 누군지에 대해
  스스로 책임져야 한다는 것을 인정해야만 한다.

  아주 어릴 때부터 이 네 가지 문제는 인간의 심리적 발달 및
기능에 큰 영향을 미칩니다. 인간은 이러한 문제들이 불가피하
게 야기하는 불안으로부터 스스로를 지키려고 애쓰기 때문이지
요. **이러한 불안감을 떨쳐내기 위해, 혹은 어마어마하게 커진 불
안감에 스스로가 먹혀버리지 않도록, 우리는 심리학에서 '방어기
제**defense mechanism**'라 부르는 것들을 작동시킵니다.** 예컨대 죽음에
대한 불안을 부정하거나 약화시키기 위해, 사후세계에 관한 엉
뚱한 생각에 집착하는 경우가 있습니다. 이는 죽음을 깊은 잠에
빠진 것이라 상상한다거나, 심지어 죽음은 다른 사람들만 겪는
것이라고 믿는 것 등이지요. 또한, 실존적 고립에 대한 불안을
떨쳐내기 위해, 망상 속에서 이런저런 사람과 특별한 관계를 맺
고 있다고 상상하기도 합니다. 삶의 무의미성을 이겨내기 위해
서는 종교에 매달리거나, 자아에 관한 모든 질문을 거부함으로
써 부정하기도 합니다. 끝으로 인간에게 주어지는 무한정한 자
유와 그에 따르는 책임은 타인에게 복종하려는 성향이나, 무언
가를 선택한 뒤 이를 책임지지 않으려는 행동 등으로 부정되기
도 합니다. 소위 '실존적 불안'이라고 하는 이러한 불안감을 떨

치게 하는 방어기제들은 앞서 언급한 것들 이외에도 상당히 많습니다. 그렇다면 이제 의존적 어른이 실존적 불안들과 마주했을 때 어떤 행동을 취하는지 살펴봅시다.

의존적 성인의
네 가지 주요 방어기제

의존적 어른은 무엇보다 다른 사람과의 의존적 관계를 좇으며, 자신이 느끼는 실존적 불안감을 부정하려 합니다. 다시 말해 스스로 독립된 인격체가 되고, 타인에게서 분리된 존재가 되려고 노력하는 것을 포기합니다. 또한, 자신을 특별히 눈에 띄도록 만드는 모든 것을 거부합니다. 개인적인 '나'보다 집단적인 '우리'를 선호하지요. 자신의 존재가 '모호해지는' 느낌이 커질수록, 자신의 존재와 관련해 받아들여야만 하는 불안감이 줄어드니까요. 미국의 실존주의 심리치료의 대가 어빈 얄롬Irvin D. Yalom의 설명에 따르면, 스스로를 완전히 독립된 인격체로 자각하면 인간에게는 '자신의 나약함과 고독에 대한 두려운 감정'이 일어난다고 합니다. 의존적 성인의 경우, 뒤로 물러서서 분리-개별화를 포기한 채 다른 사람과 의존적 관계를 맺거나 자신의 존재를 숨기고, 모든 일을 다른 사람에게 맡기려 애쓰며, 이 감정을 누그러뜨리려고 합니다.

저는 직접 진행한 임상연구를 통해, 의존적 성인이 자신이 느끼는 실존적 불안을 부정하기 위해 취하는 주요 행동 성향 네 가지를 확인하고, 다음과 같은 형태로 규정해볼 수 있었습니다.

- **성장 거부:** "성장하면 안 돼요." 어른다운 외양과 태도를 거부한 채, 유아기에서 이어진 습관과 태도를 고수하며, 충동적인 행동을 보이고, 부모의 권위에 무조건 복종한다. 또한 자신의 욕구가 채워지지 않는 상황을 참기 어려워한다.
- **자기 제거:** "내 존재를 뚜렷이 드러내면 안 돼요." 어떻게든 타인에게 지배를 받으려 애쓰고, 매사에 한발 뒤로 물러나 있으려 하며, 자기를 폄하하는 행동을 취한다. 내면의 공허함과 우울감에 괴로워한다.
- **행동 거부:** "행동하면 안 돼요." 어떤 일을 스스로 결정해 행동에 옮기는 일을 회피하고, 자신의 책임을 타인에게 전가하며, 모든 일을 뒤로 미루려는 경향이 있다. 특정한 사건이나 생각을 끊임없이 다시 떠올리는 정신적 반추장애를 겪으며, 자해 행위를 한다.
- **분리 거부:** "헤어지면 안 돼요." 정서적 욕구불만과 주체하기 힘든 시기심에 고통받고, 타인에게 거절하기를 힘들어하며, 무조건 다른 사람의 말을 따른다. 이별을 거부하고, 애정과 우정을 혼동하며, 성욕과 성적 성향의 불안정성으로 괴로워한다.

의존적 성인의 이런 행동은 은연중에 드러납니다. 행동 안에 이미 새겨져 있는 이러한 행동 원칙은 직접적인 행위를 통해 드

러나지요. 실제로 의도하지는 않은 채 말입니다. 이 말인즉슨 의
존적 성인의 이러한 원칙은 어떠한 문장이나 생각의 형태로 존
재하는 것이 아니라, 그들의 행위로 혹은 존재 방식으로 드러난
다는 것입니다. 이들은 스스로 더 이상 성장하지 않으려 하고,
자신의 존재를 뚜렷이 드러내지 않으려 하며, 결정하거나 행동
하지 않고, 다른 사람들과 헤어지지 않으려 노력합니다. 그렇지
만 실제로 이 원칙을 굳이 생각하며 행하는 것은 아닙니다. 심지
어 자신이 다른 방식으로 살아갈 수 있다고 상상조차 하지 못한
채, 그저 당연한 듯 행동합니다. **말하자면, 의존적 성인이 다른
사람과 의존적 관계를 실현하려 하거나 혹은 망상 속에서라도 의
존적 관계를 맺으려는 시도는 숙고를 통해 이루어지는 것이 아니
라, 습관적이라는 것이지요.**

이어지는 장들에서 일상에서 의존적 성인이 타인과 의존적
관계를 맺는 구체적인 행동 안에 이 네 가지 주요 원칙이 어떻게
적용되어 드러나는지 차례로 살펴볼 것입니다. 오랜 시간 동안
누적된 임상소견을 바탕으로 그중 가장 빈번하게 일어나고, 큰
의미를 지닌 것들을 가려낼 수 있었습니다. 이와 더불어 의존적
어른이 자신의 의존성을 제대로 알고 자립심을 키우는 데 몇몇
실존주의 심리치료법을 어떻게 활용할 수 있는지도 살펴볼 것입
니다. 다음 특징 중 상당수는 꼭 의존도가 심한 가족에게만 해당
되는 것이 아니라, 주 조력자를 비롯해 괴롭힘을 당하는 모든 사
람에게 적용된다는 사실을 명심해 주시기 바랍니다.

6장

오래된
상처 속에
머물러 있다면

미숙함은 한 개인이 '어른adult'으로 변해가기 시작하는 출발점이 되는 상태입니다. 'adult'는 '성장하고 자라기를 멈춘 사람'을 뜻하는 라틴어 'adultus'에서 유래한 말입니다. 문제는 이 말이 어떤 사람이 어른인지를 밝혀주기보다는, 어떤 사람이 어른이 아닌지에 더욱 초점을 맞추고 있다는 점입니다. 이러한 이유로 어른이라는 단어의 의미가 시대 혹은 문맥, 저자에 따라 달라집니다. 생물학에서는 어른을 번식능력이 있는 사람이라고 말하는가 하면, 법학에서는 성년이 된 사람이라고 하고, 사회학에서는 사회적 및 직업적으로 특정 집단에 편입된 사람이라고 말합니다. 일반적으로는 자신의 선택과 책임을 감당하고, 자신이 한 약속을 지키는 사람을 말하지요. 한편 실존주의 심리학에서는 자신의 한계를 수용함과 동시에 인간의 불가피한 제약 조건에 대처할 수 있는 사람을 말합니다.

대체로 의존적 어른은 자신이 진짜 어른인 척합니다. 그 역할이 정확히 무엇인지도 모르는 채 어른의 역할을 수행하지요. 어느 환자가 이에 대해 솔직히 털어놓은 적이 있습니다. "일하러 갈 때는 어른처럼 행동하기 위해, 단정한 옷을 입고 가지만 스스로 이건 가장에 불과하다고 느껴요. 솔직히 이건 완전히 변장이나 다름없어요. 속으로는 나 자신이 어른이라는 느낌을 전혀 못 받거든요." 이 환자와 마찬가지로 수많은 사람이 어른이 되기 위한 방법이 따로 존재하는지 궁금해합니다. 그들은 부모님이 그저 자신더러 "스스로 책임져라.", "성장해라.", "네가 직접 해라."는 말만 되풀이했다고 말합니다. 하지만 "스스로 앞가림하라"는 말의 진짜 의미는 과연 무엇일까요? 여기서 말하는 앞가림은 대체 어떻게 해야 하는 걸까요?

그에 대한 답을 알 수 있는 유일한 방법은 남의 눈을 속일 수 있기를 바라며, 어른들의 모습을 따라서 해보는 겁니다. 바로 여기에 핵심이 있습니다. **의존적 어른은 자신이 어른이라는 배역을 맡아 수행하는 순간에만 스스로 어른이라고 느낀다는 겁니다.** 직업도 가지고, 자신의 행동에 책임도 지고, 자식도 가지지요. 하지만 여전히 본질적인 것이 빠져 있습니다. 사실상 속으로는 자신이 어른이라고 전혀 느끼지 못하니까요. **따라서 의존적 어른에게 있어 자신의 참모습은 자신의 유아기 때의 모습이고, 그들은 계속 이 '내면 안에서' 머무르고 있는 겁니다.**

상처받은 내면아이가
만들어낸 어른아이

귀여운 30대인 포스틴은 완전히 어린애 같은 행동을 보이는 부류의 의존적인 사람에 속한다. 그녀는 항상 여덟아홉 살 정도의 장난기 있는 어린 여자아이처럼 행동한다. 회의 중에도 괜히 불쌍해 보이는 목소리로 말하는가 하면, 주저하지 않고 끼를 부리고, 때를 가리지 않고 눈웃음을 흘릴 때가 많다. 그녀는 항상 상대방에게 자신을 지켜주고, 지원해주고, 응원해주길 애원하는 것처럼 보인다.

직장 동료 모두 그녀가 평소에 어린애처럼 샐쭉거리는 표정을 짓는 모습 때문에 그녀를 '꼬마 아가씨'라고 부른다. 실제로 그녀는 스스로를 '어린애'처럼 느낀다고 고백한다. 어른들의 세상에서 길을 잃은 어린아이처럼 말이다. 그녀는 회의 시간에 자신이 이야기할 차례가 돌아올 때마다 불안에 떨고, 늘 자신이 제대로 일을 해내지 못할까 봐 두려워하며, 줄곧 주변 동료에게 도움을 요청한다. 항상 자신보다 다른 사람들이 '더 어른스럽게' 행동하는 것 같고, 다른 사람들이 자신보다 우위에 있으며, 항상 자신을 평가하거나, 자신의 잘못을 벌하는 입장에 있는 것처럼 느낀다.

이러한 의존적 어른들은 피터팬 증후군Peter Pan syndrome을 떠올리게 합니다. 피터팬 증후군은 임상심리학자 댄 카일리Dan Killey가 1983년, 제임스 매튜 배리James M. Barrie의 소설 『피터팬Peter Pan』에서 영감을 받아, '어른아이eternal child'의 특성을 지닌 어른들을 묘사하기 위해 그 뜻을 밝히고 규정했습니다.* 피터팬 증후군의 특징은 감정을 올바르게 표현하기 어려워하고, 해야 할 일을 뒤로 미루

---

* 피터팬 증후군은 주로 젊은 남성에게 나타나는 증상입니다. 댄 카일리 박사는 동일한 증상을 보이는 여성들에게 '웬디 증후군'이라는 이름을 붙였습니다.

며, 만족스러운 사회적 관계 형성을 어려워한다는 것입니다. 또한 시기심도 강한 편이고, 자신감이 부족하다는 것도 특징으로 들 수 있습니다. 카일리의 설명에 따르면 피터팬 증후군을 겪는 환자들은 아버지를 지나치게 존경함과 동시에 자식에 대한 독점 욕이 강한 어머니를 향해 분노를 느끼는 경우가 많습니다.

한편 피터팬 증후군은 대체로 오늘날 상당히 널리 알려진 개념인 '내면아이inner child'와도 관련이 있습니다. **내면아이**는 '한 개인의 정신 속에서 하나의 독립된 인격체처럼 존재하는 아이의 모습'입니다. 풀어서 설명하자면, 한 개인의 어린 시기의 경험과 그 기억이 하나의 자아를 형성해 현재의 삶과 행동에 지속적으로 영향을 준다는 것이지요. 그래서 어린 시절 부모의 잘못된 육아로 인해 상처받은 내면의 아이는 성인이 되어서도 개인 안에 그대로 남아, 성인기 부적응의 원인이 됩니다.

어린 시절 느낀 불안감이 은연중에 성장에 대한 저항을 유발하는 것이죠. 이를테면 부모와 멀리 떨어지거나 가족 중 누군가의 죽음, 심지어 길에 죽어 있는 비둘기를 목격한 것도 원인이될 수 있습니다. 특정한 연령에 일어나는 여러 변화 역시 활발한 성장과 성숙을 방해하는 불안한 위협으로 작용합니다. 베이비시터에게 맡겨지거나 보육 시설이나 교육 기관에 입학한 것, 혹은 동생이 태어난 일 등을 예로 들 수 있겠지요. 부모는 자신의 아이가 점점 더 어른스러운 보여야 하는 상황에 부딪힐 때마다, 오히려 어린애 같은 욕구를 드러내는 모습을 쉽게 관찰할 수 있습니다. 자기 나이와 맞지 않는 행동을 하며, 퇴행하는 모습을 보이는 것이지요. 대표적인 예로 오줌을 가리지 못하는 유뇨증遺尿症, 언어장애, 운동발달장애 등을 들 수 있습니다.

이처럼 자녀가 성장을 거부하는 행동을 할 때, 이기적이고 성숙하지 못한 부모들이 보이는 반응은 비슷합니다. 예컨대 냉정하고 거의 무관심한 부모나, 아이에 대한 독점욕이 강하고 매사에 간섭하는 부모는 자녀가 올바른 심리발달 과정으로 다시 옮겨갈 수 있도록 도와주지 않습니다. 오히려 자녀가 죄의식을 느끼게 하고, 왜곡된 부모화 과정을 겪게 합니다. 자녀를 학대해 상황을 악화시키고, 자녀의 성숙을 방해하지요. 의존적 어른들의 증언에서 부모가 자신의 몸이 변화하는 것에 대해 비하하거나 반감을 표하고, 유년기와 청소년기 내내 자신에게 상스러운 표현을 서슴지 않고 했다는 이야기를 자주 접합니다. 이러다 보면 **아이는 부모를 통해 "자라는 것은 나쁘다"라고 결론을 내립니다. 결국 아이는 수동적인 삶을 원칙으로 삼게 되고, 또한 자신이 수동적인 삶을 살아야 가족에게서 사랑을 받을 수 있다고 생각하게 됩니다.**＊

＊ 그렇지만 **자녀가 겪는 장애의 직접적인 '원인'이 부모에게 있다는 생각은 경계해야 합니다.** 이 명제는 본 책 전반에 걸쳐 유효한 내용입니다. 병적으로 의존적 관계에 집착하는 어른의 형제자매라고 해서 무조건 과도하게 의존적 관계에 집착하는 태도를 보이지는 않는다는 사실만 봐도 잘 알 수 있습니다. 서로 동일한 가정환경에서 자랐음에도 불구하고 말입니다. 실제로 두뇌 발달, 전반적인 건강, 우연한 사고, 형제자매와의 관계, 학교폭력, 다양한 방식의 폭력 등과 같이 수많은 여타 요인이 있습니다.

어떻게든 홀로 서지 않기 위하여

몸의 성인적 특성 거부하기

의존적 어른은 자라는 것은 '늙어서 결국 죽는 것을 위한 과정'이라고 생각합니다. 그렇기 때문에 자신이 성장하는 모습을 인정하지 않으려 하고, 성인기의 특징들을 숨기려고 합니다. 어른의 특징에 대한 거부는 주로 신체 및 옷차림, 행동 등과 같은 정체성을 드러내는 일부 요소를 대상으로 삼습니다. 그래서 의존적 어른 중에는 자신의 남성성 혹은 여성성을 불편하게 여기는 사람들이 많습니다. 체모, 수염, 몸매, 화장, 하이힐을 비롯한 육체적 성숙을 부각시키는 모든 것을 말입니다.

그렇지만 이러한 사람도 자신의 성을 부정하려 하지는 않습니다. 그들이 부정하거나 거부하는 것은 자신이 어른으로 변한다는 사실입니다. 그들은 성숙한 어른의 몸에 드러나는 육체적 특징을 거부합니다. 이러한 이유로 대부분의 의존적 여성은 헐렁헐렁하고 실용적이며 중성적 느낌의 옷들을 즐겨 입습니다. 한편 의존적 남성 중에는 지나치게 남성성을 드러내는 태도 등에 반감을 품는 사람들이 많지요.

이러한 의존적 어른은 대체로 애정관계 및 대인관계를 맺을 때 어린애 같은 몸짓이나 자세, 억양 등을 보임으로써 상대방의 마음을 사려고 합니다. 한편 모든 종류의 성적인 접근을 회피하고, 수동적인 모습을 보이며, 어떤 일도 자발적으로 하려 하지 않습니다. 자신은 가만히 있으면서 누군가가 자신을 찾아와 주길 간절히 기대하는 것이지요.

이를 위해 남의 눈에 띄지 않도록 하거나, 수더분하고 친절하며, 자신의 고분고분한 성격을 피력하고, 자신이 남에게 해를 끼치지 않는 사람으로 받아들여지도록 노력합니다.

유아기에 멈춘 듯한 행동

성장 거부는 유아기에서 이어진 일상생활 습관을 지속하는 것으로도 구체화됩니다. 심리치료사는 상담을 받으러 오는 성인에게서 연령을 불문하고 여전히 자신이 어릴 때 껴안고 자던 인형을 버리지 못하거나, 여전히 손가락을 빠는 경우를 흔히 관찰할 수 있습니다. 이들 중에는 혼자 자는 게 무서워서 항상 라디오나 TV 볼륨을 약하게 틀어놓거나, 희미하게라도 불을 켜놓고 자는 사람들도 많습니다.* 그들의 세계는 특정한 물건이나, 사람을 대신하거나 구체화한 애착관계로 가득 차 있습니다.

이러한 유아기적 습관 이외에 충동적으로 행동하는 성향도 눈에 띕니다. 대부분의 의존적 어른은 자신의 행동을 계획하거나 그 계획을 끝까지 밀고 나가는 것, 그리고 그 과정을 인내해내는 것에 대한 어려움을 호소합니다. 충동적인 행동은 절제력이 부족할 때 나오는 것입니다. 이러한 행동은 일단 저지르고 나면, 안도감과 함께 죄의식이 뒤따릅니다. 내적 긴장감에서 벗어

---

* 요즘은 휴대폰만으로도 온갖 종류의 필요한 것들을 충분히 얻을 수 있는 시대입니다. 또한 휴대폰이 애착 물건, 라디오, TV, 밤에 켜두는 전등의 역할까지 대신하기도 합니다. 휴대폰이 아직은 엄지손가락을 대신하지는 않지만, 적어도 엄지손가락을 점령하는 수준에 이르렀다고 할 수 있습니다.

났다는 안도감과 절제를 보여줬어야 하는 상황에서 그러지 못했다는 죄의식인 것이지요.

또한 여전히 시간이 유아기에 멈춘 것처럼 보입니다. 원래는 성장하다 보면 유아기의 충동적 성향은 시간과 공간, 다른 사람과의 관계에 대한 이해가 보다 폭넓게 이루어지면서 자연스레 약해지기 마련입니다. 태어나서 처음 몇 년 동안은 일부 제한된 시간, 현재의 순간만 인지하다가 점차 아침과 오후, 어제와 오늘, 다음 날 그리고 쭉 이어진 날들까지 구분하게 됩니다. 공간도 마찬가지입니다. 처음에는 오로지 자신이 있는 장소에만 의식을 기울이다가 점점 집과 사는 지역, 도시, 나라, 세계로 의식의 범위가 넓어집니다. 대인관계도 마찬가지이고요. 처음에는 오직 자신의 생각만 중요하다가 점점 공감능력이 향상되면서 조금씩 다른 사람의 의견도 고려할 수 있게 됩니다. 이렇기 때문에 한 개인의 시간과 공간, 관계에 대한 이해의 범위가 보다 넓어질수록, 자신의 활동을 계획하고, 그에 대한 결과를 미리 계산해보며, 필요에 따라 적절치 못한 욕구의 충족은 뒤로 미룰 줄도 알게 되는 것이지요.

그런데 의존적 어른은 시간과 공간, 관계, 이 세 가지 차원에서 거의 발달이 이루어지지 않은 것처럼 행동합니다. 물론, 의존적 어른도 다른 사람들처럼 세상에 대한 포괄적인 시각을 지니고 있지만, 상대적으로 훨씬 제한된 세계 속에서 살아가려고 애씁니다. 이런 식으로 세월이 흐르는 것을 강력히 부정합니다. 그리고 시간이 흘러 결국에는 죽음을 맞이하는 순간이 온다는 사실도 부정하지요. 이와 동시에 자신의 신체 반경을 넘어선 공간을 부정하면서도, 억지로 타인의 공간에 비집고 들어가려고 합니다. 마치 놀이에 집중한 아이들이 지나가는 길에 놓인 것을 모조리 깨부수거나, 서로 치고받으며 상대에게 상처 입히는 것처럼 말입니다. 의존적 어른은 자신이 이미 경험해 본 활동 범위를 벗어나는 것에 대해서는 고려하지 못하는 모습을 보입니다. 그러다가 결국 다른 사람들의 개인적인 공간을 침범하여 성가시게 굴거나, 신중하지 못하고 지나치게 허물없는 사람의 모습을 보이고 말지요.

의존적 어른도 당연히 괴롭습니다. 충동적으로 행동하고, 주어진 책임을 거부하면, 실존적 불안으로부터 자신을 잠시 지킬 수 있습니다. 하지만 이러한 자기기만 상태가 지속되면 결국 자기 스스로 견디기 힘든 상황에 갇히고 말지요. 그러다가 의존적 어른도 자신의 충동성을 억누르려고 스스로 '애써 보는' 순간이 옵니다. 이러한 순간을 경험하는 일은 아주 중요합니다. 이때 겪는 경험이 특히 교훈적이기 때문이지요.

이번에도 마르쿠스의 사례입니다. 마르쿠스는 한때 '독립된 삶에 한 발을 내딛으려고' 용기 있게 시도하고, 실제로 그 생활에 다가서기도 했었지요.

마르쿠스는 안정된 직업과 보금자리를 찾고, 자동차도 샀다. 그리고 결혼해서 아이도 하나 낳았다. 상황이 진전을 보이는

듯했고, 스스로 문제가 해결됐다고 믿기 시작했다. 그렇지만 마르쿠스에게는 이때가 인생에 있어 가장 불안한 시기였다. 마르쿠스는 세월의 흐름과 마주하고 성공적인 경험을 이어나 갔다. 하지만 그렇게 스스로에게 책임감 있는 어른의 역할을 수행하자, 그때까지 자신이 거부해왔던 실존적 불안감에 순식 간에 휩싸인 듯한 느낌이 들었다. 일부 환자들은 이렇게 말한 다. "흘러가는 세월을 받아들인다는 건 내가 죽음으로 향해가 는 무빙워크 위에 서 있음을 알아차리는 거예요." 이와 같은 불안과 마주한 마르쿠스는 조금씩 절망과 무기력증에 빠졌 다. 시간의 흐름에는 어느 정도 무감각해질 수 있었지만, 절망 감은 급속도로 심각한 수준에 이르고 말았다. 그는 결국 또다 시 방어적인 충동적인 행동을 저지르고서야 절망감에서 빠져 나올 수 없었다.

유감스럽지만 이번에도 그는 상황을 해결하지 못한 채 도 망가는 바람에 순식간에 거리로 나앉게 되었고, 결국 감옥까 지 갔다. 그런데 이상하게도 그는 감옥생활이 전혀 두렵지 않 고 오히려 편안했다. 마르쿠스의 말에 따르면, 자신은 감옥에 있는 동안 그 어느 때보다 편안함을 느낀다고 했다. 그의 말이 과장된 것처럼 느껴질 수 있겠지만. 실제로 지극히 앞뒤가 들 어맞는 이야기다. 그는 비록 자신이 선택한 것은 아니지만, 아 무것도 스스로 결정할 수 없는 어린애 같은 성향을 지니게 하 는 장소인 감옥에서 생활을 했다. 그는 감옥에서 비로소 시간 의 흐름을 부정할 수 있도록 모든 것이 똑같이 반복되고, 자신의 반경을 넘어선 공간을 부정할 수 있도록 협소하고 닫힌 공간으로 나누어져 있으며, 타인을 부분적으로 부정할 수 있도록 관계가 엄격히 규제되어 있는 만큼, 예측이 가능한 폐쇄적인 세상을 되찾은 것이었다. 마르쿠스의 말은 이렇다. "편안했어요. 안심이 되고 마음이 평온해졌어요. 그 안에서 나만의 사소한 습관도 생겼지요. 잘 시간, 운동할 시간 등등, 이런저런 것들을 해야 할 시간이 되면, 누군가 제게 와서 알려줬어요. 불안에 떨 필요가 전혀 없었지요. 사소한 일상이 매일같이 반복되고, 그렇게 시간이 흘렀어요. 감옥에서 나오고 나서는 아주 우울했어요. 감옥이 그리웠어요. 왜냐하면 그곳에 있는 동안 마음이 안정되고, 보호받는 느낌이 들었거든요. 감옥에 있으면서 저는 오히려 해방된 것 같은 기분이 들었어요."

석방된 뒤 다시 자신의 존재를 책임지게 된 마르쿠스는 충동적인 행동을 다시 일삼기 시작했다. 무분별한 소비, 문란한 애정관계 및 성관계, 방황, 말다툼, 좀도둑질, 알코올중독과 같은 것들 말이다. 이러한 행동들이 계속 이어지자, 주변 가족들과 사회로부터 충고, 지원, 동행 같은 감시와 주의, 경고 같은 통제를 받게 되었고, 결국 도움의 제한과 질책과 같은 제재를 받기에 이르렀다. 일련의 상황들은 문제를 해결해주기는커녕, 오히려 마르쿠스가 의존적인 태도를 취하도록 만들었다.

이 사례는 의존적 어른이 자신의 실존을 잊기 위해 저지르는 충동적 행동으로 인해 어떻게 악순환이 반복되는지를 보여줍니다. 물론 의존적 어른이라고 해서 무조건 마르쿠스만큼 힘겨운 상황에 처하는 것은 아니지만, 모두가 다 이러한 형태의 관계 속에 들어가 있는 것은 맞습니다. 정도의 차이는 있겠지만요. 이 부분에 대해서는 뒤에서 다시 살펴보겠습니다.

지금은 이러한 악순환에서 빠져나올 수 있도록 실존주의 심리요법을 통해 치료된 실제 사례를 살펴보도록 하겠습니다.

실존주의 심리요법을 통한 치료 사례

의존적 어른은 물론, 조력자로 지목된 사람에 대한 치료의 목적은 정서적 의존에서 벗어날 수 있게 하는 변화를 이끌어내는 것입니다. 그러니까 근본적으로 자기 자신을 스스로 책임져야 함을 받아들여, 의존적인 자기방어에서 벗어나도록 만들어주는 것이지요.

제가 강조하고 싶은 점은 실존주의 치료 과정이 일반적인 관념들을 다루거나 이해하는 것에만 국한되지 않고, 반드시 치료를 받는 개인의 내적 변화를 이끌어낼 수 있도록 해야 한다는 것입니다. 그렇지만 환자들 중에는 이러한 개념에 불안함을 내보이는 경우들이 많지요. 그래서 저는 결코 완전히 다른 사람이 되는 것이 아니라는 점을 분명히 말합니다. **실존주의 치료요법에 있어 변화의 궁극적인 목표는 다른 사람이 되는 것이 아니라, 용감하게 자기 자신이 되는 것입니다.**

첫 번째 치료 상황은 포스틴의 경우입니다.

이미 살펴본 것처럼 포스틴은 유아기적인 모습을 아직도 지니고 있다. 특히 아기 혹은 어린 여자아이 같은 목소리로 말할 때가 많다. 도움이나 보호, 너그러움을 원하는 여자아이처럼 말이다. 스스로는 이러한 인격적 특성에 대해서 그다지 중요한 의미를 부여하지 않는다. 그녀의 관점에서는 아이처럼 구는 것이 그저 다른 사람과 소통하는 재미있는 방식일 뿐이니까. 하지만 실상 포스틴은 자신의 존재를 스스로 책임지는 것이 두려워서 정말로 어린아이처럼 살려고 애쓰는 어른이다. 어린아이 같은 목소리를 낼 때는 은연중에 다른 사람들을 자신보다 우위에 둠으로써, 그들이 자신을 지켜주는 상황을 만들려는 목적이 깔려 있는 것이다. 더구나 주변 사람들은 대체로 포스틴이 어린아이 같은 목소리를 내면, 실제로 포스틴을 보호해주고, 포스틴이 스스로 진짜 '여자아이'가 된 듯한 느낌이 들도록 해준다.

포스틴은 언뜻 보기에 대수롭지 않은 연습을 하기로 했다. 이제부터 일할 때 어린아이 같은 목소리를 내지 않고, 성인이 된 자신의 원래 허스키하면서도 여성스러운 목소리를 내기로 한 것이다. 처음 시도했을 때에는 순간순간 불안감이 불거져 나왔다. 그런데 이 불안감은 그녀가 타인과의 의존적 관계를 끊는 데 어느 정도 성공했음을 나타내는 신호였다. 그녀는 자신이 원래 가진 어른다운 목소리로 이야기하면서, 다른 사람들의 자신에 대한 용인과 지지를 우선순위로 두지 않고도 살아가게 되었다. 몇 달 뒤 포스틴은 주변 사람들의 자신에 대한 인식을 바꾸는 데 성공했다. 주변 사람들은 그녀를 더 신뢰하게 되었고, 그녀에게 새로운 책임과 권한을 부여하기 시작했다. 덕분에 그녀 스스로에 대한 자신감도 커지게 되었다.

그렇다면 정서적 불안정성과 타인에 대한 의존성에 유의미한 발전을 이끌어내기 위해서는 행동을 바꾸는 것만으로도 충분할까요? 당연히 아니겠지요. '의사가 제안한 방법이니까' 그저 따라서 해보는 것만으로는 당연히 제대로 된 치료의 성과를 얻을 수 없습니다. 환자 스스로가 치료를 위한 마음 단련법 실행에 온전히 책임을 질 뿐만 아니라, 자기 존재의 나약함을 온전히 품어내기 위해 애써야만 합니다. 그리고 **궁극적인 목적은 '인간은 죽음과 비존재, 실존적 고립, 삶의 무의미성, 자유와 책임이라는 실존적인 문제들을 결코 피할 수 없다는 사실'을 인정하는 겁니다.**

다음은 또 다른 사례, 35세 밀라의 이야기입니다.

밀라는 '심각하게 낮은 수준의 자존감'과 '진전이 없어 보이는 삶'에 괴로워한다. 미혼인 그녀는 작은 방 2개짜리 집에 산다. 그 집에서 그녀의 가장 중요한 동반자는 그녀가 태어났을 때 부모님이 사주신 커다란 원숭이 인형 '끼끼'이다. 그녀는 이렇게 털어놓았다. "끼끼를 버릴 수가 없어요. 우린 매일 서로 이야기를 나눠요. 보다 정확히 말하자면, 제가 끼끼한테 말

을 걸고 끼끼가 저에게 해줄 대답을 상상하는 거죠. 끼끼는 저
의 일부분이고, 제 인생의 일부분이에요. 요즘 끼끼가 저를 흘
겨보는 것 같고, 우울해 보여서 힘들어요. 저한테 화가 났나
봐요. 끼끼가 인형이라는 걸 알지만, 그래도 어쩔 수 없는 걸
요. 때때로 끼끼도 자신의 감정을 느끼는 것 같아서, 온종일
부담으로 다가올 때가 있어요. 당연히 이런 얘기는 아무에게
도 털어놓지 못하죠…."

이런 식으로 사물과 긴밀한 관계를 형성하는 경우는 흔합니
다. 이 경우도 가상의 유년기를 계속해서 이어나가며, 어른의 신
분을 짊어지지 않으려고 하는 것이지요. 밀라는 자신의 원숭이
인형과 헤어지는 것을 수개월 동안 거부했습니다. 도저히 할 수
없는 일이라고 생각했으니까요. 그러다가 어느 날, 원숭이 인형
을 자가용의 조수석에 태우고 부모님 집에 갖다 놓기 위해 출발
했습니다. 가는 길 내내 눈물을 흘렸다고 했습니다. 그녀에게는
감정이 매우 격해지는 순간이었죠. 그 뒤로 치료 기간 내내 인형
과 떨어져 지낸 그녀는 자신의 유년기를 부모님 집에 남겨두고,
자기 스스로 어른의 삶을 시작해야 함을 깨달았습니다.

이때에도 정서적 가치를 부여할 수 있는 물건과 그저 헤어지
는 것에 초점을 두는 것은 아닙니다. 이번에도 중요한 것은 스스
로 어른의 신분을 거부하는 것을 멈추고, 어른의 자격을 행동으
로 보여주는 것입니다.

부모의 말을 거절하지 못하는 이유

성장을 거부하는 것은 성인이 되고 나서도 부모 혹은 태생적 조력자에게 얹혀살겠다는 이야기이기도 합니다. 이렇게 의존적 성인은 빨래, 청소, 행정 업무 등, 끊임없이 일상에서 이루어지는 거의 모든 일에 주변 사람들의 충고와 도움, 조력을 요구하지요. 자신의 직업을 가지지 않은 채 가족에게 생활비를 어떤 식으로든 받아내 생계를 이어가는 일도 마찬가지입니다. 다른 사람에게 끊임없이 지원 및 지지를 받고자 하며, 다른 사람이 자신을 이끌어 줄 수 있도록 애씁니다. "주변 사람들에게 조언을 구하는 것은 당연한 일이잖아요!" 환자들이 자주 보이는 반응입니다. 맞습니다. 도움이나 조언을 구하는 행위, 그 자체만으론 당연히 아무 문제없지요. 그것이 사실상 상대방의 허락을 구하는 일이 아니라면 말입니다. 하지만 의존적 어른은 마치 어린아이처럼 자기 스스로 결정하고 행동하지 못합니다.

사사건건 허락받기

로레트는 패기 있고 활기 넘치는 어른처럼 보이려고 애쓰지만, 결국에는 내면에 있는 어린 소녀의 모습이 고스란히 드러나고 만다. 대표적인 것이 바로 옷차림이다. 그녀가 입는 옷은 성인 여성이라기보다는 여중생에게 어울릴 만한 것들이다. 태

도도 아이처럼 많이 수줍어한다. 자신이 사는 공간의 인테리
어 및 배치도 마찬가지이다. 어린애 같은 자질구레한 장식품
들로 가득 차 있다. 이러한 모습만이 전부가 아니다. 로레트는
자동차보험 들기, 가구 고르기, 일부 생활비 지출과 같은 온갖
종류의 일을 자기 대신 부모가 하도록 내버려 두기까지 한다.
직업도 가지고 있고, 여러 가지 사회적 의무를 다하고 있으니,
겉보기엔 자립적인 어른의 생활을 꾸려나가고 있는 것처럼
보인다. 하지만 실제로는 부모에게서 전혀 독립하지 못한 미
성년자의 생활을 하고 있는 것이다. 그렇다 보니 부모의 조언
과 동의 없이는 어떤 일도 스스로 행동에 옮기지 못한다. 건강
하려면 어떤 걸 먹어야 할까? 청소기는 어떤 종류를 살까? 직
장 동료가 이런 말을 할 땐 어떻게 대처해야 할까? 로레트는
자기도 모르게 이 모든 문제에 대한 해답을 부모에게 요구한
다. 부모가 없으면 만 원짜리 티셔츠 한 장을 살 때마저도 결
정을 못 내려 쩔쩔맬 정도이다. 그녀가 털어놓은 말이다. "마
트에 가기 전 마트 물건에 관해 완벽히 공부를 하고 가요. 며
칠 동안 물건의 가격을 일일이 비교해요. 그러고도 막상 마트
에 가면 1시간을 빙빙 돌기도 해요. 선반에 있는 물건들을 있
는 대로 들었다 놓았다 하며 비교하지만, 결정을 내리지 못한
채 고민만 하거든요. 그러다가 결국 엄청 불안해져요. 옆에서
조언해 주는 사람이 아무도 없으면, 결국 아무것도 사지를 못
해요. 나를 믿는 일이 두려워요."

의존적 어른에게 필요한 것이 조언이 아닌 허락이라는 것은 아주 분명합니다. 책임과 성장을 거부하려는 굳건한 의지로, 끊임없이 부모에게 허락을 구하려고 하지요. "이것 혹은 저것 중 어떤 것을 할까요?"라고 묻는 겁니다. 부모는 이러한 질문에 대응을 해주는 것일 뿐이라 하지만, 실제로는 조언을 가장해 명령을 내릴 때가 더 많습니다. 이런 것이 의존적 어른이 딱 원하는 상황입니다. 그래야 의존적 어른은 여러 가지 책임에서 벗어났다고 느끼니까요.

부모의 금기에 대한 집착

이러한 정황상, 의존적 어른이 자신의 부모에게서 자립하는 일이 얼마나 어려울지를 생각해볼 수 있습니다. 물론 이들 중 일부는 부모의 뜻을 어기고, 흡연, 음주 등을 할 때도 가끔씩 있다고 주장할 수도 있겠지요. 하지만 그렇다고 해서 그들이 실제로 자립했다고 볼 수는 없습니다. 오히려 그 반대이지요. 따르지는 않을지 몰라도 모든 일을 부모의 욕구에 따르고 부모의 시각에서 생각하니까요. 진짜 제대로 된 불복종은 자기 스스로 결정을 내리고 공공연하게 "바로 '내가' 원하는 건 이겁니다."라고 말하는 것이겠지요. 이런 경우가 아니라면 설령 이들이 부모의 뜻을 무시한 행동을 한다고 해도, 속으로는 이 행동을 하면 안 된다는 생각을 하고 있다고 보면 됩니다. 이는 곧 이들의 부모를 향한 무조건적인 복종을 여실히 보여주는 부분이지요. 이러한 이유로 환자들 중에 연령이 높은데도, 심지어 예순이 넘어서도 여전히 부모 몰래 담배를 피우거나 술을 마시는 경우를 심심찮게 볼 수 있습니다. 이들은 나이가 들어 더 이상 금기가 아닌 일을 하면서도, 예전에 부모가 금지했던 것을 떠올리며 현재에도 계속 잘못을 저지르고 있는 것 같은 강렬한 죄책감에 휩싸입니다.

그 이유는 의존적 관계를 원하는 사람은 성인의 생활과 관련한 모든 것들을 하면 안 되며, 이러한 일들을 과감히 시도해보는 것 자체가 부모의 기대뿐만 아니라 자신의 성장 거부 성향에도 크게 위배되는 것이라 생각하기 때문입니다. 따라서 이들이 경제적으로 독립하기, 결혼, 아이 가지기 등 성인임을 드러내는 모든 종류의 일을 거부하는 것은 매우 당연합니다. 어쩌다 이런 일들을 시도했다 하더라도, 결국 어떻게든 이혼, 실업, 부모역할로부터 도망치기 등의 행동을 통해 다시 일을 그르치게 됩니다. **굳이 말하자면 다시 자기 부모의 자식이 되고 마는 것이지요. 부모의 권위에 무조건적으로 어린애처럼 복종하게 되면, 불안정하고 결국 독립된 성인으로서 실패한 삶을 살 수밖에 없습니다.**

학습된 무력감

의존적 어른은 무섭거나 엄격한 부모, 또는 자식에 대한 강한 독점욕과 통제욕을 보이는 부모 밑에서 자란 경우가 많습니다. 이러한 부모에게 자식은 믿음을 줄 만한 존재가 아닙니다. 이러한 부모들은 자식이 행여나 다치거나 문제를 일으키지는 않을지 늘 걱정스러워하지요. 게다가 아이의 의견이나 감정은 전혀 고려하지 않습니다. 아이가 자발적으로 한 행동은 끊임없이 저지

당하고 수정받지요. 자식은 항상 몰래 감시를 받고, 심문을 당합니다. 부모들은 자식의 육체적 혹은 정신적 수치심을 지켜줄 마음이 전혀 없습니다. 그렇기 때문에 거리낌 없이 자식에게 온 편지를 열어보고, 자식의 휴대폰을 뒤지며, 자식의 친구를 조사까지 합니다. 더 큰 문제는 자식이 성년이 된 이후에도 이런 행동이 계속된다는 겁니다. 이런 부모 밑에서 자란 사람은 자기를 부모의 모습과 구별하지 못하고, 아울러 스스로를 부모에게서 독립적인 존재로 인지하지 못하게 됩니다. 자식은 자신을 부모의 인격과 의지의 연장선상에 놓지요. 결국 이들은 자발적으로 행동하지 않고, 자기감정을 느끼지 않으며, 자신의 욕망을 드러내지 않는 법을 체득합니다.

이러한 가정환경에서 자란 아이는 결국 심리학에서 '**학습된 무력감**learned helplessness[*]'이라 부르는 증상을 겪게 됩니다. 해당 용어는 힘든 상황을 반복적으로 겪게 되면, 그 상황을 극복하지 못할 거라는 고질화된 감정에 휩싸여, 피할 수 있는 상황이 와도 자포자기하는 상태를 뜻합니다. 학습된 무력감을 겪게 되면 어릴 때는 물론, 성인이 되어서도 자신이 어떤 행위를 했을 때 벌어지는 결과들을 예측하지 못하게 됩니다. 또한 자존감이 매우 낮고, 매사에 노력할 줄 모르는 사람이 되고 맙니다. 결국 우울증으로까지 이어집니다. 이번에도 여지없이 의존적 어른들이 대체로 보이는 증상들과 일맥상통하지요.

---

[*] 이 개념은 '후천적 무력감', '학습된 불능 상태' 혹은 '학습된 체념'으로 불리기도 합니다.

부모의 부정적 명령

하지만 여기서 끝이 아닙니다. **의존적 어른이 세상을 바라보는 관점은 부모의 명령에 의해 좌우되는 경우가 많습니다. 즉, 부모가 꾸준히 반복적으로 전달하는 부정적인 메시지로 인해 이들의 인격이 매우 부정적으로 형성되는 것이지요.** 명령 안에는 주로 다음과 같은 유형의 메시지가 담겨 있습니다. "너 혼자서는 할 수 없어.", "내가 시키는 대로 해.", "그냥 내가 하는 게 더 빠르겠구나."

인간관계 개선 치료 전문가인 밥과 매리 구딩Bob & Mary Goulding은 부모가 은연중에 자식에게 가장 빈번하게 내리는 부정적인 명령 열두 가지를 밝혀냈습니다. 이 분야의 또 다른 전문가 지사 자우이Gysa Jaoui가 여기에 한 가지를 더해 총 열세 가지가 되었습니다. 자식에게 내리는 이러한 명령은 주로 금지사항에 대한 것들입니다.

- **실존하지 마**: 네가 고려 대상이 되지 않는 것을 받아들여
- **네 스스로의 모습으로 살지 마**: 부모, 즉 내가 제안하는 모델의 모습을 따라가
- **아이 짓 하지 마**: 나를 책임져
- **더 이상 성장하지 마**: 자립하지 말고, 언제까지나 내 곁에 있어
- **성공하지 마**: 부모를 능가하지 마
- **아무것도 하지 마**: 행동이 위험하다는 것을 받아들여
- **가치를 가지지 마**: 네가 중요한 존재가 아님을 받아들여

- **밖에서 인간관계를 맺지 마**: 가족 안에서만 머물러
- **아무에게도 정 주지 마**: 아무도 믿으면 안 돼
- **너무 건강하지 마**: 부모가 보호자로서의 역할을 증명할 수 있게 해
- **스스로 생각하지 마**: 부모의 명령을 문제 삼지 마
- **아무것도 느끼지 마**: 감정을 모조리 차단해
- **알려고 하지 마**: 나만 믿고, 시키는 대로 해

이러한 명령은 항상 부모가 자식을 통제하고 지배하는 형태로 나타나다 보니, 아이는 문자 그대로 의존적 관계를 좇는 태도를 지니기가 쉽습니다. '역설적 명령paradoxical injunction'이라 칭하는 또 다른 형태의 명령은 아이가 심각한 정신질환을 겪게 만들기도 합니다. 역설적 명령의 개념은 영국 출신의 문화인류학자인 그레고리 베이트슨Gregory Bateson이 말한 내용을 빌어 설명할 수 있습니다. 전형적인 사례가 바로 다음과 같은 메시지입니다. "자발적으로 해." 그런데 이와 같은 명령을 받은 사람은 당연히 명령에 복종할 수가 없지요. 그 말을 듣는 순간 이미 더 이상 자발적인 것이 아니게 되니까요…. 이처럼 역설적이고 모순적인 메시지들은 대체로 상당히 교묘한 방식으로 전달되기 때문에, 정작 아이는 자신이 받은 명령 뒤에 숨어 있는 뜻을 알지 못합니다. 부모는 자식에게 고분고분한 태도를 취하지 않은 것을 벌주기 위해 연관 없는 구실을 지어내어 명령하는 경우도 많습니다. "지금은 그럴 때가 아니야.", "더워." 등등. 이런저런 핑계를 대며, 자

식이 가까이 오지 못하게 막거나 자식을 밀어내기도 하지요.

자신에게 절대적인 부모의 수많은 명령을 쉽게 어기는 아이는 흔하지 않겠지요. 그렇지만 역설적이고 교묘한 명령에 문제를 제기하는 대부분의 일반적인 성인과는 달리, 의존적 어른은 부모의 명령을 끝까지 수용하는 경향을 보입니다.

범접할 수 없는 부모의 전형

수동적인 복종과 무력감은 범접할 수 없고, 심지어 사람을 짓누르는 듯한 부모의 전형에 의해 더욱더 심해질 수 있습니다. 의존적 어른 중에는 자신의 부모를 엄격한 판사처럼 묘사하는 경우가 있습니다. 위압적이고 결코 만족할 줄 모르며, 칭찬과 격려에 인색하고 항상 자식이 더 발전하기만 바라는 부모인 것이지요. 그런데도 의존적 어른 중 대다수는 이러한 부모를 과하게 존경하며, 부모의 판단력과 미적감각, 우수함을 찬양합니다. 부모라는 존재를 결코 도달할 수 없는 이상향으로 받아들이지요.

의존적 어른은 영원한 어린아이의 위치에서 버티기 위해, 자신의 부모를 전능하고 세상에서 최고인 존재라고 믿을 필요가 있는 것은 사실입니다. 하지만 의존적 어른이 이러한 범접할 수 없는 부모의 전형에 현혹당하면, 자기도 모르게 부모의 일부 인격적 특성을 자기의 것으로 동일시할 수밖에 없게 됩니다. 그 과정에서 자연스레 의존적 어른은 물론, 부모까지도 서로에 대한 지나친 충성심을 키우게 됩니다. 그러다 보면 결국 의존적 어른은 부모와 닮으려는 경향과 부모와 닮지 않으려는 경향, 이 두

가지 모순된 경향 사이를 왔다 갔다 하지요. 이번에도 이러한 모순적인 상황은 긍정적인 인격 형성에 걸림돌이 되고 맙니다. 의존적 어른은 자신이 누구인지 모르겠다는 말을 자주 합니다. 한편으로는 이런 상황이 당연히 고통스러우면서도, 또 한편으로는 의외로 만족스럽기도 합니다. 인격이 불명확하다는 것은 유아기의 특징이니까요.

부모에게서 물려받은 의존적인 태도

부모의 말을 무조건 따르는 의존적인 어른 중에는 가족 구성원이 서로 가능한 한 긴밀하게 연락하기를 좋아하는 가정환경에서 자란 경우가 더러 있습니다. 이런 가정에서는 과도한 유대감이 가족 간 상호작용을 지배하지요. 적어도 이들 부모 중 한 명은 다른 가족에게 의존적인, 결국 다른 가족을 괴롭히는 태도가 두드러졌을 겁니다. 예컨대 강한 독점욕과 통제욕, 자식에 대한 집착, 잦은 사생활 침해, 과도한 걱정, 정서적 욕구 충족 요구 등을 통해 자식에게 부모화 과정을 끊임없이 요구했겠지요. 이러한 가정에서는 모든 방문이 열려 있고, 개인을 위한 영역 구분이 거의 없다시피 합니다. 가족 구성원들끼리 어떤 경우에는 가혹하다 싶을 정도로 솔직히 이야기를 주고받지요. 가족과의 연락을 끊거나 집을 떠나는 등의 형태로 물리적으로 멀어지든 어떤 일을 자기 스스로 결정하는 등의 형태로 독립을 하든 누군가 가족과 거리를 두면, 슬퍼하고 화를 내거나, 자살 협박을 비롯한 온갖 형태로 정서적 협박을 가해 꼭 벌을 줍니다. 결국 모든 일의 결정은 부모의 욕구에 맞춰 이루어지지요.

의존적 어른은 이러한 사생활의 부재를 자신의 존재 방식 안으로 받아들입니다. 그들은 버릇처럼 무턱대고 다른 가족에게 기대며, 가족들끼리 과할 정도로 서로의 모든 것을 공유합니다. 로레트의 사례는 이와 관련해, 심각한 상황을 보여줍니다. 서른 살이 다 된 로레트는 아직도 하루에 수차례 부모님께 전화를 걸어 자신에게 있었던 일을 일일이 알립니다. 그리고 매주 부모님 집에 자신의 일주일 치 스케줄이 적힌 수첩을 복사해서 남기지요. 이렇게 해서 로레트의 부모는 시시각각 딸이 어디에서 무엇을 하는지 정확히 알 수 있습니다.

로레트의 말은 이렇다. "부모님 모르게 어떤 일을 하면 불안하고 위험에 처한 느낌이 들어서 속이 답답할 정도예요. 하지만 부모님께 모든 걸 다 얘기하면 안심이 돼요. 어릴 때부터 그래 왔고, 이제는 그게 너무 익숙해요."

의존적 어른 중에는 로레트처럼, 자식이 자신의 통제에서 벗어나는 상황을 끔찍이 두려워하는 부모에게서 과잉보호를 받은 경우가 많습니다. 성인이 된 이후로도 말입니다.

이번에도 로레트의 말이다. "25살 때까지도 밤에 외출한다는 생각은 아예 꿈도 못 꿨어요. 남자 친구가 있어도 제 방에서 만나고, 그때마다 방문을 열어 놓았죠. 사랑스러운 꼬마 커플처럼 말이에요."

이런 식으로 부모가 자식의 모든 미래를 결정짓습니다. 학업이나 진로부터 배우자까지도 말입니다. 부모의 의견에의 반박이나 이론제기의 여지는 없습니다. 적어도 자식이 성인이 되어서도 독립 의지를 분명히 표하지 않는 한 말이지요.

치료 사례

성장을 받아들이는 것은 부모의 말을 거역하는 것입니다. 보다 정확히 말하자면 부모의 기대를 저버리더라도, 자기가 원하는 것을 주장하며 자신의 자리를 찾을 줄 아는 것이지요. 이렇게 하려면, 먼저 부모의 권위와 보호에서 자발적으로 벗어나야 합니다. 이러한 일을 일상 안에서 훈련해 볼 기회는 상당히 많습니다. 예컨대 부모에게 무조건 조언을 구한다거나, 자신의 일거수일투족을 부모에게 알리는 일을 그만둘 수 있겠지요. 또한 부모에게서 물질적, 혹은 재정적 지원을 받지 않을 수도 있습니다. 실제로 이러한 이유에서 강력한 종속관계가 유지되는 경우가 많으니까요. 예를 들어 의존적 어른 중에는 자신의 빨랫감을 엄마에게 가져다주고, 엄마가 세탁해서 다림질하도록 하는 경우가 많습니다. 또 어떤 경우에는 자신이 돈을 버는데도 부모가 집세나 전기요금, 통신요금을 대신 내도록 하기도 하고요. 심지어 부모가 자식의 은행 계좌나 카드 지출 내역을 공유하는 경우도 흔합니다. 그래서 부모가 자식의 돈의 입출금 항목을 감시할 수 있고, 자식이 지출하는 부분이나 대출받는 상황에 대해 계속해서 지적할 수 있지요.

의존적 어른들은 부모에게서 독립하고 거리를 두고자 하는 것에 대해 부모에게 분명히 알리는 것을 언제나 극도로 어려워합니다. "부모님이 납득하지 못할까 봐 두려워요.", "독립하면 부모님이 괴로워할 것 같아요."…. 실제로 독립하는 데 가장 큰 걸림돌은 더 이상 자신이 부모님의 어린 자식이 아니라는 두려움임이 명백합니다. 그래서 저는 항상 내담자에게 성인이 되면 더는 부모의 어린 자식은 아니라 해도. 여전히 부모의 아들 혹은 딸이라는 점을 상기시킵니다.

***

22세인 폴은 혼란스럽다. 스스로 생활을 꾸려나가는 게 왜 이렇게 힘든지 모르겠다. 현재 아파트에 다른 사람과 함께 공동으로 세 들어 산다. 종종 작은 일자리를 구하긴 해도, 결코 그 일을 오랫동안 하는 법이 없다. 몸을 청결하게 유지하는 것조차 전혀 되질 않는다. 그의 방은 늘 더럽고, 엉망진창인 상태라 함께 사는 사람들에게서 늘 주의를 받을 정도이다. 게다가 불안에 의한 발작 증세와 분노가 치밀어 오르는 증상이 점점 더 자주 나타난다.

상담 기간 중 몇 주 동안은 반복적으로 자신의 아버지를 향한 환멸감과 그로 인한 분노를 표현했다. 아버지는 폴이 여섯 살 때 집을 나갔다. 두 사람은 아주 가끔씩 전화 통화를 한 게 전부였다. 폴은 이렇게 말했다. "아버지가 나한테 먼저 전화한 적은 한 번도 없어요. 항상 제가 먼저 전화를 걸죠. 아버지는 내 생일도 챙기지 않아요. 그만큼 저는 아버지에게 존재감이 없는 사람인 거죠. 매번 전화하겠다고 약속해놓고선 지키는 법이 없어요."

상담하는 내내 폴이 아버지 이야기만 하는 것을 보고, 단 하나의 답변만을 해주기로 결심했다. "당신은 이제 더 이상 여섯 살이 아니에요." 그런데도 폴은 여전히 같은 말을 반복하고 거기에서 벗어나지 못했다. 그러다가 결국 화를 냈다. "선생님도 똑같이 내 말을 듣지 않는군요! 나한테 전혀 도움이 되질 않는다고요! 난 지금 아버지가 나를 거들떠보지도 않는다는 얘길 하고 있는데, 선생님은 엉뚱한 말을 하네요! 내가 더 이상 여섯 살이 아니라는 말을 도대체 왜 하는 거죠?"

폴은 목소리 톤이 점점 높아지더니 소리를 지르기 시작했다. 상담실 문을 쾅 하고 닫고 나갈 참이었다. 그러다가 갑자기 울음을 터뜨렸다. 자신이 더 이상 여섯 살이 아니라는 사실을 자신도 깨달은 것이다.

이 깨달음은 폴에게 큰 충격을 주었다. 이러한 사실을 깨닫는다고 해도 아버지란 사람에 대한 생각은 그대로이겠지만 폴 '자기 자신'에 대한 생각은 완전히 바뀔 수 있다. 마침내 스스로를 어린아이가 아닌 어른으로 받아들이면, 더 이상 아버

지에게 도가 지나치게 집착할 필요가 없을 테니까. 결국 스스
로의 삶에 몰두하고 앞으로 나아갈 수 있게 된다.

모두 다 같이 그 자리에 있어 줘,
언제까지나

의존적 어른은 세월이 흐르면서 가족에게 이런저런 변화가
생기는 것을 말 그대로 강박적으로 싫어합니다. 특히 부모가 늙
었다는 것을 인지하거나, 형제자매 혹은 친구가 공부를 마친 뒤
독립해서 스스로 생활해 나가게 되는 순간, 불안감을 드러냅니
다. 대체로 성인이 되어 자기 스스로 가정이라는 은신처를 떠나
야 할 때라고 느끼는 순간, 지나치게 의존적 관계를 맺으려는 성
향이 뚜렷하게 드러나곤 하지요. 그때까지 줄곧 부모의 권위나
가정환경 혹은 학교나 학원 같은 제도 기관의 틀 안에서 안정감
을 느끼다가, 이제 억지로라도 어느 정도 자립해야만 한다는 생
각과 마주하게 됩니다. 하지만 스스로 한 단계 도약해야 하는 순
간이 가까워질수록, 개인적인 난관에 자꾸만 부딪히고 맙니다.
때로는 힘겹게 어느 정도 균형을 유지하기도 하지만, 때로는 무
력감과 변화를 거부하는 상태에 완전히 빠져, 방에 틀어박혀 비
디오 게임만 하거나 TV를 보거나 잠만 자기도 하지요. 이런 상
태는 우울한 연속극의 상황과 닮아 있을 때가 많습니다. 이런저
런 사고를 겪거나 직장생활에 여러 차례 실패한 탓에, 사회생활

을 제대로 다시 시작하고 온전히 자립할 기회를 잡지 못하지요. 그런 상태에서 결국 밖으로 내몰려 어쩔 수 없이 다른 사람들처럼 스스로 돈을 벌어야 하는 상황에 놓이면, 상대방을 괴롭히는 행동들을 저지르게 됩니다. 여러모로 의존적 괴롭힘은 다른 형태로 연장된 기존의 가족생활 방식에 불과한 것이라 말할 수 있습니다.

어린 시절의 가정을 향한 그리움

결국 의존적 어른은 만성적인 우울감에 시달리며, 주변 가족들에게 피해를 주거나, 혹은 주어진 상황에 안주하게 되지요. 그리고 의존적 어른은 어떻게든 어린 시절부터 가족 안에서 맡아 왔던 자신이 역할을 바꿀 만한 모든 것들을 저지하려고 발버둥 치게 됩니다. 처음엔 부모가 부딪히는 여러 가지, 실제 혹은 가상의 어려움에 대해 불안해하고, 계속해서 부모에게 도움이 되려고 마음을 씁니다. 그러다가 자신의 정서적 의존도가 줄어들 기미가 보이면, 부모의 권위에 위배되는 모든 것과, 부모 이외의 다른 가족 구성원들과 갈등을 일으키는 모든 요소를 바로잡으려고 하지요. 필요에 따라 부모의 보호자 및 메신저, 중재인 역할을 자처하기도 합니다. 형제자매가 뿔뿔이 흩어지면 가족끼리 계속해서 연락을 주고받도록 노력하는 일 등을 예로 들 수 있겠지요.

이번에는 가스파르의 사례이다. 40대인 그는 살면서 자기 가족 구성원들이 독립해 흩어지는 것을 받아들인 적이 한 번도 없는 사람이다. 그의 형은 부모와 멀리 떨어졌고, 이제는 가스파르도 독립해야 한다고 주장한다. 또한 독립에서 비롯될 수 있는, 부모 혹은 가족과의 여러 가지 갈등과 대립을 감당하는 일에 주저하지 않는다. 형은 아예 다른 지방에 살며, 소식도 거의 전하지 않고, 가족들의 사적인 일에 관여하는 것을 꺼린다. 한편, 가스파르의 여동생은 자기 방식대로 살며, 자신의 입장을 양보하는 일이 거의 없다. 가스파르만 혼자서 주일마다 부모님과 점심 식사를 하고, 자신의 휴가를 포기한 채 부모님과 함께 시간을 보내며, 아울러 부모님이 원하는 일이라면 뭐든지 한다. 또한 가스파르는 가족 구성원 모두와 연락하는 유일한 사람이기도 하다. 자신이 가족 간의 연대를 지켜내야만 한다는 생각에, 정기적으로 파티와 모임을 계획하고, 서로에게 소식을 전하며, 가족 간에 갈등이 일어나면 사태를 원만히 수습한다.

물론 가정의 평화를 지키고 가풍을 고수하는 것이 반드시 의존적 태도로 이어지는 것은 아닙니다. 하지만 의존적 어른은 자신이 어릴 때 경험한, 자신만의 가정이 더 이상 존재하지 않는다는 사실을 부정하는 경우가 많습니다. 그저 자신의 어린 시절이 지나갔음을 인정하지 않는 것이지요. 이들이 유년기를 유지하기 위해 할 수 있는 일은 계속해서 가족을 모으는 것입니다. 실제로 이처럼 가족 구성원이 한자리에 모이면 의존적 어른은 예전 가족의 모습을 다시 연출하며, 부모가 여전히 부모의 역할을 하고, 이제는 어른이 된 자식들이 자식의 역할을 하는 데서 마음의 안정을 찾습니다.

조상의 미화

성장 거부는 가족과 관련된 것이라면 뭐든지 미화하려는 태도로 나타납니다. 부모라는 존재에 강하게 이끌리는 것에서 그치지 않고, 그 이전의 모든 세대에 대해서도 강한 애착을 보일 때가 많습니다. 물론 조상에 대한 이러한 관심은 대체로 피상적인 것에 불과하기는 합니다. 조상이 행한 본받을 만한 사건을 자세히 알아서가 아니라, 그저 그 사람이 자신의 할아버지 혹은 할머니라는 사실이 중요한 것이니까요. 게다가 윗대로 거슬러 올라가면 갈수록, 의존적 어른은 스스로를 더 어린 손자 혹은 손녀로서 받아들일 수 있는 것입니다. 성장하지 않는다는 건 어린 상태에 계속해서 머물러 있는 것인 만큼, 결국 이들이 원하는 것은 사다리 효과입니다.

조상 및 부모, 가족과 관련된 것뿐만 아니라 자신의 유년기까지도 특별히 미화하는 방식에는 여러 가지 형태가 있습니다. 오래된 사진이나 영상을 기록으로 남겨두는 일에 강박적인 성향을 보인다거나, 족보에 관심을 보이고 유품을 간직한다거나, 유년기의 추억이 깃든 장소들을 자주 다시 찾는 등의 형태를 예로 들 수 있습니다.*

자기 스스로 새로운 가정을 꾸리지 못함

가족의 변화에 대한 거부는 당연히 개인적 변화에 대한 거부로 이어집니다. 의존적 어른에게는 원가족을 떠난다는 건 있을 수 없는 일입니다. 설령 불가피하게 그러한 처지에 놓인다고 해도, 진심으로 상황을 받아들이진 못합니다. 원가족을 떠나면 필연적으로 어른이 될 수밖에 없으니까요.** 그래서 의존적 어른은 자기 혼자 따로 나와 살고 있어도, 지나치게 자주 부모님과 연락하고 부모님 집을 찾아간다거나, 부모님 집에 온갖 종류의 물건을 두고 와 자신의 존재가 눈에 띄도록 합니다. 이런 일들이 적어도 부모 중 한 사람의 도움을 얻어 이루어질 때가 많습니다. 이때 부모는 의존적 관계를 유지하려는 특성을 똑같이 지니고 있는 사람이지요.

이러한 관점에서 볼 때 가스파르는 매우 전형적인 사례입니다. 가스파르의 엄마는 가스파르의 방을 원래대로 남겨 두었습니다. 가스파르의 형제들 방도 마찬가지였지요. 가스파르는 독립한 지 20년이 지난 지금도 부모님 집에 들를 때마다 옷걸이에 걸린 학창 시절의 옷들, 벽에 걸어 둔 어릴 적 사진과 오래된 교

---

* 다만, 의존적 인물이 보이는 여러 다른 특성을 보이지 않는 상황에서 단지 이러한 성향이나 관심을 보인다는 사실만으로 그 사람을 반드시 의존적 인물로 볼 수는 없습니다.
** 세계적인 여론조사 업체 입소스와 화이자제약재단이 2013년에 공동 실시한 설문조사에 따르면 응답자 중 70퍼센트가 자신이 어른이라고 느낀 순간으로 '더 이상 부모님 집에서 함께 살지 않게 된 때'를 꼽았습니다.

과서들을 들춰볼 수 있습니다. 마치 가스파르는 집을 떠난 적이 없는 것처럼 말이지요.

의존적 어른은 이와 같은 사소한 물건 정리를 거부할 뿐만 아니라, 자기만의 인생을 살고, 다른 곳에 자기 혼자만의 보금자리를 마련해 결혼하여 아이를 낳고 제대로 된 직업을 가지는 일을 거부합니다. 요컨대 의존적 어른은 부모와 어떤 형태로든 멀리 떨어지면, 원가족을 향한 충성심을 배반하는 것 같은 느낌이 드는 것이지요. 그런데 또 한편으로는 가족 중에 자신과 비슷한 부류의 사람이 있으면 자신의 인격이 무력화되는 불안감과 함께, 자기의 인생을 스스로 '망치고' 어른으로서의 모습을 실현하지 못하는 것에 대한 심한 죄책감을 느끼며 힘들어하기도 합니다. 그렇기 때문에 주기적으로 가정을 벗어난 곳에서 이런저런 개인적인 실현을 시도하며 어떤 위안을 찾기도 하지요. 물론 자율적으로 행동하지 않고, 수동적으로 주변 환경에 이끌려가는 것이긴 하지만요. 어쨌든 의존적 어른은 떠나고 싶은 욕구와 머무르고 싶은 욕구 사이를 수시로 갈팡질팡하며 어찌할 바를 모르는 채, 원가족과 가까이 지내다가 멀어지는 시기를 끊임없이 반복해서 오가게 됩니다.

애착이론의 관점

이와 같이 부모에게서 가까워졌다가 멀어졌다가를 오가는 상태에 대해 '애착이론attachment theory'의 중요한 관점들을 적용해볼 수 있습니다. 해당 이론에 따르면, 아이는 태어날 때부터 자신을 돌보는 사람들, 특히 엄마와 어떤 식으로든 애착을 형성합니다. 그리고 이 애착은 영아의 생존 및 심리, 사회적 발달에 중요한 영향을 미친다고 합니다. 분명히 해야 할 점은 여기서 말하는 애착은 아이에게 안전이라는 개념을 가지며, 외부로부터 스트레스를 받는 상황에서 엄마와 최대한 가까이하려는 것을 의미합니다. 그러니까 애착은 사랑의 문제가 아니라, 타인들과 부대끼며 살아야 하는 이 세상에서 과도한 스트레스를 받지 않고 살아갈 수 있도록 안전하게 보호받는 문제인 것이지요.

유명한 발달심리학자 메리 에인스워스Mary Ainsworth는 '낯선 상황 실험'이라는 놀라운 실험을 통해 세 가지 애착 유형을 발견했습니다. 이 실험은 엄마와 12개월 된 아기가 장난감들이 있는 방에 들어가는 상황으로 이루어집니다. 미리 약속한 계획대로 아이의 엄마는 여러 차례 자리를 비웠다가 되돌아옵니다. 엄마가 자리를 비운 사이, 아기가 처음 보는 낯선 사람이 그 방에 들어갔다 나왔다 합니다. 실험의 목적은 아이가 엄마와 떨어졌을 때와 다시 만났을 때 보이는 행동을 관찰하는 겁니다.

실험 결과에 따르면 아이들은 세 가지 유형으로 나뉩니다. 먼저 안정된 애착 유형의 아이들은 엄마가 자리를 비우면 불안해하지만, 엄마를 다시 만나면 적극적으로 가까이 다가갑니다. 다음으로 회피적인 애착 유형의 아이들은 엄마가 자리를 비워도 울지 않으며, 다시 만나도 엄마를 못 본 체합니다. 마지막으로 저항하거나 양가적인 애착 유형의 아이들은 처음부터 주변 탐색을 전혀 하지 않고, 실험 기간 내내 엄마에게 집착하는 모습을 보이며, 엄마가 자리를 비우면 극심하게 울고, 엄마를 다시 만나도 진정되지 않습니다. 그런데 한 연구에 따르면 회피적인 유형과 양가적인 유형은 대체로 의존적인 성격과 관련이 있는 것으로 나타났습니다. 또 다른 연구에서는 이러한 애착 유형이 심리적, 정서적 의존과 밀접한 관련이 있다고 강조하기도 했습니다. 결국 이른바 의존적 어른은 역시 불안정 애착 유형을 겪고 있다고 볼 수 있는 것이지요.*

태어난 직후 몇 년 동안, 어떤 가정환경에서 자라느냐가 애착 유형 형성에 지대한 영향을 미친다는 것은 잘 알려진 사실입니다. 회피적인 유형의 아이는 부모의 공격성을 겪었을 가능성이 높습니다. 공격적인 성향의 부모는 자식이 무언가를 요구하면, 거부하거나 무관심하게 대하는 경향이 있지요. 한편 양가적인 유형인 아이의 부모들은 자식이 똑같은 것을 요구해도, 어떨 땐 자상하게 대했다가 또 어떨 땐 화를 내기도 하며 예측 불허의 반응을 보일 때가 많습니다. 그리하여 **가족들과의 상호작용을 제대로 알지 못하는 아이는 불안정한 감정을 키우게 되고, 이러한 감정은 사회부적응 증상과 새로운 애착관계 형성을 상대적으로 어려워하는 증상의 원인이 됩니다.**

치료 사례

성장 거부 및 자립 거부는 놀라운 형태로 나타날 때도 있습니

---

* 실험연구를 통해 검증이 필요한 이론.

다. 이번에는 루가 겪은 놀라운 사례를 들어보겠습니다. 루는 유년기 때부터 자신의 생물학적 발육이 제대로 이루어지지 않아서 엄마가 될 수 없다고 믿어왔습니다.

29살인 루는 얼마 전 원치 않는 임신을 했고, 이 일로 인해 심한 불안과 발작 증세를 겪기 시작했다고 한다. 그녀의 말에 따르면 스스로 '엄마가 될 준비가 되지 않은' 느낌이 든다고 했다. 첫 상담을 마치고 며칠 뒤 루는 유산을 했고, 그 뒤로 몇 주 만에 또다시 임신을 했다. 이번에도 그녀는 '의도치 않게' 임신을 했다고 털어놓았다. 또다시 견딜 수 없는 불안 증상에 시달렸다. 얼마 뒤 그녀는 응급실에 실려갔고, 난소 절제술을 받아야만 했다. 수술 다음 날, 의사는 그녀에게 그래도 아이를 출산할 수 있는 가능성은 열려 있다고 말했다.

그런데 과연 루는 아이를 원했을까? 그녀는 잘 모르겠다고 했다. 당장 원하는 건 아니라는 게 그녀의 이야기이다. 그렇다면 어째서 그녀는 피임에 주의를 기울이지 않는 걸까? 이것 역시 잘 모르겠다고 했다. 그녀가 아는 건 오직 엄마가 된다는 생각을 하면 극심한 불안감에 얼어붙는다는 사실이다. 그녀는 울면서 이렇게 말했다. "끔찍해요. 제가 뭘 어떻게 해야 할지 모르겠어요. 저는 여덟 살 때 이미 이다음에 커서 아이를 가질 수 없다고 생각했었거든요."

루는 자신의 유년기를 배반하는 느낌을 받으며 '마지못해'

성장했던 것을 기억한다. "예전부터, 지금도 여전히, 어른들의 세계는 터무니없어 보여요. 어릴 때부터 이미 어른들의 세계는 겉치레와 위선, 거짓, 타협으로 이루어져 있다고 생각했었어요. 제게 있어 어른이 된다는 건 타락과도 같은 것이었어요! 계속 어린아이로 살고 싶었어요."

실제로 루는 어른의 특성들을 거부하는 증상들을 모두 보인다. 체형을 감추는 중성적인 느낌의 옷을 입고, 머리카락을 아무렇게나 자르며 화장도 전혀 하지 않는다. 그렇다고 해서 남성적이지도 않다. 그녀는 단지 성인 여성임을 드러내는 특성을 거부할 뿐이다. 자신이 불임이라고 믿는 것은 이러한 거부에서 비롯된 심리적 연장선에 놓여 있고, 아이는 아이를 가질 수 없다는 논리적 생각에서 나온 것이다.

그렇지만 루는 상담하는 동안 계속해서 임신을 하려고 하며, 은연중에 자신의 성장 거부를 의문시하고 있다는 생각을 내비쳤다. 이와 동시에 그녀의 마음속에는 임신을 거부하는 무언가가 있기도 했다. 이 같은 사람들에게는 우유부단함과 양면성이 드러나기도 한다.

이러한 상황은 어떻게 풀어나갈 수 있을까요? 루에게 필요한 처방은 스스로를 성인 여성으로서 받아들이는 것이었습니다. 즉, 어린애 같은 여성이라는 불명확한 입장을 그만두는 것이지요. 그래서 루의 치료 과제는 성인 여성을 나타내는 여러 가지 특징과 행동들을 수용하고 자신 있게 타인 앞에서 드러내며, 자

기 자신을 성인 여성으로 받아들이는 것이었습니다. **그녀는 그
전까지 자신을 '인간'으로 규정짓는 데에만 겨우 수긍했습니다.
이것은 사실상 자신을 명확히 규정짓지 않는 것이나 다름없었지
요. 그녀는 자신을 보편적인 존재에서, 훨씬 더 구체적이고 제한
적인 역할을 하는 존재로 다시 품어야만 했습니다.** 노력 없이 그
저 쉽게 이룰 수 없는 일이었지요. 그녀가 침울한 목소리로 말했
습니다. "내가 여자 혹은 어른이라는 것을 인정하면, 나를 꼼짝
못 하게 하는 울타리 안에 갇힌 기분이 들 것 같아요."

　루는 자신의 저항성을 고려해, 먼저 자기 주변의 개인적인 기
준들에 관심을 가지기 시작하며 점진적인 변화를 이끌어내기로
했습니다. 예컨대 자신이 어떤 지역 혹은 도시, 동네에 속해 있
는지에 대해서 말입니다. 다음으로는 성인 여성으로서의 신체
(^{"나는 여성이다"}), 부부관계(^{"나는 결혼한 여성이다"}), 인생 계획, 직업 등등과
보다 직접적으로 관련된 자기 정체성의 기준들을 드러내 보이려
고 노력했습니다. 이러한 기준들을 날마다 수용하고 스스로 선
언하기만 하면 되는 과제였지요. 하지만 이번에도 그녀는 꽤 오
랫동안 주저하는 모습을 보였습니다. "살면서 하고 싶은 게 뭔지
모르는데, 스스로를 어떻게 규정짓죠? 그게 뭔지 알았다면, 예전
부터 스스로를 책임질 수 있었겠지요."라고 하면서 말이지요. 이
것은 치료 상황에서 나타나는 전형적인 거부 반응입니다. 그렇
지만 환자가 진정한 변화를 이끌어내고 싶다면, 그저 자신이 누
구인지를 확인하고 선택하는 데에 그치는 것이 아니라는 사실
을 인지해야만 합니다. 우선 행동하고 선택해야 하는 것이지요.

그러고 나서 내가 누구인지를 엿볼 수 있는 겁니다. 언제든지 또 다른 선택을 할 수 있는 여지를 남겨둔 채 말이지요.

물론 이러한 생각을 하면 불안감이 야기될 수 있겠지요. 존재의 자의성을 강조하는 생각이니까요. **"내가 누구인지를 정말로 나 스스로 선택한다면, 내가 틀리지 않는다는 건 누가 보장해주나요?"라는 질문이 나올 수 있습니다. 대답은 실망스럽겠지만 "아무도 보장해주지 않는다."입니다.** 그렇기 때문에 실존적 자유와 책임은 본질적으로 매우 불안한 것입니다. 스스로가 내린 선택을 감당하고 책임을 다해야 하니까요. 설령 이러한 선택을 절대적으로 옳다고 판단할 수 있는 것이 아무것도 없는 상황 속에서도 말입니다. 나중에 뒤에서 이 같은 자기를 규정하는 문제에 관해 훈련하는 방법을 보다 자세히 다루게 될 겁니다.

내 삶은 금방 끝날 거야

성장을 거부하는 모든 의존적 어른에게서 보이는 또 다른 모습은 일찍 죽을 거라는 예감입니다. 의존적 어른과 그렇지 않은 사람들의 평균수명에는 당연히 아무런 차이가 없습니다. 하지만 의존적 어른은 자신이 오래 살지 못할 거라고 생각하려는 경향이 있습니다. 이들에게 수명에 관한 질문을 던지면, 대다수가 자신이 40~50세 사이에 죽을 거라고 예상합니다. 그나마 낙관적인 사람들이라고 해도 기껏해야 70세 정도이지요. 2016년 기준으로 프랑스의 평균 기대수명이 남자는 79세, 여자는 85세인 것과 비교하면 상당히 적은 나이이지요.

이것은 단순히 비관론적 관점의 문제일까요? 아니면 나약한 감정과 미래에 대한 두려움으로 인한 자신감 부족에서 오는 문제일까요? 그런 면도 분명히 있겠지만, 그게 전부는 아닐 겁니다. 저를 찾아온 의존적 어른과 상담하다 보면 마치 자신이 일찍 죽는다는 것을 미리 알고 있는 사람처럼 예견할 때가 많습니다. "후두암으로 마흔에 죽을 것 같아요. 그 이상은 살지 못할 거라 생각해요.", "쉰 살쯤 죽을 거라 생각해요. 이유는 몰라요, 특별한 이유는 없어요.", "저는 제가 오래 살지 못할 거라는 걸 알아요."….

이상하게도 이들의 대부분은 불안에 의한 발작 증세를 보이는 경향이 있는데, 예상 수명을 이야기하는 순간에는 특별히 어떠한 긴장감도 내비치지 않았습니다. 솔직히 말하자면, 아주 짧은 예상 수명을 입 밖으로 내뱉는 순간엔 오히려 편안해 보일 정도였습니다. 반대로 심리훈련 차원에서 자신이 훨씬 더 오래 사는 모습을 상상해보라고 하면, 이들은 불안 증세를 보이기 시작했지요. 이들 중 포스틴이라는 환자는 공황발작까지 일으키며, 당장 상담을 그만두겠다고 했습니다. 진정하는 데 15분 넘게 걸렸지요. 성장을 거부하고, 의존적 관계를 맺으려는 성향이 큰 경우라면 위와 같은 반응도 보일 수 있음을 참고하세요.

대부분의 사람은 마흔에서 쉰 사이에 자신의 실제 나이를 더 이상 부정할 수 없는 최후의 순간을 맞이합니다. 프랑스의 낭만

파 시인, 소설가 겸 극작가인 빅토르 위고Victor Hugo는 "마흔은 나이가 들어서 맞이하는 청춘 같은 것"이라고 했습니다. **마흔은 실제로 처음으로 인생을 돌이켜보는 나이이며, 장년임이 처음으로 뚜렷하게 드러나는 나이입니다. 흰머리가 나고, 탈모가 시작되며, 주름이 생기고 신체적 능력이 저하되지요. 결국 우리가 그것을 원하든 원하지 않든지 간에 마흔이 되면 자신이 성인이라는 것을 부정할 수 없게 된다는 말입니다.** 그러니 의존적 어른은 겁이 날 수밖에 없겠지요. 어떻게 해서든지 자신의 성장을 부정하고 거부하다 보면, 마흔이라는 경계를 넘어선 자신의 모습을 차마 떠올리지 못합니다. 실제로 자신이 진화하지 않고 주기적으로 순환하는 것 같은 세상에서 영원히 살아가는 환상을 품지요. 그렇기 때문에 의존적 어른에게 마흔 혹은 쉰 살의 경계를 넘어선다는 것은 자신이 살아온 유년기의 상징적 죽음을 받아들이는 셈일 겁니다. 이로써 자신의 실제 죽음을 예상하는 일을 감당해야 하는 처지에 갑작스레 놓이게 되는 것이지요. 그래서 포스틴도 자신이 더 오래 사는 모습을 떠올려보는 훈련을 하다가 공황발작을 일으킨 겁니다. 성장 거부를 떨쳐내고 실제로 죽는 순간을 직접적으로 떠올리는 일을 도저히 견뎌내지 못한 것입니다.

다음으로 살펴볼 사례처럼 일찍 죽는다는 예감은 완전히 의외의 방향으로 진전되기도 합니다.

52세인 콩스탕탱의 증언은 이러하다. "1996년도였어요. 그

때 제가 33살이었죠. 하루는 저녁에 친구들과 모여서 2000년
도에 관한 이야기를 주고받았지요. 그런데 그 순간 문득 그때
가 되면, 나는 이미 죽어 더 이상 이 세상에 존재하지 않을 거
라는 이상한 예감이 들었어요. 그 뒤로 며칠 동안 이러한 직
감 때문에 극심한 불안에 시달리다가 어느덧 그 생각을 잊어
버렸지요. 그렇게 몇 년이 지나고 2000년이 되자 심한 우울증
이 찾아왔어요. 살이 많이 빠졌고, 집에만 틀어박혀 있었어요.
매사에 의욕이 없고, 불안감에 시달리기만 했지요. 수차례 자
살을 떠올렸어요. 그래도 항우울제를 복용하면서 모든 것이
정상으로 돌아왔어요. 그러다가 39살이 되던 2003년도에 잠
시 또 우울증을 겪었어요. 그때 예전에 썼던 다이어리를 다시
뒤적이다가 1996년도에 들었던 예감이 떠올랐어요. 물론 예
감은 들어맞지 않았지요. 죽지 않았으니까요. 그런데 사실상
2000년도에 무언가 심각한 일이 생길 거라는 걸 어쨌거나 몇
년 전에 미리 감지했던 것이죠. 어찌 된 일일까요?"

설명은 생각보다 간단합니다. 콩스탕탱은 아무것도 '알아맞
히지' 않았습니다. 은연중에 유년기와 성년의 경계를 '37~39세'
사이로 추정했지요. 결국 그는 자신이 일찍 죽는다는 것, 우울증
세에 시달린다는 것을 예감한 것이 아니라, 그저 자신이 성인이
되어 가차 없이 흔들리게 되는 순간을 은연중에 계산했던 겁니
다. 그런데 그가 이야기하는 내용을 들어보면, 성인이 되어야만
하는 순간이 실제 죽음과 단단히 연결되어 있다고 생각한다는

것을 알 수 있지요. 그래서 그 순간이 오자마자 그는 갑작스럽지만, 죽음에 대한 심한 불안감에 사로잡힌 겁니다. 이때 불안감에 대한 방어기제로 우울 증상이 나타난 것이지요.

이 경우에는 우울증이 심각한 정신적 장애가 아니었다는 사실을 눈여겨볼 필요가 있습니다. 우울증을 겪는 일은 고통스럽지만, 우울증이 오히려 불안감을 무디게 하고 자신의 유년기에 상징적으로 죽음을 선고하는 역할을 하며 순기능을 했다고 볼 수 있습니다. 결국 모든 문제는 이 같은 상징적 죽음을 통해, 모든 일을 스스로 책임지는 성인의 삶에 제대로 들어서는 데 있었던 것이지요. 콩스탕탱은 사회 속에서 자신의 처지를 결정짓고 선택하며, 스스로의 삶의 방향을 결정해 장기적인 레이스에 뛰어들어야만 했습니다.

"이들은 관계를 자기 자신을 잊게 하는
손쉬운 도구로 간주합니다.
문제는 그래도 끝끝내 내적 공허감을
메우지 못한다는 것입니다."

7장

자꾸만
여기 아닌 어딘가를
찾고 있다면

의존적 어른은 타인에게뿐만 아니라 자기 자신에게도 파악하기 어려운 존재입니다. 의존적 어른은 명백히 '어디에도' 소속되어 있지 않고, '아무도' 아닙니다. 자신이 누구인지 알지 못하고, 공허함을 느끼며, 어디에서도 자신의 자리를 찾지 못하지요. 다른 곳에 정신을 팔고 있을 때가 많으며, 지금 이 순간, 이곳에서 벗어나 다른 시공간으로 떠나고 도망가길 원합니다. 그렇다 보니 어릴 때부터 현실에서 벗어나 시간을 보낼 때가 많고, 실제 생활에 전혀 흥미를 찾지 못한 채 머릿속 자신만의 가상세계에 빠져 있는 시간이 많습니다. 일부는 그 정도가 지나쳐 망상에 휩싸이는 증세를 드러내기도 합니다. 지루함을 메우기 위해, 자신이 속해 있는 현실과 겹치는 가상의 복잡한 이야기들을 쉴 새 없이 지어냅니다. 가끔은 심각한 중독 증세를 보이기도 합니다. 백일몽에 빠지기 위해 가능한 한 자주 혼자 집에 처박혀 있을 정도로 말입니다.

마음은 늘 다른 곳에

이처럼 현실보다 가상의 세계에서 더 많은 시간을 보내고자 하는 성향을 지칭하는 심리학 용어는 다양합니다. '백일몽 또는 지나치고 부적절하며 혹은 강박적인 망상'이라고 이야기하지요. 백일몽은 아직 심리학자들 사이에서도 제대로 파악되지 못한 상태입니다. 그렇지만 2000년대 초반부터 이에 대한 연구가 점점 더 활발히 진행되고 있습니다. 관련 주제에 처음으로 관심을 가진 임상심리학자인 엘리 소머Eli Somer는 이러한 증상을 실제 대인관계 혹은 직업적 기능을 대신하거나, 중대한 방식으로 대인관계에 간섭하려는 경향이 있는 활동으로 설명합니다. 또한 심리학자 에릭 클링거Eric Klinger에 따르면 어떤 사람은 하루에 2천 번까지 망상에 빠지는 경우도 있고, 깨어 있는 동안 절반의 시간을 망상에 할애한다고도 합니다! 백일몽에 빠져있는 447명을 대상으로 최근에 진행된 연구 덕분에 몇 가지 기준이 뚜렷하게 드러났습니다. 우선 강박적인 몽상가는 자신들의 가상세계를 현실과 혼동하지 않습니다. 그러므로 정신질환은 아니라고 할 수 있지요. 반면 이들은 강박적 사고를 일으키는 일부 증상과 주의력 결핍 증상을 보입니다. 백일몽은 대체로 원치 않게 빠져들게 되고, 어떠한 특정 행위를 장시간에 걸쳐서 반복 지속하는 증세, 즉 손톱 물어뜯기, 고개를 상하로 흔들기 등의 상동증적 행동을 동반하기도 하지요. 이러한 증상은 보통 지루하거나 불쾌한 순간을 벗어나려고 할 때 나타나지만, 한가한 시간을 보내는 경우에도 종종 나타납니다. 기능적 MRI를 통해 살펴보았을 때, 해당 증상과 관련된 뇌 부위는 뇌가 어떤 특별한 임무도 부여받지 않았을 때 자연스레 활성화되는 부위들인 것으로 나타났습니다. 이러한 백일몽은 현실을 반영하는 사실적인 것일 수도 있고 순수한 머릿속 상상의 것일 수도 있지만, 이때 발현되는 감정들은 항상 실제 상황에서 비롯된 감정들과 동일한 강도로 느껴집니다.

실존주의 정신분석에서는 신경생물학적 접근을 접목해, 강박적 망상은 유년시절에 겪은 몇몇 불안한 일들과 관련이 있으며, 이러한 망상을 통해, 성가시거나 혐오감이 드는 현실에서 벗어날 수 있다고 말합니다. 하지만 강박적 망상은 의존적 관계에 집착하는 인격이 지닌 여러 가지 특성들과 상당히 일치합니다. 즉 자신의 존재를 뚜렷이 드러내기를 거부하고, 뒤로 물러나 최소한으로 존재하려는 의존적 의지를 내비치거나, 거기에 있지 않은 상태로 실존하려는 성향 말입니다.

의존적 어른은 평소에는 현실에서 벗어나 어딘가로 떠나고 싶을 때가 많지만 망상에 빠져 있을 때만큼은 그렇지 않습니다. 이들은 끊임없이 자신이 정착할 만한 저 멀리 있는 다른 곳과 낯선 곳, 세상 저편을 떠올리지요. 그러면서 '그곳에서는' 모든 일이 훨씬 더 잘 될 거라 상상합니다. 더 이상 이곳에서 존재한다는 사실과 부딪힐 필요가 없으니까요. 그런데 또 막상 실제로 멀리 여행을 떠나려고 하거나 장소를 옮겨도 어김없이 지속해 있는 그 자리에서 도저히 스스로 빠져나오지 못할 거라는 생각에 사로잡히고 맙니다.

이처럼 도망치려는 태도는 일부 정신과 의사들이 '삶에 대한 두려움'이라 칭한 것에 상응합니다. 죽음에 대한 두려움과는 구분 지어야 하는 개념이지요. 오스트리아의 정신분석가로서 프로이트의 초기 제자 중 한 사람이었던 오토 랑크Otto Rank는 이렇게 언급했습니다. "삶에 대한 두려움이란 고립된 상태로 스스로 삶을 이끌어야 한다는 두려움, 분리-개별화에 대한 두려움, 어떤 일에 적극적으로 나서고 자신의 본성을 드러내는 것에 대한 두려움을 가리킨다." 반면, 죽음에 대한 두려움은 '소멸, 개별성 상실, 모든 사라짐에 대한 두려움'을 가리키지요. 의존적 어른들은 대체로 삶에 대한 두려움을 느낍니다. 자발적으로 뒤로 물러서려는 그들의 의지가 은연중에 삶에 대한 두려움을 드러내지요. 이들은 마치 자신이 그곳에 없는 것처럼 행동하려고 애쓰며, 어떻게 해서든지 현실에 참여할 모든 기회를 회피하려고 합니다. 이처럼 계속해서 뒤로 물러나 있다 보면 당연히 자신의 자리를 찾지 못하겠지요.

내 인생은 헛돌기만 해

의존적 어른은 정도의 차이는 있지만, 자신도 모르게 자신이 사회 안에서 특정한 자리를 갖고 있다는 사실을 부인하려고 안간힘을 씁니다. 하지만 스스로 인정하든 하지 않든 간에, 인간에게는 태어날 때부터 가족을 비롯해 학교, 친구들 무리, 사회가 부여한 자리가 있습니다. 이 자리는 자신이 다른 사람들과의 관계 속에서 차지하는 다양한 지위가 합쳐진 것이라 할 수 있습니다. 다른 사람들이 이 자리를 바탕으로, 자기를 인정하고 위치를 찾아가지요. 우선 주변 상황에 따라 자리가 주어지고 나면, 각자

가 그 자리에 의미를 부여하고 스스로를 계발하면서, 그 자리가
자신에게 맞는 진짜 자기 것이 되는 겁니다. 스스로 적임인 자리
를 맡았다고 느끼는 사람들은 대체로 자기 형편에 맞는 일을 하
고 있을 뿐 아니라, 사회적 인맥도 쌓고 개인적인 주요 관심사도
가지고 있으며, 앞으로의 인생 계획을 세워 놓고 있습니다. 그런
데 의존적 어른은 앞서 말한 것들 중 아무것도 없다고 하는 경우
가 많습니다. 인생을 어떻게 살아야 하는지, 어떤 일을 해야 하는
지, 인생의 목표를 무엇으로 잡아야 하는지를 모릅니다. 매사에
의욕도 없고, 심지어 친구들과 함께 있어도 금방 싫증을 내지요.
또한 다른 사람들은 앞서 나가는 반면, 자신의 인생은 제자리에
서 헛돌고 지지부진하다는 느낌을 가집니다.

자신이 쓸모없다는 느낌

실존적 관점에 따르면, 의존적 어른이 자신의 자리를 찾지 못
하는 것은 당연히 기회가 없거나 그러기 싫어서가 아닙니다. 사
실 이들은 삶에 대한 두려움 때문에 자신의 자리가 어디이든 간
에 모두 부적절하다고 인식하려고 애쓰지요. 이미 그렇게 정해
진 것처럼 스스로가 쓸데없는 존재이며, 보잘것없으며 유약하다
고 느끼고, 여기에 있으면 안 된다고 생각합니다. 예컨대 이들이
공공장소에 있을 때 항상 다른 사람의 뒤로 물러나고, 다른 사람
이 먼저 지나가도록 하거나, 자기가 나서서 다른 사람을 도우려
고 하는 것도 이러한 이유 때문이지요. 대체로 이들은 일상에서
자신의 존재가 부각되는 것을 거부하고, 애써 외진 곳을 찾는가

하면 뒤로 물러나 있거나, 누군가 자신의 몸을 숨길 만한 사람을 찾습니다. 이들은 간단한 전화 통화도 큰맘 먹고 해야 합니다. 자신이 일을 그르칠 것 같은 느낌, 말을 버벅대거나 웃음거리가 될지도 모른다는 두려움을 극복해야만 하니까요.

의존적 어른은 자기 자리를 찾아가는 것을 거부하는 과정에서 필연적으로 주변 사람들의 자리를 침범하게 됩니다. 의존적 어른은 자신은 영원한 '손님'으로 머물며 기다림과 규칙, 특히 타인의 의지에 순응해야 할 것만 같다 느낍니다. 자발성이 거의 없는 상태에서의 타인과 직접적인 관계 맺기는 항상 동일한 모습으로 전개됩니다. 불안함, 우유부단함, 만일에 대비해 이야깃거리와 취할 제스처를 미리 준비하기, 일을 그르치는 것에 대한 두려움, 상대방의 평가에 대한 두려움, 수치심을 느끼는 것에 대한 두려움이 바로 그것이지요.

<hr />

포스틴의 설명은 이렇다. "세세한 것까지 일일이 미리 머릿속에 그려봐요. 완벽한 시나리오를 짜요. 누군가와 약속이 있으면 대화 주제 목록을 미리 준비해요. 혹시라도 대화가 중간에 끊길까 봐 너무 불안해요. 대화 중에 상대방 말이 끝나고 제가 할 얘기를 미리 준비하느라 상대방이 하는 얘기를 제대로 듣질 못해요."

요컨대 의존적 어른은 마치 어른들 세계에서 어른으로 인정받고 싶기는 하지만, 스스로 역부족임을 느끼는 아이와 같은 마음가짐으로 사회생활을 하는 것이지요. 이와 같은 태도는 유년기 및 청소년기 동안 겪은 가정환경에서 일부 기인합니다. 어린 시절에 가족 내 자신의 자리에 대한 안정감이나 혹은 가족 사이의 친밀함이 매우 부족했을 수 있습니다. 가족에게 자신의 존재를 충분히 인정받지 못하거나, 자신을 내세우지 못했던 것입니다. **권위적이고 엄격하거나 억압적인 부모의 기대에 순응해야 하다 보니, 자신의 잠재성과 인격을 발달시킬 수 없었지요. 결국 다른 이들을 만족시키기 위한 가짜 인격을 형성하려고 매달리게 됩니다. 그들의 사랑과 보호를 받는 대가로 말이죠.**

과도한 순응적인 태도와 가짜 인격을 가지고 있는 듯한 사람들을 관찰하고 연구하는 일은 심리학 역사상 수많은 심리학자가 관심을 보인 분야입니다. 유아들은 엄마가 자신의 충동적인 요구를 들어줄 수 없을 것 같고, 자신에게 특정한 존재 방식을 강요할 때, '거짓자기false self'라고 부르는 것을 내보입니다. 이러한 경우 태어난 지 몇 달도 되지 않은 아기조차도 일종의 방어기제인 해리 증세를 겪게 됩니다. 순종적인 특징을 보이는 표면상의 자기를 겉으로 만들어내고, 참자기는 내면 깊숙이 숨어 있도록 하지요.

인간성 심리학과 내담자중심의 상담치료법을 발전시킨 심리학자 칼 로저스Carl Rogers는 인간은 모두 부분적으로 가짜 인격을 내보이려는 경향이 있다고 말합니다. 이것은 특히 자신과 가까운 가족 및 친구를 비롯한 타인이 제시한 조건들에 대응하기 위한 것이라 할 수 있지요. 아주 어린 아이도 자신이 끊임없이 평가받고 있으며, 부모의 기대에 부응하지 못하면 벌을 받거나 버림받을 수 있다는 것을 압니다. 그래서 자신의 자발성을 모범적인 모습, 혹은 부모가 기대하는 겉모습 뒤에 감추어야만 할 것 같지요. 성인이 된 뒤에도 여전히 이러한 감정을 갖는 사람들이 많습니다.

가스파르는 이렇게 말했다. "항상 가면을 써야 한다는 강박에 시달려요. 그리고 벽 안에 완전히 갇혀 있는 느낌이에요. 이곳에서 빠져나오는 방법을 찾아 가면을 벗어 던진 뒤에 살아 있음을 느끼고 싶어요!"

나를 지우려는 시도

의존적 어른들은 하나같이 똑같은 지령에 따라 철저히 행동하는 것처럼 보입니다. "나는 인격을 가지면 안 된다."라는 지령 말입니다. 심지어 진짜 나에 가까운 자기의 내면성, 즉 내면아이가 따로 존재할 거라는 이야기는 의존적 어른들 사이에서 모든 인격을 교묘히 거부하는 수단으로 쓰이기도 합니다. 하지만 의존적 어른의 내면아이는 실제 세상에서 찾아보기 힘들 정도로 너무 보편적이고 일관된 존재로 나타납니다. 내면아이는 고유의 인격을 지닌 실제의 아이와는 전혀 관련이 없지요. 그렇다 보니 환자들이 자신의 내면아이를 우울하다거나 상처 입은 존재처럼 묘사할 수는 있어도, 대체로 내면아이에게 명확한 인격적 특성을 부여하지는 못합니다. 따라서 이 내면아이는 의존적 어른의 근본적인 우유부단함을 구현한 것이라 할 수 있지요. 이들은 속으로 생각합니다. '내가 뚜렷이 규정된 사람이 아니기만 한다면, 내 안에서 불안을 겪을 일도 없겠지.' 그래서 의존적 어른은 직업이나 역할, 뚜렷한 선호, 특별한 예술적, 운동 등 능력을 통해 자신을 분명히 규정짓는 일을 주저합니다.

게다가 의존적 어른은 유년시절에 어른인 특정 모델과 자신을 동일시한 기억이 없는 경우가 꽤 많습니다. 여느 십 대들과는 달리 가수나 배우의 포스터를 자기 방, 벽에 붙여 놓은 경험이 대부분 없습니다. 그나마 어쩌다가 자기 눈에 들어오는 인물은 모두 어린애 같은 사람들이지요. 안타깝게도 위와 같은 특성을 다루고 있는 심리학 서적은 아직 거의 없습니다. 하지만 이러한 특성은 분명히 관심을 가지고 자세히 연구해볼 만합니다. 이를 통해 이들이 불명확한 상태에 머무르고 싶은 욕구가 일찍부터 나타난다는 사실을 확인할 수 있으니까요.

———————

이와 관련된 내용이 드러난 루의 사례는 그야말로 놀랍다. 루는 몇 달 전부터 우울 증세를 보여 왔다. 그녀와 같이 사는 남자 친구가 두 사람의 생활비를 모두 감당해야만 하는 처지에 놓였다. 그녀가 일을 그만두고 집안에만 틀어박혀, 만성적인 불안과 공황발작에 시달려 왔기 때문이다. 그녀 말로는 자신의 인격 문제, 보다 정확히 말해 인격 결여 문제는 태어나기 전부터 있어 왔다고 한다. "제가 태어나기 1년 전에 제게 오빠가 1명 있었대요. 그런데 불행히도 며칠 만에 세상을 떠났죠. 그런 뒤에 제가 생겼어요. 어릴 때 이 이야기를 들었던 기억이 나요. 그때 저는 딸이 되지 않고, 죽은 오빠를 대신하기로 마음먹었죠. 부모님을 기쁘게 해 드리고 위로해드려 사랑받고 싶어서 그렇게 했던 거예요. 저는 늘 유약한 남자아이 같은 모습이었어요. 저는 전혀 남성적이지도 않고, 그렇다고 해서 또 그다지 여성적이지도 않지요. 그래서 도대체 진짜 내가 누구인지 모르겠어요."

정말로 루는 그녀의 말처럼 죽은 오빠를 대신하는 걸까요? 어쨌든 그녀는 그렇게 생각한다고 말합니다. 그런데 실존주의 정신분석에서는 또 다른 관점을 제시합니다. 물론 루가 일찍 죽은 오빠가 됨을 통해서 부모님을 위로하고 그들의 더 많은 사랑을 받을 수 있는 기회를 찾은 것일 수도 있겠지만, 한편으로는 절대 성인이 될 수 없는 아이를 모델로 삼은 것이라고 볼 수도 있다는 것이죠. 게다가 그녀에게 미리 부여된 타고난 자리, 즉 여자아이에서 여자가 되었다가 결국 엄마가 되는 자리를 거절할 기회로서 그만한 것이 또 없었을 테니까요. **어쩌면 루는 존재함과 동시에 부재하는 애매모호한 위치에 자리 잡아, 스스로를 숨김으로써 삶에 대한 두려움을 피해가려 한 것일 수도 있습니다.** 미숙하고 사실상 생식능력이 없으며, 직업생활을 영위할 생각이 전혀 없

는, 여자아이도 남자아이도 아니요, 죽은 것도 산 것도 아닌 상
태에 머무르는 것입니다. 결코 진짜 자신의 모습을 드러내지 않
은 채 말입니다.

모든 실존주의 철학자는 자신의 모습을 찾지 못하는 다양한
경우와 그 원인에 관심을 가졌습니다. 그중 특히 실존주의 대표
철학자 중 한 명인 독일의 마르틴 하이데거Martin Heidegger는 우리를
실존적 불안에서 벗어날 수 있게 하는 비인격적이고 보편적인
'사람'에 대해 이야기합니다. 그저 남들처럼 행동하는, 평범하고
관습에 따라서 사는 사람 말이지요. 자기 자신을 알아 가고 자
기 존재를 결정짓는 것을 회피하고, 이 과정을 통해 비본래적 존
재가 되어 간다는 겁니다. 한편 또 다른 저명한 프랑스의 실존주
의 철학자 장 폴 사르트르Jean Paul Sartre는 '기만'에 대해 언급합니
다. 자기 자신에 대한 부정은 스스로를 의식을 가진 존재라기보
다 하나의 사물로 인식하고, 의지를 가진 존재로서의 선택을 거
부하는 과정이라는 겁니다. 두 가지 경우에서 모두 자기 자신을
지우려는 의지, 즉 의존적 성향이 드러납니다. 하지만 일상생활
속에서도 내적 불일치 혹은 심지어 '실존적 충돌existential dissonance'
을 느낄 가능성은 항상 열려 있습니다. 여기서 말하는 실존적 충
돌이라 함은 자신이 마음속으로 바라는 '되고 싶은 것'과 자신의
행위를 통해 '되려고 하는 것' 사이의 괴리를 뜻합니다. 비인격
적이고 보편적인 '사람'과 '진짜 나'의 모습을 구별하려면, 자신
이 무엇을 할지 파악하기 위해 노력해야만 합니다. 이를 통해 실
존적 불안에서 벗어날 수 있고, 실존적 문제와 마주하더라도 두

렵지 않은 상태가 될 수 있으니까요. 이러한 불안감에서 벗어나지 못하면 결국 진짜 나의 모습을 만날 수 없습니다.

치료 사례

자신이 누구이며, 무엇을 느끼는지 적절히 설명하는 것을 굉장히 어려워하는 사람들이 있습니다. 이들은 어떤 상황을 마주하든 상투적이고 애매한 몇 가지 소수의 표현들만 주로 늘어놓습니다. 예컨대 "괜찮아.", "그저 그래.", "기분이 별로야.", "짜증나." 혹은 심지어 "무슨 느낌인지 모르겠어."라고도 하지요. 반대로 자신이 느끼는 감정 하나하나를 주어진 맥락과 상황을 고려해 아주 자세히 표현할 줄 아는 사람들도 있습니다. 이들은 어휘를 다양하게 사용할 뿐만 아니라 자기만의 독특한 표현으로 바꾸어 사용하기도 하지요.

감정연구 전문 캐나다 심리학자인 리사 펠드만 바렛Lisa Feldman Barrett은 이 두 가지 언어 패턴 사이에 어떤 차이점들이 있는지를 밝히기 위해, '감정입자도emotional granularity'이라는 표현을 만들어냈습니다. 감정을 언어적 표현으로 명료하게 풀어내는 능력을 마치 사진사가 사진을 찍는 방식에 빗댄 것이지요. 사진사가 이미지의 질을 높이기 위해 입자에, 혹은 픽셀 크기에 관심을 가지는 것에 빗대어 설명합니다. 입자 혹은 픽셀의 크기가 클수록 이미지는 덜 선명하지요. 즉 여기서 우리는 TV 화면의 해상도 개념을 떠올려 볼 수 있습니다. 이러한 논리를 통해 그리고 그 개념을 빌리자면, 자신이 느끼는 감정을 '뭉뚱그려' 이야기하고, 모호

하거나 대체 가능한 단어 및 표현을 쓰려는 경향을 가진 사람들
은 감정적 해상도가 낮다고 말할 수 있을 것입니다. 반대로 사용
하는 어휘가 명쾌하고, 상황에 적합한 사람들은 감정적 해상도
가 높다고 말할 수 있겠지요.

여기서 이 개념을 다루는 이유는 무엇일까요? 바로 의존적 성
향이 강하게 나타나는 사람들은 감정적 해상도가 낮은 경우가
많다는 사실이 임상소견에서 드러나기 때문입니다. 또한 리사
펠드만 바렛이 이끈 실험연구를 통해, 감정적 해상도가 낮은 사
람들은 자신이 마주하는 모든 상황에 부적응하는 모습을 보이며
무기력한 감정을 강하게 느낀다는 결과가 나오기도 했습니다.
반면, 감정적 해상도가 높은 사람들은 자신의 감정을 조절할 줄
알고, 따라서 관계도 능숙하게 조절할 줄 압니다. 자신의 감정을
생각하고 섬세하게 말로 표현하는 능력이 있으면, 삶의 여러 가
지 긍정적인 상황을 충분히 누릴 수 있습니다. 부정적인 일도 보
다 쉽게 이겨내고, 스트레스를 덜 받으며 훨씬 더 건강한 삶을
살아가지요.

치료적 관점에서 바라본 감정입자도 혹은 해상도 개념의 유용
함은 당연히 강한 자아의식을 키우는 데 있습니다. 실제로 실험
을 통해 이러한 유용함을 목격한 리사 펠드만 바렛은 이렇게 말
합니다. "감정입자도는 많은 사람들이 새로운 감정 개념과 (중략)
새로운 단어, 그것들이 지닌 특별한 의미를 배우며 키울 수 있는
능력이다. 이러한 개념들을 자신의 일상생활 속에 접목시키면,
어느새 뇌가 그것들을 저절로 적용하는 법을 터득하게 된다."

실존적 관점에서 보면 감정의 해상도를 높이는 전문 프로그램을 통해, 환자가 자신이 누구인지 인식하게 하고 자신이 느끼는 감정에 책임을 지도록 이끌 수 있습니다. 이 방식 안에 인간주의적 심리요법 의사들이 오래전부터 사용해 온 아주 강력한 힘이 있는 것이지요. 상담을 통해 다양한 방식으로 연습을 하면, 환자가 그동안 느끼지 못한 감정들을 다시 의식하고 이러한 감정들을 명명할 수 있게 됩니다. 실제로 의존적 어른 중 대다수는 처한 상황에 대해 질문을 던지지 않고, 마치 아무 일도 없었던 것처럼 행동합니다. 뿐만 아니라 스스로 자신의 감정을 숨기며, 때로는 심지어 육체적 고통까지 부정하려는 성향을 갖고 있습니다. 실례로 환자들 중에 항상 신발 끈을 엄청 세게 꽉 묶는 사람이 있었습니다. 하루 종일 발이 아팠지만, 어처구니없게도 단 한 번도 이 고통을 고려해 끈을 풀어 덜 아프게 할 생각조차 하지 않았지요. 벨트 혹은 넥타이로 동일한 행동양상을 보이는 환자들도 있습니다. 또 어떤 환자들은 불편한 자세로 몇 시간을 그대로 앉아 있으면서 자세를 고칠 생각조차 하지 않거나, 맛이 없는 음식을 끝까지 꾸역꾸역 먹기도 하지요. 이러한 사례들은 자신의 모습을 뚜렷하게 드러내기를 거부하려는 특성이 자신이 존재하지 않는 몰아 상태로 이어지는 상황들을 여지없이 보여줍니다. 억제된 감정을 풀어내기 위해 실존주의 심리치료사는 계속해서 다음과 같은 세 가지 질문을 던집니다. "어떤 느낌이 드나요?", "어떻게 하는 게 좋을까요?", "어떻게 됐으면 좋겠어요?" 이러한 질문에 대한 대답을 점차적으로 섬세하게 다듬다 보면,

의존적 어른 스스로 자기 자신에게 주의를 기울이고 자기 자신
과 다시 만나는 법을 터득하게 됩니다.

어차피 못할 텐데요

능력이 미치지 못하는 것에 대한 두려움

공식적으로 성인이 되고 나면, 사람은 속된 말로 밥값을 해야
만 합니다. 주어진 의무와 기대, 책임 등에 대처할 줄 알아야 하
지요. 심리학적 관점에서 수많은 환자들의 증언을 고려해, 위의
비유를 통해 강조하고 싶은 것은 '성인의 능력'입니다. 각자가
주체적인 표상을 띠고, 이를 통해 스스로 성숙한 정도를 가늠해
볼 수 있는 전형적인 어른의 능력 말입니다.

의존적 어른의 눈에는 나머지 다른 어른들은 항상 '좀 더 어
른스럽게' 보입니다. '좀 더 남성스럽게' 혹은 '좀 더 여성스럽
게' 보이지요. 의존적 어른은 항상 스스로가 다소 어린애 같다
고 느낍니다. 사실은 의존적 어른은 오래전부터 누군가와 관계
를 맺고 유지할 때, 반사적으로 스스로를 열등한 위치에 놓으려
고 했던 것이지요. 의존적 어른은 다른 사람을 일단 자신보다 어
른스럽고 성숙한 사람으로 바라보기 때문에, 그들에게 어떻게든
지배를 받으려고 합니다. 스스럼없이 상대방의 말에 복종하고
따르며 자신을 숨기지요. 또한 다른 사람들이 자신이 있을 자리
를 대신 선택하고 결정하도록 합니다. 뿐만 아니라 자신의 모습

을 결정하고, 그에 맞는 의무를 부과하는 것까지 타인에게 맡겨 버립니다. 의존적 어른은 다른 사람들이 이 같은 방식을 취하도록 떠밀기 위해, 항상 필요 이상으로 고마워하거나 친절하고 정중하며 겸손한 태도를 보이고, 끊임없이 미안해하며 수시로 지나친 저자세로 호의와 예의를 드러냅니다. 의존적 어른은 이러한 수동적이고 자신이 열등하다는 것을 받아들이는 데서 나오는 태도로 인해, 결코 자신의 존재를 분명하게 드러내지 못하고 결국 자신의 삶을 회피하고 맙니다.

삶과 마주할 때 느끼는 무력감

그래서 의존적 어른은 삶의 굴곡과 마주하면 자신의 무력감을 강렬하게 드러냅니다. 근본적으로 모든 것이 자신이 달성할 수 없고 뛰어넘을 수 없는 것처럼 보이지요. "어차피 해내지 못할 걸 알기에 애초에 시도하지 않아요.", "제 잘못이 아니에요, 저한테 책임이 있는 일이 아니니까요.", "인생은 이미 결정된 것이라서 제 의지로 바꿀 수가 없어요."

사람은 누구나 현실을 견뎌내려면 기본적으로 순종하고 감내하는 자세가 필요합니다. 하지만 의존적 어른은 이 같은 입장을 부인하며, 자신이 어떠한 외부적인 힘에 의해 완전히 결정지어진다는 믿음을 펼치지요. 이렇게 해서 유전, 역사, 교육, 사회와 같은 다양한 측면에서의 결정론 뒤에 서서, 자신이 할 수 있는 것은 아무것도 없다고 쉽게 확신합니다.

자신에게 주어진 책임들을 포기하다 보면 자연스레 스스로를 세상 모든 것과 모든 이들에게 의존하는 사람으로 여기게 되지요. 많은 실존주의 심리학자가 말했듯, **그들은 스스로를 인생의 '무고한 희생자'처럼 여깁니다.** 스스로 원하지 않았음에도 자신에게 벌어지는 일들을 그저 따를 수밖에 없으니 희생자인 것이지요. 한편 자신은 그 어떤 선택도 하지 않았으니, 책임질 부분이 조금도 없다는 점에서 무고하다는 것이고요. **결국 의존적 어른에게 인생이란 부당함 혹은 불행하거나 불공평한 우연이 길게 이어지는 상황에 불과한 것으로 여겨지는 듯합니다.** 그래서 관계에서도 수동적인 이들에게는 누군가를 사랑하거나 누군가에게 사랑받는 것이 애초부터 쉽지 않기 때문에, 애정생활에 만족하지 못하는 성향이 있지요. 또한 자신이 직업적으로 실패하는 이유를 운명적 시련과 동료들의 인색함에서 찾으려 합니다. 이밖에 다른 시련은 그 원인을 운이 없는 상황이나 가정환경, 태어난 때, 운명, 신의 의지에서 찾지요. **결국 이들은 스스로의 삶을 거의 '불운의 연속' 정도로 치부합니다.**

여기서 우리는 이러한 책임 부정이 실존적 불안과 마주했을 때 어느 정도 보호받는 느낌을 주기도 하지만, 이와 동시에 불평과 고통을 야기하기도 한다는 것을 짐작할 수 있습니다. 그렇지만 메뉴 고르기를 거부해놓고서 자기 앞에 놓인 음식에 대해 불평할 수는 없는 노릇이겠지요. 게다가 의존적 어른은 자기 운명의 주인이 되기를 거부하기 때문에 모든 것을 다른 사람들 혹은 심지어 신, 우연, 행운, 우주, 영혼, 수호천사와 같은 초자연적인 힘에 기대어 자신이 보호받기를 바랍니다.

46세 오스왈드는 택시기사이다. 25살 때부터 아주 심한 공황 발작증을 겪고 있다. "가족들에게, 특히 십 대인 딸아이에게 무슨 일이 생길까 봐 항상 두려워요. 구급차 사이렌 소리만 들리면 딸아이가 떠올라요. 그리고 미칠 것 같은 불안 때문에 비명을 지르고 엉엉 울다가 결국 응급실에 실려 가지요." 오스왈드는 세상과 세상이 주는 위험한 것들과 맞서 '보호의 의식'이라 부르는 주문을 외는 데 상당히 많은 시간을 쏟아 왔다. "신과 우주와 연결된 상태로 있어야 해요. 그래야 신과 우주가 저를 지켜줄 수 있을 테니까요. 그래서 눈을 감고 수차례 반복해서 "신이시여."라고 말합니다. 단단히 깍지를 꼈다가 약간 손가락을 벌려 십자가 모양을 만들지요. 입맞춤을 하고 기를 실은 숨결을 딸아이에게 보내요. 이 의식을 3번 합니다. 호흡을 하면 기가 한데 모이고 이렇게 해서 모인 기는 딸아이에게 전달되어 딸아이를 지켜주지요. 그런 뒤에 머릿속으로 떠올립니다. '무한한 우주의 기운이여, 딸아이가 언제 어디서든 안전하고 건강하도록 힘을 실어주소서.' 이 의식은 자정까지 계속되지요. 만약 딸아이가 집에 들어오지 않거나 외출한 상황이면 이 의식은 자정을 넘겨 그다음 날까지 계속해서 이어져요. 그리고 의식을 하다가 중간에 틀리면 아예 처음부터 새로 시작해야 해요. 이 의식을 하루에 50번까지 한 적도 있어요!"

이 경우에도 다른 때와 마찬가지로 의존적 관계를 맺으려는 의도가 자기 자신과 나머지 사람들 사이의 경계를 모조리 부정하는 데 있음을 잊지 맙시다. 그런데 의존적 어른은 이 과정에서 상당히 위험한 악순환에 빠지고 맙니다. **자신에게 주어진 모든 책임을 다른 사람들에게 떠맡기고 삶을 스스로 통제하려는 생각을 포기하기 때문에, 그저 이런저런 사건들에 가만히 당할 수밖에 없지요. 최악의 상황까지 닥칠 수 있습니다. 이러한 생각만으로 어마어마한 불안감이 생기고 이로 인해 이번에는 어떠한 의식을 행하거나 주술에 빠지는 일을 강박적으로 반복하는 일을 당연시하게 되지요.**

하지만 이런 의식을 행한다고 해서 의존적 어른이 자신을 지배할 수 있는 무엇인가를 혹은 누군가를 계속해서 찾는 일을 멈추는 것은 아닙니다. 대체로 의존적 어른은 가까운 가족이나 친구 중에서 한 사람을 골라 그 사람에게 은연중에 '주 책임자'의 역할을 맡깁니다. 그런데 대부분의 경우에는 이러한 역할을 맡게 된 사람, 즉 부모, 배우자, 자식, 직장 상사 등은 이 역할을 전혀 원하지 않습니다. 바로 의존적 어른이 특정한 타인에게 이 역할을 강제로 부여하고, 그 사람이 이 역할을 어떻게든 계속 이어갈 수 있도록 애쓰는 겁니다. 이를 위해 의존적 어른은 자신이 열등한 자세를 취하는 것을 끊임없이 정당화하고 스스로 '아무것도 아닌' 혹은 '별것 아닌' 존재가 되려고 하는 것이지요.

치료 사례

29세인 마샬은 심각한 자신감 결여 문제로 상담치료를 받고 있다. 마샬은 애프터서비스 부서에서 일하고 있는데, 팀장이 자신을 무시한다고 생각하며 자신이 맡은 책임을 떠올리면 두려움을 느낀다. 무언가 해명해야 할 일이 있으면, 몸을 떨고 말을 더듬어 자신의 목표나 결과를 명확히 설명하지 못한다. 마샬보다 나이가 어린 팀장은 그를 꼭 어린애 대하듯 함부로 야단칠 때도 있다.

마샬은 상담이 시작되고 첫 10분 동안 족히 50여 번 넘게 억지로 웃었다. 상당히 잦은 횟수다. 내가 이러한 사실을 그에게 알려주었더니, 자기는 그런 사실을 전혀 몰랐다고 했다. 그런데 그는 개인적인 생각을 말할 때마다 작게 헛웃음을 냈다. 사실 이것은 무의식적이지만 상당히 의미 있는 웃음이다. 상대방에게 "나는 아무런 가치가 없어요, 내가 하는 말은 전혀 중요하지 않아요."라고 말하는 것처럼 보이기 때문이다.

적어도 직장 내에서 만이라도 이러한 웃음을 자제해보는 연습을 통해 마샬은 타인과 보다 당당히 맞설 수 있게 되었으며, 자신의 입장에 책임을 지고 덜 의존적인 방식으로 대인관계를 형성할 수 있게 되었다. 또한 이 같은 '면책 웃음'으로 자신을 보호하려는 것은 사실상 아무런 소용이 없고, **자신의 의견에 책임을 지면 다른 사람들한테서 훨씬 더 존중받게 된다**

는 것도 깨닫게 되었다. 요컨대 다른 사람들과 구분된 개인으로서 진짜 자신의 모습을 드러내며 가식 없이 대담하게 살아가면 자신감을 갖게 되고, 그 반대의 경우에는 자신감을 가질수 없다는 점을 알게 된 것이다.

난 별거 아니니 관심 두지 마세요

의존적 어른은 자신에게 인격 혹은 사고력, 상식, 신체적 매력이나 특별한 재능이 없다고 생각할 때가 많습니다. 지나치게 겸손한 자세를 보이며, 무조건 다른 사람들이 자기보다 훨씬 뛰어나고 관심과 신뢰를 더 많이 받을 자격이 있다고 주장하지요. 그러면서도 다른 사람들이 결국 자신의 내적 공허함을 알아차리고 자신을 포기하거나 버릴까 봐 두려워합니다. 그래서 사적인 질문들을 회피하려고 하지요. 자신과 관련된 질문에는 아주 짧게 대답하고, 대화의 주제가 상대방에 관한 것이 되도록 질문의 방향을 바꿉니다. 그런데 아이러니하게도 이처럼 회피하려는 태도가 다른 사람들 눈에는 장점으로 비치기도 하지요. 의존적 어른은 주변 사람들에게 사려 깊고 타인의 말에 귀 기울이는 사람처럼 여겨질 때가 많습니다. 하지만 자신은 스스로 전혀 그렇지 않다는 것을 잘 알지요. 실제로 의존적 어른은 항상 한 발 뒤로 물러나 있으려 하고, 이러한 이유에서 끊임없이 자기를 폄하합니다. "나는 아무런 가치가 없어, 난 결점투성이야.", "나는 다른 사람에의 관심을 끌지 못해.", "난 무능해, 제대로 하는 게 없지."

정신장애 판단에 국제적으로 널리 쓰이는 진단체계인 『정신 장애진단 및 통계편람 제5판』에서는 자기비하적인 인격적 특성을 하나의 특별한 유형으로 분류하고 있습니다. 바로 회피성 인격장애입니다. 임상심리학에서는 '가면증후군imposter syndrome'이라 일컫는 인격장애로도 잘 알려져 있지요.

이 편람에 따르면 회피성 인격장애를 진단할 때에는 다음과 같은 진단 기준을 사용합니다.

- 비난받거나 거절당하는 것이 두려워 사회 및 직업활동을 회피한다. 아주 예민하고, 사소한 지적이나 비판에도 쉽게 상처를 입는다.
- 자신이 사랑받는다는 확신이 없으면, 다른 사람과 관계를 맺기 꺼린다.
- 창피를 당하거나 놀림거리가 될까 봐 두려워 친밀한 관계를 맺는 일을 조심스러워 하고 주저한다. 내성적이고, 얌전하며, 타인이 파악하기 쉬운 행동을 취한다.
- 자신의 능력이 못 미친다는 생각 때문에 대인관계를 맺는 상황에서 주눅 든 모습을 보인다. 또한 평범한 상황에서 벌어질 수 있는 위험을 과장해서 생각하려 하고, 안심하려고 애쓰는 모습을 지나치게 드러내려는 성향이 있다.
- 스스로를 사회적으로 무능하거나 매력이 없고, 미숙하며, 다른 사람들보다 열등하다고 생각한다. 특히 모르는 사람들과

마주했을 때 이런 특성이 두드러진다.

- 곤경에 빠지는 일이 두려워 위험을 감수하고 새로운 활동에 뛰어드는 일을 주저한다.

1980년대에 폴린 로즈 클랜스Pauline Rose Clance가 처음 사용한 용어인 가면증후군은 사회적 성공을 이루고서도 여전히 스스로가 무능하다고 생각하고, 설령 자신이 성공했다고 해도 그것이 단지 운이나 다른 사람들의 잘못된 판단으로 이루어진 것이라 생각하는 사람들의 심리를 가리킵니다. 결국 이들은 스스로가 주어진 자리를 사칭하고 있다는 느낌을 받으며, 자신이 쓴 가면이 벗겨질까 봐 늘 두려워합니다. 가면증후군의 진단 기준은 다음과 같습니다.

- 무능력하고 매사에 역부족이라는 생각이 든다.
- 자신의 진가에 대해 다른 사람을 속이고 있다는 느낌이 든다.
- 자신의 성공을 자신과는 무관한 외부적인 요인에 의해 이루어진 것이라고 생각하는 경향이 있다.
- 가면이 벗겨질까 봐 두려워한다.

회피성 인격장애와 가면증후군은 자신의 성공 요인을 자기 자신이 아닌 다른 곳에서 찾는 일부 사람들의 성향을 나타냅니다. 그런데 이러한 면은 의존적 어른에게서도 상당히 두드러지게 나타나는데, 이는 당연한 현상입니다. 의존적 어른은 항상 자신을 숨기고자 하며 자기를 비하할 뿐 아니라 방어적이고 스스로를 안심시키는 착각을 만들어내어 삶에 실제로 뛰어들지 않고 자신의 책임을 타인에게 전가하려는 성향이 있기 때문입니다. 그러나 이러한 방어적 태세의 대가는 큽니다. 지나칠 정도의 자기비하는 자기혐오로 이어지니까요.

자기혐오

여기에서 말하는 '혐오'는 자기 자신에 대한 '두려움' 즉 자신의 존재를 알아차리는 것에 대한 두려움과 '거부' 즉 자기를 사랑하지 못하는 것의 뜻으로 해석해야 합니다.

자기 자신에 대한 두려움은 주목을 받는 것에 대한 우려와 연관 지을 수 있습니다. 즉, 이번에도 삶에 직접 뛰어들어 그 안에서 자신의 존재가 드러나는 것에 대한 두려움인 것이지요. 개인으로서의 자기 존재를 부정하려는 것입니다. 이러한 이유로 자신의 모습을 거울에 비추고, 사진에 담거나, 다른 사람들이 자신에게 주목하는 것을 진심으로 질색합니다. 그러니까 의존적 어른은 자기 자신과 직접적으로 마주하도록 만드는 모든 것을 혐오하는 셈이지요.

자기 자신에 대한 거부는 스스로에 대한 철저한 불인정과 매정함으로 나타납니다. 그렇기 때문에 의존적 어른은 진심으로 자신을 경멸하고, 끊임없이 자기를 비하하며, 자신의 모든 긍정적인 가치를 애써 없애려 합니다. 그리고 "나는 어떠하다."라고 말하기보다 "나는 그렇지 않다."라고 주장하려고 하지요. 이러한 자세는 매우 다양한 방식으로 드러납니다. 자신이 다른 사람보다 못하다는 자괴감에서 나오는 다른 사람들 뒤로 물러나 있기, 자신의 외모가 매력적이지 않다는 자괴감에서 나오는 시선회피, 움츠린 어깨, 얼굴 붉힘, 어색한 제스처가 있습니다. 또, 후회, 억지스러움, 우울함, 멍한 태도, 비틀거림, 주저함, 경직, 부끄러워함, 체념한 태도 등을 예로 들 수 있지요. 하지만 어떤 방식이든지 간에 결국 중요한 의도는 자신을 무가치하거나 하찮은 존재로 보이도록 하는 겁니다.

문제는 이와 같은 자기비하의 마음이 자신을 향한 공격성으로 표출될 때, 거울 앞에 서서 자신을 향해 공격적인 제스처를 취하고 욕설을 하는 수준에서 그치지 않는다는 점입니다. 건강과 신체에 큰 영향을 줄 수 있는 자기 파괴적인 행동까지도 적극적으로 행하지요.

자해 행위

앙셀름은 철학에 소질을 보이는 19세의 온화하고 상냥한 청년이다. 하지만 어느 순간부터 다분히 폭력적인 이상한 생각에 사로잡혀, 이에 대한 걱정으로 학업을 중단할 위기에까지 처했다. "저는 제 몸이 싫어요, 예전부터 제 몸이 늘 부끄러웠어요. 지난 주말에는 손에 있는 살갗을 손톱깎이로 벗겨냈어요. 제정신이 아니었죠. 손톱을 물어뜯을 때도 많아요. 미친

사람 같은 생각들이 떠오를 때도 많아요. 다리가 절단된 모습을 보고 싶다는 생각을 한 적도 있어요. 할 수 있는 만큼 최대한 몸에서 쓸데없는 부분을 잘라내고 싶은 마음이었던 것 같아요. 내 몸에 거추장스러운 부분이 지나치게 많다는 느낌이 들어요."

자해는 할퀴고, 화상을 입히고, 베고, 긁어내고, 뽑고, 때리고, 독극물을 섭취하는 등의 방식으로 자기 자신에게 상처를 입히는 행위를 가리킵니다. 주변에서 눈치채기 어려운 자해 방식도 있습니다. 예컨대 피부를 강박적으로 긁거나, 손톱을 물어뜯는 습관, 아니면 머리카락 및 체모를 뽑고 싶은 욕구를 억누르지 못하고 행하는 것입니다. 이보다 심한 방식은 살갗을 베어 내거나 실제로 상처를 내는 다른 여러 가지가 있습니다. 게다가 일상 속에서 명확한 이유 없이 벌어지는 일부 사고들 역시 자해 욕구를 실현시키려는 시도라고 볼 수 있습니다. 이러한 이유로 의존적 어른은 스스로 가구나 문, 벽, 다른 사람들에게 부딪칠 때가 많지요. 또한 끊임없이 비틀거리고 쓰러지거나 베입니다. 요컨대 멍이나 혹, 긁힌 상처가 나지 않는 날이 하루도 없지요.

물론 이러한 행위들은 대체로 충동적이고 몹시 초조해하는 성격에서 비롯된 결과일 수도 있겠지요. 하지만 이러한 행위가 계속해서 반복된다면 이 안에는 정말로 자기를 폄하하거나 자신을 망치려는 마음도 있다고 봐야 하지 않을까요?

병들고 싶은 욕구

의존적 어른 중에는 자신이 사고가 나거나 병에 걸려 병원에 입원하는 모습을 수시로 상상하는 것을 즐기는 사람들이 많습니다. 어떤 사람들은 심지어 자신이 병에 걸리거나 사고를 당하면 이론의 여지가 없는 희생자가 될 수 있어서, 타인에게 의존하는 관계 역시 정당화할 수 있을 거라고 분명히 고백하기도 하지요. 병원에서는 모든 책임을 완전히 주변 사람들에게 넘길 수 있으니까요. 더 이상 자기의 무고함을 증명하고, 삶의 의미에 관해 고민할 필요도, 그 어떤 것도 증명할 필요가 없게 되는 겁니다.

그런데 이들 중 신체적 혹은 정신적 중병 혹은 사고를 단순히 꿈꾸는 것에 그치지 않는 사람들도 있습니다. 서슴없이 행동으로 옮기지요. 이처럼 모든 책임을 부정하기 위해 '정신을 놓아버린' 사람들을 어빈 얄롬은 이렇게 설명합니다. "일부 환자들은 일시적으로 비이성적인 상태에서 무책임한 행동을 보인다. 오직 자기 자신에 관한 문제에 있어서도 자신의 행동에 책임지지 않기 위해서다." 또한 그는 임상실험을 통해 이 같은 자제력 상실은 '전혀 무절제하게 일어나는 것이 아니라, 충분히 고민한 끝에 이루어지는 상태'라고 설명했습니다. 다수의 심리치료사가 이러한 현상을 직접 확인하기도 합니다. 실제로 의존적 관계를 맺으려는 환자는 심리상담을 중지할 때가 있습니다. 또 이사, 이별, 죽음과 같은 가족들과의 관계 단절이 이루어질 때 공황발작이나 일과성 정신착란증을 보일 때가 많습니다. 이 환자들은 사실상 자신의 책임을 거부하는 행동을 통해, 결국 다른 사람이 자신의 존재에 대한 책임을 지도록 강요하려는 것이지요. 이러한 증상은 '뮌하우젠 증후군Münchausen syndrome'을 연상시킵니다. 해당 증후군을 겪는 환자는 병을 가장해 타인에게 사랑과 관심, 동정심을 받고 싶은 심각한 욕구를 가지고 있습니다.

뮌하우젠 증후군은 "신체적 혹은 정신적인 병적 증상 혹은 증세를 의도적으로 가장해 꾸며내는 것"을 말합니다. 해당 정신질환을 겪는 환자들은 의사 앞에서 신체적 고통 및 상해를 호소합니다. 그런데 스스로에게 고의로 출혈을 일으키고, 긁고, 화상을 입히거나, 음독을 시도하고, 전염성 물질을 주입하는 등의 방식을 통해 자해를 했다는 이야기는 쏙 빼놓지요. 어떤 경우에는 정신병 발작인 이성 상실을 가장하거나, 경련 발작이나 다른 보편적인 발작 증세를 흉내 내기도 합니다. 이 환자들은 정기적으로 스스로 입원하기에 이르고, 심지어 전혀 필요 없는 외과적 수술을 습관적으로 받기까지 합니다. 치아 발치, 척추 수술, 자궁이나 다른 장기 혹은 장기의 일부 절제를 예로 들 수 있지요. 이러한 행위는 당연히 심각한 후유증을 초래하고, 때때로 환자를 죽음에 이르게 하기도 합니다.

정신의학 관련 자료에서는 희귀하고 제대로 알려진 바가 없는 뮌하우젠 증후군에 대해 자기 현시욕 정도로만 설명하고 있습니다. 하지만 실존주의 심리학적 관점에서 보면 의존적 관계 맺기와 타인의 보살핌을 받고 싶은 발작성 욕구로 이해될 수도 있습니다. 게다가 의존적인 요소는 해당 증후군의 이형인 '타인에게 투사하는 뮌하우젠 증후군'을 통해 뚜렷하게 드러납니다.

이 정신질환에 걸린 환자는(엄마인 경우가 많습니다) 자해하는 대신, 자신의 아이에게 음독, 칼로 베기, 구타, 질식 등등의 상처를 가해 아이가 병원 치료를 받도록 합니다. 이 아이는 심각한 상처를 입어 장애인이 되거나 목숨을 잃기도 합니다. 이처럼 특히 비극적이고 충격적인 일이 일어나는 이유는 엄마가 아이와 완전한 의존적 결합을 이루며, 아이를 자기 신체의 연장 정도로 여기기 때문입니다. 그런데도 엄마 눈에는 의존적 결합이 여전히 불충분한 것처럼 보입니다. 엄마는 계속해서 의료 기관의 보살핌을 받으며 의사의 뜻에 따르려고 노력함으로써 자신에게 주어진 책임을 내려놓은 느낌을 받고 싶으니까요.

앞서 말한 학대의 수준에 이르지는 않더라도 **의존적 어른 역시, 실제로 혹은 비유적으로 자기를 폄하하고 자해하려고 하는 등 온갖 수단을 써서 자신의 가치를 떨어뜨리려고 애씁니다. 이를 통해 의존적 어른은 다른 사람들이 자신을 보살펴주기를 바라면서, 한편으로는 또 이러한 보살핌이 영원할 거라는 것을 확인하려고 하지요.** 그렇기 때문에 의존적 어른 입장에서는 자신을 다시 일어설 수 있게 하고, 자신의 가치를 회복시키며, 자신에게 장점을 다시 부여할 수 있도록 하는 모든 시도가 실패하도록 만드는 것이 중요합니다. 의존적 어른은 자신의 상태가 호전되면 분명히 내려놓고 싶은 책임들을 또다시 떠안아야 한다는 것을 잘 알기 때문입니다.

신경과민 문제

의존적 어른에게는 신경과민 문제도 더해집니다. 이들은 자기에게 적대적이라고 느낀 말이나 행동에 쉽게 상처받고 감정이 상합니다. 자기를 비하하려고 어떻게든 애쓰는 사람의 증상이라 하기에는 뭔가 이상해 보이기도 합니다. 과연 이러한 모순은 어떻게 설명하면 될까요?

심리학자들은 신경과민의 유형을 세 가지로 구별합니다. 자존감이 특히 약한 소심한 유형, 자신의 우월성을 확신하고 다른 사람의 비판을 용납하지 못하는 유형, 마지막으로 모든 부정적인 발언을 공격의 증거로 해석하는 피해망상적인 유형이 있습니다.

그렇다면 의존적 어른의 신경과민은 어떤 유형일까요? 이 질문에 답을 내리려면, 스스로를 과소평가하는 것과 타인에게 무시를 당하는 것은 완전히 다르다는 점을 주목해야만 합니다. 의존적 어른이 자신을 과소평가할 때에는 자신의 존재 가치를 낮추려고 합니다. 반대로 다른 사람들이 자신을 비판하면, 그들이 하는 말을 자신의 존재 혹은 모습과 관련된 것이 아니라 무조건 관계와 연관 지어 해석하지요. 그렇다 보니 타인에게서 비롯된 모든 비난이 관계를 약화시키는 것처럼 들리고, 결국 자신을 돌보지 않겠다는 협박처럼 들립니다.

치료 사례

52세 솔랑주의 이야기이다. "스스로 거울을 볼 때마다 이런 생각을 해요. '도대체 나처럼 못생긴 사람을 누가 사랑할 수 있을까?' 제 머릿결은 엉망이에요. 전 제 머릿결과 얼굴에 대한 콤플렉스가 커요. 거울 앞에 서면 절로 얼굴이 찌뿌려져요. 못생긴 늙은이가 다 있네 하면서요. 자신감이 바닥이에요. 사람들에게 스스로를 형편없는 사람이라고 늘 얘기해요. 그래서 다른 이들의 시선에서 도망치지요. 심지어 가족들에게 이런 말도 했어요. 내가 죽었을 때 사람들이 나를 쳐다보는 게 싫다고, 죽어서는 더 이상 고개를 돌려 사람들의 시선을 피할 수 없으니까 라고요." 여기에서 우리는 의존적 괴롭힘은 항상 자기 자신에게서부터 시작한다는 것을 알 수 있다.

솔랑주는 상담실 벽에 걸린 거울만 보고도 혐오감에 뒤로 물러섰다. 그럼에도 불구하고 그녀는 스스로 자신의 모습과 마주하는 법을 배우겠다고 했다. 실존적 관점에서 지금 그녀에게 중요한 것은 자신의 존재를 부정하지 않고 인정하는 일이라는 것을 받아들인 것이다. 그녀가 일상생활 속에서, 직장에서, 거리에서, 버스 안에서 훈련할 수 있는 것은 바로 자신에 대해 자비심을 가지는 연습이었다. 그저 거울을 보고 스스로에게 내뱉는 모든 욕설이나 적대적인 제스처를 멈추고 다른 사람들의 시선을 감내하는 연습을 했다. 이렇게 하면서 타인과 의존적 관계를 맺으려는 욕구를 줄이려고 애쓰며, 정서적 의존에서 벗어나기 위한 첫걸음을 내디뎠다.

사라지고 싶은 유혹

내적 공허감과 무료함

한 남자가 의사를 만나 이렇게 얘기했다. "선생님, 최대한 오래 살려면 무엇을 해야 하는지 정말 알고 싶어요." 그러자 의사가 대답했다. "간단해요. 소식을 하시고요, 당류와 지방을 섭취하지 말고 지금부터 술과 성관계를 끊기만 하면 됩니다." 그 남자는 다시 물었다. "그렇게만 하면 수명이 늘어나나요?" 그 질문에 대한 의사의 대답은 이랬다. "그건 아니고요. 대신 삶이 정말로 엄청나게 길게 느껴지겠지요."

남의 이목을 끌지 않기 위해 물러나 있고, 자신을 드러내는 모든 것을 거부하며, 긍정적인 가치를 모조리 없애는 데 열중하다 보면, 스스로가 존재할 이유도 해야 할 것도 없다는 권태감이 생기는 게 당연합니다. 그래서 모든 의존적 어른에게서 극도의 권태감이 혼재한 내적 공허감이 드러납니다. 이들은 관심사도 앞으로의 계획도 없고, 새로운 것을 접해도 금방 싫증을 느끼고 말지요. 의존적 어른은 카페에 앉아 책을 읽거나 전시를 관람하는 등의 시간에서 전혀 즐거움을 느끼지 못합니다. 심지어 친구들을 만난 자리에서도 다른 사람들 이야기를 듣는 둥 마는 둥 합니다. 그 자리에 있으면서, 동시에 없기도 한 상태이니까요. 제대로 정신을 집중할 필요가 전혀 없는 그저 '시간 때우기용' 활동을 합니다. 예컨대 TV를 보거나, SNS를 하거나, 소파에 누워 멍하니 생각에 잠기거나 하는 식이지요. 이렇다 보니 남들이 보기에는 의존적 어른이 겉도는 것처럼 보입니다. 그래서 의존적 어른으로 하여금 독서나 이런저런 활동을 통해 무언가를 배우도록 부추기거나 삶의 계획을 세울 수 있도록 이끌어보려 하지만, 의존적 어른은 무기력함에서 빠져나올 줄을 모릅니다.

의존적 어른의 모순적 딜레마가 바로 여기에 있습니다. 한쪽에서는 자신이 존재하지 않고 삶과 마주하지 않도록 하는 내적 공허감을 스스로 만들어내고, 또 다른 쪽에서는 이러한 깊은 공허감이 결국 일상 속에서 고통스러울 정도로 심한 무료함을 야기하고 마는 겁니다. 사실 의존적 어른은 자신이 느끼는 무료함이 필연적으로 뒤로 물러나 조용히 살려는 의지를 꺾으며, 자신의 존재를 스스로 인식하도록 만든다는 사실을 알고 있습니다. 그래서 음식에 집착한다든지, 과속 운전을 하거나 심지어 범죄를 저지르는 등의 강하고 즉각적인 감각을 추구합니다. 또한 술, 마약, 수면제 등의 강력한 진정제를 찾지요.

이와 동시에 대인관계를 자기 자신을 잊게 만드는 손쉬운 도구 정도로 간주합니다. 이러한 욕구로 인해 의존적 어른이 맺는 모든 대인관계는 피상적인 성격을 띠게 되지요. 그런데 문제는 이처럼 대인관계를 수단으로 사용해도 끝끝내 자신의 끔찍한 내적 공허감을 메우지는 못한다는 것입니다. 그렇다 보니 자신을 사라지게 하려는 시도가 극단적인 형태로 나타날 위험이 있습니다.

의존적 자살

의존적 어른에게 자살로 인한 죽음은 세상에서 뒤로 물러나는 것과 같은 의미입니다. 즉 조용히 살아가고자 하는 시도가 극에 달한 것이라 할 수 있지요. 그렇지만 이들은 죽음을 결코 완전하고 결정적인 자아 소멸로 여기지 않는다는 점을 분명히 짚고 넘어가야 합니다. 모든 의존적 어른은 죽음이란 돌이킬 수 없는 것임을 잘 알면서도, 막상 죽고 싶다는 생각을 하는 순간에는 죽음이 지닌 궁극적인 끝이라는 성질을 부인하지요. 의존적 어른에게 죽음이란 존재한다는 사실과 근본적인 단절을 이루는 게 아니라, 오히려 일종의 심한 마비 상태 혹은 현재 진행 중인 삶을 잠깐 멈추는 정도인 셈입니다. 어떤 경우에도 자살은 그들에게 자아 소멸의 진정한 방안이 되지 않습니다.

그렇기 때문에 만약 의존적 어른이 자기만의 인생을 살아가기를 거부한다면, 죽는 것 또한 거부한다는 것을 알 수 있습니다. 그렇다고 해서 의존적 어른이 행하는 자살 협박이나 자살 기도를 가볍게 여겨도 된다는 뜻은 아닙니다. 충동적 성격으로 인해 언제든지 불시에 행동으로 옮길 수도 있으니까요. 혹은 이들은 스스로가 자신의 행동에 책임이 없다고 믿고 있으니까요. 실제로 이들은 자살 협박을 하며 자살행위의 책임을 다른 사람에게 전가합니다. 의존적 어른의 주변 사람들은 "이건 당신 잘못이야!"라는 말을 자주 듣곤 하지요. 이것은 지배적으로 다른 사람과 의존적 관계를 맺으려는 최후의 시도라고 볼 수 있습니다. 그러므로 앞서 언급한 것처럼 다음과 같은 점에 특히 세심하게 주의를 기울여야 합니다. 대부분의 의존적 어른은 다른 사람이 자신의 행동에 대신 책임을 질 거라는 확신이 들 때만 자살 기도를 합니다. 그러니까 조력자는 항상 이러한 책임 전가를 무조건 거절하고, 책임을 아주 분명한 태도로 의존적 어른에게 되돌려주는 것이 좋습니다. 이들은 그 일이 자기 선택이라는 것을 깨닫는다면 대체로 실행에 옮기지 못하기 때문이죠.

8장

나 혼자
아무리 잘해도
그는 제자리인 이유

대부분의 의존적 어른들은 스스로를 항상 에너지가 낮고, 어떤 일을 자발적인 행동으로 옮기거나 새로운 일에 뛰어들지 못하는 피곤한 모습으로 그려냅니다. "아무것도 못하는 바보가 된 것 같아요. 계획이라고는 없이 살아가는 것 같고, 늘 제자리에 머물러 있어요.", "무슨 일이든 실제로 하려면 너무 고통스러워요. 제가 원하는 건 오직 자는 거예요."

멈춰버린 삶

최근의 연구 결과에 따르면 이러한 어려움을 호소하는 사람들은 지금껏 거의 알려지지 않은 '과소행동장애hypoactivity'를 겪고 있다고 볼 수 있습니다. 해당 장애는 과다행동장애와 정반대의 모습을 보이는 것으로 그 특징은 다음과 같습니다.

- 불분명한 정신 상태, 아무런 맥락 없이 별 의미 없는 생각들이 떠오름
- 백일몽에 빠져 있는 시간이 많음. 멍한 상태로 있으려고 함
- 한 가지에 집중하기 어려움
- 결정을 내리기 어려움

- 진취적인 삶을 살아가지 못함
- 삶에 대한 일반적인 흥미 부족
- 목표를 세우기 어려움
- 잦은 태만
- 에너지 부족, 스스로 움직이기 어려움

심리학자 중에는 이러한 증상들이 주의력결핍장애 혹은 일부 전문가들이 '인지 속도 저하'라고 부르는 것과 관련이 있다고 말하는 이들도 있습니다. 게다가 이들은 과소행동 혹은 인지 속도 저하가 역설적으로 하나로 정리하기 힘들 정도의 지나치게 활발한 뇌 활동에서 기인한다는 사실을 밝혔습니다. 과소행동장애를 보이는 사람들은 사실 자신의 여러 가지 생각과 감정에 예민하기 때문에, 어떻게 보면 과다행동장애를 보인다고 말할 수 있겠지요. 단지 '내면적'으로만 말입니다.

이 같은 증상은 행동을 거부해 삶과 과감히 맞서는 경우가 없도록 하는 특정한 실존적 입장에도 해당됩니다. 존재한다는 것은 무엇보다 세상과 자아에 영향을 주는 것임에 틀림없습니다. 그런데 의존적 어른은 이미 성장을 거부하고 자신의 존재를 분명히 드러내기를 거부하는 사람이기에, 실존적 불안과 마주하면 자신에게 책임을 지울 수 있는 일들을 아무것도 하지 않으려고 하지요. 결국 이들은 어떻게 해서든지 자신의 삶이 '잠시 멈추도

---

* 과소행동장애는 현재 주의력결핍 과잉 행동장애ADHD의 하위유형에 속합니다.

록' 애씁니다. 모든 결정을 회피하고, 해야 할 일을 무조건 뒤로 미루며, 자신의 모든 자율성에 찬물을 끼얹었습니다.

누가 나 대신 결정 좀 해줘

앞서 언급한 것처럼 의존적 어른은 다른 사람의 지시와 허락, 충고를 무조건 따르려 합니다. 자기 스스로 행동하지 않고, 마치 외부의 뜻에 의해 움직인 것처럼 하려는 것이지요. 이를 위해 의존적 어른은 자신의 책임을 남에게 자꾸만 떠넘기려고 합니다.

책임 전가

자신의 책임을 전가한다는 것은 다른 사람에게 책임을 지워, 결국 상대방이 자기를 위해 대신 어떤 일을 선택하도록 하는 겁니다. 의존적 어른은 이렇게 함으로써 자기 스스로 어떤 행위를 하는 것을 거부하고, 또한 자신을 다른 사람들과 분리된 개별적인 존재로 여기는 것 또한 거부합니다. 그래서 스스로 특별한 욕망이나 욕구, 기호를 가지는 것을 피하지요. 이러한 것들을 가지면, 자기 자신을 위해 행동하게 되고 결국 존재에 관한 불안과 맞서야 하니까요. 그렇기 때문에 항상 자신보다 더 나은 판단을 하고 훨씬 능력이 뛰어나다고 여기는 다른 사람들에게 자신을 맡기는 겁니다. 디저트를 고를 때, 옷을 살 때, 직업을 고를 때, 심지어 평생의 배우자를 고를 때에도 이들은 의례 자신이 의존하는 사람이 하는 결정을 따르고 그들의 행동을 그대로 모방하지요.

물론 이렇게 하는 데에는 역시나 대가가 따릅니다. 타인을 추종하고 그들에게 그 대가로 다른 사람이 자신을 위해 한 선택이 좋든 나쁘든 간에 무조건 받아들여야 하지요. 또한 자기 것이 아닌 삶을 살아야만 합니다. 진정으로 자기에게 맞지 않는 삶이라는 것을 알면서도 말입니다. 하지만 한편으로는 어쩔 도리가 없다고 생각하지요. 행동의 자유를 스스로 인정하지 않으려 한다는 게 더 정확한 말이겠지요. 이들은 속으로 자기 자신의 욕구나 욕망이 느껴지면 이러한 것들이 자기 자신의 것이 아닌 것처럼 행동합니다. 다음과 같은 표현을 남용하지요. "나도 어쩔 수 없었어.", "일부러 그런 게 아니야.", "내가 왜 그랬는지 모르겠어.", "무턱대고 고른 거야.", "이렇게 하려고 했던 게 아닌데."

강박적 행동

앞서 성장 거부에 관해 설명한 장에서 충동적이고, 무계획적이며, 결과를 전혀 고려하지 않고 이루어지는 행동을 다루었지요. 그런데 충동적 성격과 강박을 서로 혼동하면 안 됩니다.

강박은 '강박적 사고 혹은 스스로 엄격히 지켜야만 하는 특정한 규칙을 따라 어떤 행동을 반복적으로 하게 되는 것'을 말합니다. 정신장애 분류 기준에 따르면 강박적 행동은 강박적 사고와 더불어 '강박성 인격장애obsessive-compulsive personality disorder'로 분류됩니다. 전형적인 강박적 행동으로는 손 씻기, 청소하기, 정리하기, 숫자 세기, 온갖 종류의 물건을 수집하기 등이 있지요. 의존적 어른이라고 해서 반드시 강박성 인격장애를 겪는 것은 아니지만 어쨌든 전형적인 강박적 행동과 유사한 행동을 하기도 합니다. 또한 어떤 면에서는 이러한 행동을 강박적 행동의 전조라고 볼 수 있지요. 실제로 의존적 어른들은 정해진 규칙과 습관뿐만 아니라, 자신이 어길 수 없다고 생각하는 관습을 무조건 따르는 경우가 많습니다. 결국 이들은 자기 스스로 제대로 된 결정을 내리지 못하는 사람들이니까요.

27세 위베르의 이야기는 이렇다. "집에 돌아오면 낮은 탁자에 열쇠와 휴대폰을 차례로 올려놓은 뒤 재킷을 정리해요. 다시 거실로 나와서는 TV를 먼저 켜고, 화장실에 갔다가 부엌으로 가지요. 항상 똑같은 순서로요. 제가 보내는 시간과 동선을 나름 최적화하는데도 이 모든 일을 하는 데 저녁 내내 시간이 걸려요. 저는 스스로 '블록'이라 이름 붙인 것을 가지고 있어요. 말하자면 생활의 작은 부분과 같은 것인데, 이 안에서만큼은 제가 무엇을 해야 하는지 정확히 알지요. 그래서 저는 항상 시계를 보며 이러한 블록들을 지키려고 합니다. 식사 블록, 컴퓨터 블록, TV 블록과 같은 식으로요. 제 모습을 영상으로 찍는다면, 서로 다른 날 저녁 시간의 장면들을 찍어도 완벽히 겹쳐질 겁니다."

이러한 강박적 행동은 그 사람을 꼭 기계처럼 보이게 하지요.

이것은 자신이 가질 수 있는 자유의 여지를 스스로 완전히 부정하기 위해 흔히 사용하는 방식입니다. 강박적 행동은 어떤 형태의 인간 활동으로든 나타날 수 있습니다. 그렇지만 의존적 어른은 자의식을 최소한의 수준으로만 유지하기 위해, 즉 더 이상 결정할 필요도 심지어 스스로의 행동을 의식할 필요도 없는 상태를 위해 어쩔 수 없이 강박적 행동을 선택하는 것처럼 보입니다.

의존적 어른의 강박적 행동도 결국 수많은 활동 혹은 흥분 상태로 이어지는 것은 마찬가지입니다만, 의도 측면에서 생각해보면 명백히 다릅니다. 의존적 어른은 행동하는 것이 아니라, 오히려 행동과 동선, 움직임에 자신의 몸이 실리도록 내버려 두는 셈이지요. 이들은 하루 종일 이런저런 일들을 하면서도 자기를 자율적인 사람이기보다 타율적인 사람이라고 생각합니다.

이타적인 모습의 실체

어째서 의존적 어른의 눈에는 살아가면서 취해야 하는 여러 행동이 그토록 불안하게 느껴지는 걸까요? 29세 환자 루는 저에게 자신이 느끼는 실존적 불안들을 설명하려다가 하루는 다음과 같은 글로 속마음을 털어놓았습니다. 자신이 삶을 바라보는 방식을 실로 놀라운 비유를 사용해 설명해놓았지요.

"제 눈앞에 탄력 있고 단단한 나무로 만들어진 다리 하나가 그려집니다. 다리 주변으로 절경이 펼쳐지고 폭포도 떨어지지요. 그 아래로 골짜기가 있어요. 다리의 난간은 너무나 약하고, 듬성듬성 이어져 있어요. 난간을 건드리면 안 돼요. 제 옆으로는 그 다리를 아무 일 아니라는 듯 평화롭게 먼저 건너는 사람들이 있지요. 하지만 저는 다리의 난간이 가짜라서 어느 순간 떨어질 수도 있다는 것을 직감해요. 저는 분명히 알아요. 그래서 멈춰 섭니다. 허공에 서 있는 일은 힘들어요. 다리의 끝도 보이지 않고요. 유일한 방법은 바닥에 엎드려, 다리 위를 포복하며 최소한의 움직임으로 건너는 겁니다. 그러다 보면 화가 치밀어 올라요. 그런 식으로 기어 다니며 평생을 보낸다는 건 정말 우스운 일이니까요."

루는 의도치 않게 실존적 불안에 대해, 19세기 러시아를 대표하는 위대한 작가 겸 사상가인 톨스토이Leo Tolstoy가 『고백록 Исповѣдь』에서 쓴 것과 상당히 유사한 비유를 합니다. 톨스토이는 삶의 의미에 관해 자문하는 유명한 구절 안에 인간 실존의 부조리를 인상적인 방식으로 집약해 놓은 동양우화를 소개해 놓았지요.

나는 내가 살면서 행한 어떤 행동에도 마땅한 의미를 부여할 수 없었다.

그저 어째서 애초부터 이것을 깨닫지 못했는지 놀라울 따름이었다.

속으로 생각했다. 이 모든 걸 아주 오래전부터 세상 사람 모두가 알고 있었겠지! 만약 이제 알았다면 내일이면 사랑하는 사람들과 내게 병과 죽음이 찾아오고(병은 이미 찾아왔다), 이 세상에 남은 것은 타락과 구더기뿐이겠지. 어떤 행동을 하든지 간에 내가 하는 행동들은 조만간 잊히고 나는 더 이상 존재하지 않겠지. 그런데 무엇 하러 작별 인사를 고하는가? [중략]

정말 오래전부터 전해 내려오는 동양 우화에서 사막을 지나던 나그네가 성난 짐승에게 붙잡힌다.

나그네는 맹수에게서 간신히 탈출해 물이 없는 우물로 뛰어든다. 그런데 우물 바닥에는 용 한 마리가 입을 쩍 벌리고 나그네를 잡아먹으려고 했다. 불행한 나그네는 맹수의 먹이가 될까 봐 다시 우물 밖으로 나오지도 못하고, 용에게 잡아먹히기 싫어서 바닥으로 뛰어내리지도 못한 채, 우물 벽을 타고 올라가는 야생 덤불 가지에 매달렸다. 붙잡은 손에 힘이 빠지고 곧 떨어져 죽을 것을 직감했다. 그러면서도 계속해서 악착같이 매달려 있는데, 위를 보니 하나는 까맣고 또 하나는 하얀 쥐 두 마리가 자신이 매달린 덤불 줄기를 갉아먹고 있는 모습이 눈에 들어왔다.

이 모습을 본 나그네는 이제 별수 없이 죽을 운명이라고 생각했다. 하지만 이렇게 매달려 있는 동안에도 나그네는 주위를 두리번거리다가 덤불에 난 이파리에 꿀 몇 방울이 달려 있는 것을 발견했다. 그는 혀를 쭉 내밀어 기분 좋게 꿀을 빨아먹었다.

나는 이렇게 죽음의 용이 필연적으로 나를 기다렸다가 잡아

먹고 말 것이라는 것을 알면서 삶의 가지에 매달려 있다. 내가 왜 이런 고통을 당해야 하는지 도무지 알 수가 없다. 그래도 예전에 나를 위로해주었던 꿀을 빨아먹겠다고 애써 보지만, 더 이상 꿀을 먹어도 기쁘지가 않고, 까만 쥐와 하얀 쥐는 밤낮으로 내가 매달린 가지를 갉아먹고 있다. 내 눈에 들어오는 것은 오직 피할 수 없는 용과 쥐들뿐이다. 그것들에게서 시선을 돌릴 수가 없다.

이것은 우화가 아니라 모두가 이해할 수 있는 명백한 진리다.

지나간 삶에서 느낀 기쁨이 내 감정을 속이며 용을 향한 두려움을 억누르도록 했지만, 이젠 더 이상 통하지 않는다. 내게 이렇게 얘기해도 소용없다. "제아무리 애써도 삶의 의미를 깨닫지 못할 거야. 고민하지 말고 그냥 살아!" 아니, 난 그렇게 할 수 없다. 이미 아주 오래전에 그렇게 해 보았으니까. 이제는 세월이 빠르게 흘러 나를 죽음으로 데려가는 모습을 못 본 척할 수 없다.

이 세상에 놓인 자신의 끔찍한 처지를 분명히 알고 움직임을 최소화해서 이러한 상황을 모면해야 한다고 생각하는 의존적 어른과 맹수와 용 사이에서 이도 저도 하지 못하고 우물 벽에 매달려 있는 주인공이 어딘가 닮아 있지 않나요?

책임지지 않는 보조적 역할

행동을 회피하는 가장 좋은 방법은 바로 다른 사람들이 자기 대신 행동하도록 부추기는 것이라는 사실은 그리 오랜 시간 고민하지 않아도 알 수 있습니다. 의존적 어른은 그렇게 하기 위해

줄곧 온 신경을 쏟습니다. 어떤 땐 진짜로 자기 자신을 위해 스스로 행동하는 것처럼 느껴질 정도입니다. 하지만 한 발 뒤로 물러나 보조 및 관객 역할을 하며 대리인을 내세워 행동하지요. 이런 태도를 취하면, 즉각적으로 얻게 되는 이점들이 몇 가지 있습니다. 무엇보다 타인에게 의존한다는 느낌을 받을 수 있습니다. 그러면서 자기 인생의 장면에 최대한 적게 출연할 수 있고, 극도의 우울함을 잠시 달랠 수도 있지요. 여기에 더해 타인을 도우려는 모습이 다른 사람들 눈에 너그럽고 이타적이며 헌신적인 사람으로 비치는 효과도 있을 겁니다. 물론 의존적 어른 본인은 스스로가 전혀 그렇지 않다는 것을 알고 있겠지만요.

어쨌든 의존적 어른은 자기 스스로 행동하는 일이 아예 없거나 혹은 극히 드뭅니다. 이들은 코치나 보조 역할을 하는 직업을 꿈꿀 때가 많습니다. 직접적으로 활동에 뛰어드는 것을 거부하며, 특히 다른 사람들이 자기 대신 어떤 행동을 하게 만드는 데 탁월한 능력이 있다고 생각하지요. 반면 자신의 계획을 실현하는 일은 극히 드물 수밖에 없습니다. 행동을 회피하다 보면 모든 일을 한없이 미루려는 성향 또한 뒤따르기 때문이지요.

일을 뒤로 미루는 성향

의존적 어른은 지나간 일도 다가올 일도 신경 쓰지 않습니다. 그런데 어째서 끊임없이 모든 일을 뒤로 미루는 걸까요? 모순적인 면이 명백히 드러납니다. 이들이 '나중에 해야지'라고 생각하는 건 솔직히 새빨간 거짓말이지요. 여기서 말하는 '나중'은 실제로 상상으로만 존재하는 '다른 곳'에 자리 잡은, 부정적 의미의 '절대로'이니까요.

그러니까 의존적 어른에게서 나타나는 질질 끄는 버릇은 나중으로 미루기 위함이 아니라, 모든 계획과 활동을 무력화하기 위함입니다. 의존적 어른은 이 같은 태도를 다양한 방식으로 정당화합니다. 대표적인 방식이 바로 "아직 준비가 안 됐어."라는 말을 계속 되풀이하는 겁니다. 이렇게 절대 해내지 못할 일을 준비만 하며 평생을 지낼 수 있는 것이지요. 예컨대 소설의 첫 부분만 계속해서 쓰고, 결코 학업을 끝내지 못하는 등 어떤 것도 마무리해내는 법이 없습니다. 이런저런 일을 해보고 싶다는 뜻만 내비치며 말입니다. **그러다 보면 결국 어떤 일의 처음 혹은 일부분만을 건드리는 것으로 끝나고 말지요. 말하자면 절대 무대에 등장하지 않은 채 모든 일을 보류해 놓고, 가능성만 보며 살아가는 겁니다.** 더구나 이와 관련해 연극 무대를 비유로 드는 것은 아주 적절합니다. 의존적 어른은 행동을 회피하며 어떻게든 '인생의 무대 뒤'에 머무르려고 애쓰니까요. 또한 의존적 어른이 이렇게 하는 데에는 수많은 '타당한 이유'가 있습니다.

만성피로

"피곤해요.", "기운이 없어요." 의존적 어른들과 상담하다 보면 끊임없이 듣게 되는 말입니다. 이들은 다소 심각한 양상으로 만성피로증후군을 연상시키는 여러 가지 증상들을 호소합니다. 짧고 자꾸만 깨어 피로가 해소되지 않는 수면, 주의집중력 장애,

근골격계 통증, 두통, 근육통을 예로 들 수 있지요. 해당 증후군에 시달리는 사람들 중에는 더 이상 일을 하지 못하고 정상적인 생활을 하지 못하는 경우도 있습니다.

만성피로증후군에 대해서는 아직까지 정확히 파악된 것이 별로 없습니다. 원인도 제대로 밝혀지지 않았지요. 최근의 연구를 통해 동면과 유사한 신진대사 저하와 연관이 있을 수 있다는 결과가 나온 정도입니다. 이러한 신진대사 저하가 이루어지는 원인은 대체로 가혹한 환경에서 세포가 살아남도록 하기 위함이지요. 우울증과 같은 심리학적인 요인이나 신경성적인 요인들도 원인으로 제기되었지만 여전히 명확하지 않습니다.

그런데 만성피로가 의존적 인격을 지닌 사람들의 뚜렷한 특징인 행동 거부와 연관이 있다는 것은 논리적으로 설명이 가능합니다. 실제로 행동 거부는 인체의 생리적 및 화학적 변형을 일으킬 가능성이 높지요. 이러한 가정을 뒷받침하기 위한 근거를 굳이 길게 나열할 필요도 없습니다. 경기에 진 축구 선수들이 실제로 경기를 승리로 이끈 선수들보다 기운이 없다는 평범한 사실만 떠올려보기만 해도 되지요. 게다가 우울증 환자에게서 보이는 증상인 심리적, 육체적 무기력이 위험 혹은 불안에 대처하는 전형적인 방어기제라는 사실 또한 이미 오래전부터 잘 알려져 있습니다. 또한 스트레스, 분노, 불안 등의 정신 상태가 신진대사 및 신체에 지대한 영향을 미친다는 것은 이미 사실로 밝혀졌고요. 심리적인 부침은 상당히 심각한 수준의 신체적 증상으로 발현되기도 합니다. 해당 환자들은 근력저하나 피부감각 기능 상실, 혹은 심지어 아무런 유기적인 이유 없이 일시적으로 시력상실 증상을 겪기도 하지요. 느닷없이 부분 혹은 전신마비 증세가 몇 주, 길게는 몇 달 동안 지속되다가 어느 날 한순간 사라지는 경우도 있고요. 통상적으로 정신병리학적 관점에서는 정신 구조상 구현할 수 없는 메시지가 심리적 기능장애를 일으켜 결국 신체적 반응으로 이어진다고 결론짓습니다.

하지만 실존주의적 접근방식에서는 다르게 보고 있습니다. 실존적 관점에 따르면 신체는 메시지가 아니라 행동 그 자체로 특정한 존재 방식을 드러냅니다. 즉, 자기 자신을 방어하는 것처럼 보이는 태도를 구현하는 것이지요. 그러니까 육체적 피로는 어떤 메시지로 인한 것이 아니라 오히려 행동 거부에서 은연중에 비롯된 행동 혹은 태도라고 볼 수 있습니다. 더구나 이러한 피로 증세는 의존적 어른이 가능한 한 자주 잠을 자도록 하고, 결국 무기력한 상태를 보다 심각한 수준으로 이끕니다. **사실 수면은 의존적 어른에게 이상적인 행위입니다. 수면은 어떤 면에서 보면 의존적 어른에게 더 이상 존재하지 않는 상태를 가능케 하기 때문이지요.** 이러한 일종의 수면 명령과도 같은 상태의 최종 단계는 바로 우울증입니다. 즉, 매우 심각한 행동 회피 증세를 보이며 그 사람이 정신적 및 육체적 기능을 멈추게 하는 겁니다.

정신적 되새김

하지만 우울증이 나타나기 전 행동하기를 피하는 증상이 여러 가지 심리적 기능장애의 형태로 먼저 나타납니다. 그래서 의존적 어른은 지나간 일들을 곱씹으며 많은 시간을 보냅니다. 불면에 시달릴 정도로 생각이 꼬리에 꼬리를 물고 떠오르지만, 대체로 건설적인 부분은 거의 없습니다. 게다가 화, 두려움, 후회, 회한, 죄책감 등 부정적이고 괴로운 감정들에 어김없이 시달립니다.

지적 혹은 정신적 되새김은 백일몽과 비슷해 보일 수 있지만 사실 그렇지 않습니다. **의존적 어른이 정신적 되새김을 하는 것은 현실도피를 위한 것이 아니라 지나간 행동을 소급해서 다음과 같은 방식으로 무효화하는 것입니다.** "이렇게 하지 말았어야 하는 건데.", "일을 제대로 못 했어." 또한 앞으로 하게 될 행동에 관한 모든 가능성도 무력화하려는 것이지요. "이렇게 하는 것보단 저렇게 하는 게 맞지 않을까?", "내가 뭘 해야 할지 모르겠어."라는 식으로 말이지요.

정신적 되새김은 통계적으로 범불안장애 및 매사에 부정적인 태도를 드러내는 성향과 연관성이 높습니다. 하지만 일부 전문가는 분명한 문제에 직면했을 때 해결책을 빠르게 파악한다는 기능적인 면에서는 이러한 과도한 생각이 유효할 수도 있다고 말합니다. 그렇지만 **신경과민 환자들은 지나간 일을 끝없이 곱씹는 상태에 머무르려는 성향을 보입니다. 자기 스스로 구조화하고 견디기 힘든 감정들에 거리를 두기 위함이지요. 이처럼 과도한 인지적 작용은 결국 모든 일의 능률을 떨어뜨립니다.**

그렇다면 정신적 되새김과 행동 거부와는 어떤 연관성이 있을까요? 어떤 일에 대한 해결책을 결정하고 행동에 옮기는 것을 회피하고자 하는 수단으로서의 정신적 되새김을 생각해볼 수 있습니다. 의존적 어른은 자신이 하는 생각이 정당하지 않다는 것을 은연중에 명제로 삼습니다. 그런데 매사 자기 자신에 확신이 없으면, 결국 자신을 향한 심리적 반발심을 느끼게 됩니다.

이런 심리적 반발은 간단히 보자면 소위 '반항심'과 유사합니다. 심리적 반발심이 있는 사람은 실질적으로 다음과 같은 방식으로 생각하지요. "네가 날 설득하려 한다는 걸 알지만, 넌 날 설득하지 못해." 누구나 때때로 이런 생각을 할 수 있습니다. 예컨대 성가시거나 조금은 지나치다 싶을 정도로 집요한 장사꾼을 만났을 때, 혹은 자신의 정치 성향과 대립하는 이야기를 들을 때 말입니다. 보다 전문적인 정의에 따르면, 심리적 반발이란 개인이 스스로 할 수 있는 선택 및 행동의 폭을 심리적 과정을 통해 최대한 넓게 유지하려는 것입니다. 이러한 반발심은 특히 누군가 혹은 무언가가 그 선택지의 폭을 줄이려고 할 때 두드러지게 나타나지요.

의존적 어른에게 있어 정신적 되새김은 자기 자신을 향한 심리적 반발의 한 형태이자, 동시에 또다시 스스로에 대한 확신을 거부할 수 있는 방법입니다. 행동하기를 부추기는, 자기 자신 혹은 타인에게서 나오는 모든 논리에 무감각한, 즉 '시간만 축내는' 일종의 폐쇄적인 사고방식입니다. 그러므로 되새김은 일반적인 합리적 사고와 정반대되는 이미지로 나타납니다. 이러한 방식을 통해 **되새김 과정은 문제에 대한 해결책을 내놓는 것이 아니라, 오히려 해답을 문제로 바꾸어놓고 맙니다. 요컨대 의존적 어**

른은 답을 찾는 대신, 계속해서 문제만 찾는 셈이지요. 보통의 사람들은 해답을 손에 쥐면 그 결과를 따져보고 행동으로 옮깁니다. 반면, 의존적 어른은 제시된 해답을 다시 문제 삼습니다. 심지어 결론을 내려 행동에 옮기기에 이론의 여지가 없는 논리적 근거 앞에서는 자기 자신의 논리력 그 자체에 의구심을 품습니다. "내가 지금 잘못 생각하고 있는 게 아닐까?"하고 말이지요. 이런 생각만으로 여전히 충분치 않다 싶으면, 슬쩍 옆으로 빠져나와 전혀 상관없는 주제를 떠올리지요. 그리고 계속해서 이전보다 더 심하게 정신적 되새김을 합니다.

다음은 상담 중 환자와 되새김을 하는 방식에 관해 이야기를 나눈 사례입니다. 니코엘은 수년째 집에만 틀어박혀 지내며 가족에게 얹혀사는 46세의 의존적 어른입니다. 아래 대화 내용을 보면 그가 어떻게 모든 해결책을 거부하고 끝없는 고리 안에 갇혀 있는지를 알 수 있습니다.

니코엘: "저는 너무 뚱뚱해요. 더 이상 이런 제 모습을 보지 못하겠어요. 살을 빼야 해요."

나: "그럼 운동을 조금씩 해야겠군요. 밖에 나가 걸어보는 건 어떨까요."

니코엘: "문제는 잠을 충분히 못 잔다는 거예요. 그래서 제대로 서 있지도 못하지요. 그러니까 걷는 건 할 수 없어요."

나: "그래도 낮에 한 시간 정도 가볍게 걸으면 살도 빠지고 몸

도 약간 피곤하게 만들어 잠도 더 푹 잘 수 있을 텐데요?"

니코엘: "아뇨, 걸을 수 없어요. 저는 몸무게가 너무 많이 나가

거든요. 일단 살부터 빼야 해요."

그저 심리적 불안 상태의 부작용 정도로 분류되는 정신적 되

새김은 현대 심리학에서 여전히 별로 중요치 않은 경미한 현상

으로 여겨집니다. 간신히 하나의 증상으로 인정받은 정도이지요.

반면 명상 분야에서는 정신적 되새김을 중요하고 특별한 장애

로 취급하고 있을 뿐만 아니라 인간의 모든 차원의 기능에 영향

을 미치는 것으로 여기고 있습니다. **실제로 의존적 어른은 삶**

자체가 되새김의 연속이라 할 수 있습니다. 의존적 어른은 단순

히 스스로 하는 생각뿐 아니라, 주어진 상황, 관계, 일, 재정 형편,

정신적 혹은 육체적 건강을 가지고도 문제를 만들어냅니다. 자기

안에 있는 모든 것은 오직 되새김과 심리적 반발, 문제뿐이지요.

앞서 살펴봤듯이 일반인에게는 안정적인 것으로 여겨지는,

즉 어떠한 문제도 일어나지 않을 상황이 의존적 어른에게는 불

안감의 원인이 됩니다. 이러한 안정적인 상황은 의존적 어른으

로 하여금 기어코 어떠한 행동을 하도록 유도하기 때문이지요.

이처럼 의존적 어른은 놀랍게도 안정성을 어떠한 행위를 해야

하는 상황과 결부시키고, 불안정성을 수동적인 상태와 결부시킵

니다. 앞서 언급한 마르쿠스의 사례만 떠올려보아도 잘 알 수 있

지요. 마르쿠스는 인생을 살아가면서 한때, 일, 집, 부부생활, 자

식 등의 자신의 인생에 필요한 모든 것을 가졌었습니다. 요컨대

안정성이지요. 하지만 마르쿠스는 그런 모든 상황을 어떻게든 뒤집어 결국에는 자신이 최악의 상황에 처하도록 했습니다. **우린 이와 같은 행동 방식의 원인을 정신착란이나 지적장애로 쉽게 치부해버리는 경향이 있습니다만, 이는 적절치 않습니다. 오히려 그것의 밑바닥에는 일반적인 논리와 정반대로 이루어지는 일관성 있는 인지과정이 있음을 고려해야 하며, 그래야만 의존적 어른의 행동 방식을 비로소 이해할 수 있을 겁니다.**[*]

치료 사례

바로 앞에서 살펴봤듯이, 결정 및 행동회피는 인지적 관점에서 보면 안정성에 대한 일종의 반항심과도 같습니다. 그래서 심리치료에서는 이러한 반감에 역점을 두고 이를 넘어서고 교정하는 과정을 치료 방법으로 사용하지요. 하지만 이때 의존적 어른에게 큰 의미가 없는 과정인 직접적으로 의사 결정과 관련된 훈련을 하는 대신, 사고 및 추론의 과정 그 자체를 바꾸는 것과 관련된 훈련을 하는 것이 더 바람직합니다. 물론 실존적 차원에서의 목표는 이번에도 자신의 존재에 관한 책임감을 인정하고, 그에 대한 부담을 충분히 완화해, 스스로의 삶을 이끄는 주인이 되는 것입니다.

그런데 구체적으로 어떻게 해야 되새김과 수동성에 머무르려

---

[*] 인지 교정 및 감정 교정의 가능성을 염두에 두고 이와 관련해 심층적 연구를 해볼 필요가 있습니다. 이를 통해 정서적 의존이 심한 의존적 어른에게서 유의미한 변화를 이끌어낼 수 있을 것으로 기대합니다.

는 사고방식에서 해결책과 행동을 추구하는 사고방식으로 옮겨
갈 수 있을까요?

**제가 실존주의 심리치료에서 사용하는 방법 중 하나가 바로
자서전적 기억을 이용한 우회 훈련 기법입니다.** 실제로 의존적
환자들 중 상당수가 결정 및 행동거부 증상과 더불어 명확한 사
적 연대기 거부 증상을 겪습니다. 즉, 마음속 깊은 곳에서부터
자신이 한 행동 및 자신이 살아온 여정을 짊어지고 책임지기를
거부하려는 성향이 있지요. 이러한 환자들은 자신이 내린 선택
과 과거에 한 행동에 대해 스스로가 당사자라는 느낌을 거부하
는 것으로 보입니다. 그래서 이들의 자신이 과거에 겪었던 일화
에 대한 기억은 상당히 혼란스럽고, 때로는 심지어 실체가 없는
것처럼 보이지요. 이들은 자신이 살아오면서 겪은 일을 구체적
으로 시기를 들어 말하는 것을 힘겨워합니다. 당연히 이들도 자
신이 겪은 일에 관한 기억을 가지고 있긴 하지만, 순간적 기억
이 모호할 뿐만 아니라 여러 기억이 서로 유기적이지 않아서 정
확한 연대기를 만들어내지 못하는 것이죠. 아주 드물게 떠오르
는 분명한 기억들은 어두운 망망대해에서 길을 잃은 상황 속에
마주치는 빛을 밝힌 작은 섬들에 불과합니다. **문제는 이처럼 기
억이 불안정하면, 어떠한 미래상도 뚜렷한 인생 계획도 적극적인
행동도 이끌어내지 못한다는 사실입니다.**

37세 알로이스의 이야기는 이렇다. "저는 시간과 날짜의 개념

을 떠올리는 게 힘들어요. 제 어린 시절은 정말 힘겨웠지요. 춥고 배고팠어요. 이사를 엄청 자주 다녀서 안정감을 느끼지 못했어요. 어쩌면 옛날 일을 기억하기 싫은 걸지도 모르겠어요. 어쨌든 저는 항상 뿌리가 없는 것 같은 느낌이 들어요. 지나간 일 얘기만 나오면 머릿속이 완전히 흐려지지요. 미래에 관해서도 마찬가지예요. 앞으로의 일을 계획하고 싶지 않지요. 그냥 일상을 매일같이 반복하는 것이 좋아요. 그렇다 보니 스스로 과거에도 미래에도 속하지 못한 기분이 들지요."

심리치료를 진행하다 보면 자신의 과거를 부정하는 의존적 어른에게서 실제로는 스스로를 특정한 과거에 가두어놓고, 그 시절만을 되새기려는 모습이 자주 보인다. 그 당시에는 대수롭지 않게 지나간 일들이 끊임없이 부정적인 감정의 형태로 반복해서 나타난다. 유년기와 청소년기 혹은 그 외의 과거로 거슬러 올라가 불안, 우울, 분노의 감정을 끄집어내는 것이다. 개인적인 연대기 안에서 정리되지 못한 이러한 감정들은 더 이상 존재의 이유가 없음에도 불구하고 여전히 꿈틀거리고 있던 셈이다. 이러한 감정들은 지금 이 순간의 상황들과 뒤섞여 마치 세월이 멈춘 것과 같은 느낌을 줌으로써, 현재의 일들에 부정적 영향을 끼친다. 이런 점에서 이러한 감정들은 외상성 성질을 띤다고 볼 수 있다.

알로이스의 문제가 바로 이것이다. 그는 시도 때도 없이 치밀어 올라오며, 자신을 매일 조금씩 갉아먹고 있는 분노의 감정에서 벗어나기 위해 심리치료를 받기로 마음먹었다.

나는 그에게 옛날 사진을 들추어보고, 주변 가족들에게서 이야기도 들어보며, 지금까지 살아오면서 있었던 일들을 재구성해보라고 했다. 물론 이 방법의 목적은 불확실한 사건이나 분노의 원인처럼 보이는 트라우마의 실체를 뚜렷하게 밝히려는 게 아니다. **더 근본적인 목적은 알로이스가 자신의 언제 어디에서 비롯된 것인지 명확히 알지도 못하는 해묵은 감정들로 가득 찬 쳇바퀴처럼 반복되는 삶에서 벗어나도록 도와주는 것이었다.**

알로이스는 노트에 자신이 살아오면서 겪은 일들을 날짜와 더불어 구체적으로 적어 내려갔다. 오래전부터 뿌리 박혀 있던 방어기제를 거스르는 이러한 훈련을 하다 보면, 여러 가지 증상들이 나타났다가 어느 순간 급격히 누그러진다. 대표적인 것들이 신체적으로 불편한 느낌, 불안감, 시력장애, 현기증 등이다. 하지만 약간 불편하기는 해도 이러한 훈련이 가져다주는 긍정적인 효과는 크다. 무엇보다 분노와 같은 부정적인 감정들이 점점 약해진다. 이러한 감정들이 과거의 것이라는 것을 알아채게 되기 때문이다. 또한 창의성, 민첩성, 유연한 사고력과 같은 다양한 인지능력을 발휘하게 된다.

상당수의 의존적 어른들이 이와 같은 기억훈련을 거부합니다. 제가 이 방법을 제안하면 이들은 갑자기 극심한 피로감부터 호소합니다. 일종의 무기력감에 대응하는 방어 태세인 셈이지요. 어떤 환자에게는 갑자기 졸음이 밀려오기도 합니다. 실제로 잠들어버리는 경우도 있습니다. 어떻게든 이 훈련을 하지 않으려고 사진을 찾지 못하거나, 기억을 떠올리지 못하는 척을 하기도 합니다. 심지어 부모나 가족 같은 다른 사람이 자신이 겪은 일들에 대한 기억을 대신 알려줘도 되지 않느냐고 말하기도 합니다. 한 환자에게 과거에 대한 구체적인 질문을 던지자 이렇게 대답한 적도 있습니다. "전 기억이 안 나는데, 엄마는 알 거예요. 정 알고 싶으시면 엄마한테 물어보시면 돼요."

자신의 인생 방해하기

면접이 있는 날 잠에서 깨어나지 않기, 고3 내내 열심히 공부해 놓고 수능시험 포기하기, 하나도 결실을 맺지 못한 채 열 가지 계획을 한꺼번에 짊어지기, 연애가 잘 되지 않을 것 같으면 그 관계를 끊어버리기, 승진 거부하기, 중요한 대회가 있는 날 아무 이유 없이 도망치기…. 이외에도 자신의 인생을 방해하는 방법은 무수히 많습니다.

현대 심리학에서는 이러한 자기 인생의 중요한 일을 방해하는 행위에 그다지 주목하지 않습니다. 그런데 1940년대에 프랑스의 심리학자 르네 라포르그René Laforgue가 자신이 세운 계획을 일부러 실패하게 만드는 행동을 설명하며 '실패 노이로제failure neurosis'라는 흥미로운 개념을 제시했습니다. 이제는 활발하게 쓰이지 않는 이 표현은 자기 자신을 향해 드러내는 공격성의 한 형태 혹은 죄책감, 주로 부모보다, 특히 아버지보다 무언가를 더 잘한다는 죄책감에서 비롯된 자기 처벌 행동을 지칭하는 것이었지요. 그 뒤로 다른 심리학자들은 자해를 설명하면서 부모의 부정적인 명령이 자식에게서 얼마나 많은 자신감을 빼앗아 가고, 자식이 실패하도록 만드는지를 역설했습니다. "넌 아무짝에도 쓸모없는 녀석이야.", "넌 그 일을 절대 못 할 거야."

오늘날에는 '수행불안performance anxiety'이라는 표현을 통상적으로 사용합니다. 수행불안은 무언가에 대해 평가받을 때 나타나는 엄청난 스트레스를 특징으로 하고, 공황발작과 유사한 증상들이 동반됩니다. 경련, 땀, 심장박동수 증가, 호흡곤란 등이 대표적이지요. 환자의 지적, 예술적, 신체적, 인간관계적 수행능력이 환자가 하는 모든 일을 실패하게 할 정도로 현저하게 떨어집니다. 일부 심리학자가 수행불안과 닮은 개념으로 '실패공포증atychiphobia'이라 부르는 질환도 있습니다.* 실패공포증이란 자신의 실패를 미리 확신한 환자가 심지어 자신의 운을 시험해 볼 생각도 하지 않고, 스스로에게 어떤 기회가 주어질 때마다 아무것도 하지 못하는 상태에 이르는 것을 말합니다.

실패 추구

의존적 어른에게 있어 자해는 무엇보다 행동 및 참여를 회피하려는 의도가 내포된 전략이라 할 수 있습니다. 다음의 사례가

---

* '실수공포증'이라고도 합니다. 자신이 무언가에 실패하거나 패배할 가능성에 대해 극도의 공포를 느끼는 증상을 뜻합니다.

이것을 아주 잘 보여줍니다.

———◇———

각각 28세와 24세인 로메오와 니콜은 아주 보기 좋은 커플이다. 남자는 큰 키에 건강하고 호감형이고, 여자는 아주 예쁘고 솔직하며 꾸밈이 없다. 상담을 받기 시작한 때에 둘은 이미 동거를 시작한 지 6개월째였다. 둘이 얘기하기를 연애 초기에는 둘의 관계가 이상적이었는데 어느 순간부터 급격히 싸우기 시작했다고 했다. 남자 쪽에서 질투를 하고 의심을 했다. 한편 여자는 불같은 성질에 쉽게 욕을 내뱉고, 심지어 폭력을 쓸 때도 있다. 니콜은 벌써 여러 차례 짐을 싸서 떠나겠다고 협박하며 으름장을 놓았다. 두 사람의 관계는 이제 위태로운 상태이다.

임상연구에 따르면 로메오와 니콜은 상호적 괴롭힘의 상황에 처해 있었습니다. 각자가 상대방에게 완전히 의존적인 상태인 것이지요. 더불어 두 사람은 자신들의 연인관계가 순조롭게 풀려나가서, 혹여 보다 깊이 서로의 삶에 관여할지도 모른다는 생각에 겁에 질린 것 같았지요. 게다가 삶의 다른 분야에서도 과도한 두려움이 동시에 나타났던 것은 결코 우연이 아닙니다. 로메오는 일도 하지 않고, 몇 달째 술에 빠져 지냈지요. 운동도 하지 않고 하루 종일 집에 틀어박혀 있거나, 친구 몇몇과 널브러져 있으면서 언젠가 할 거창한 계획들만 늘어놓기 바빴습니다. 얼마 전 정리해고를 당한 니콜은 새로운 직장을 구할 여력이 없는 상태웠지요. 그녀는 '깊은 물 속으로 가라앉는' 느낌이 들었지만, 주어진 상황을 스스로 감당할 생각이 없었습니다. 두 사람 모두 그때그때 수중에 있는 돈으로만 생활하고, 특히 부모님에게서 수시로 지원을 받았지요.

특히 로메오는 니콜을 의심할 만한 이유를 있는 대로 찾아서, 그녀와 어떻게든 관계를 끊으려고 했습니다. 로메오가 이런 말을 털어놓았습니다. **"저는 늘 스스로를 불행하게 만드는 무언가를 찾으려고 하는 느낌이 들어요."** 그는 상대의 휴대폰 메시지를 일일이 뒤져서, 거기에 적힌 말 하나하나를 따져보며 매번 상대방이 '무의식적으로' 자신을 기만하거나 떠나려고 하는 의도가 있다고 생각하지요. 또한 그는 줄곧 여자 친구에게 "딴 남자를 만나면 더 나을 거야."라고 얘기합니다. 그러니까 연인에게 자신을 떠나라고 부르짖으며 연인을 대놓고 밀어내는 셈이지요. 니콜과 로메오는 서로를 진심으로 사랑하지만, 두 사람의 행동 거부 성향이 그들이 관계를 이어나갈 수 없게 만듭니다.

연인문제이든 그 외의 문제이든지 간에 자해는 이미 벌어진 일을 허물어뜨리거나 방해하는 형태로 일어날 때가 많습니다. 하지만 의존적 어른들 사이에는 잘 눈에 띄지 않으면서도, 자해만큼이나 효과적인 실패 전략들이 존재합니다.

지식 거부

확실히 실패하려면, 어떤 일을 일관성 없이 아무렇게나 하면 되지요. 이렇게 하면 어쩔 수 없이 어떤 일이 해결되는 방향과는 멀어지고, 문제만 더 커지니까요. 그래서 대다수의 의존적 어른은 애초에 제대로 된 방법을 사용해볼 의지도 없었고, 천천히 그 결과를 기다려보지도 않았으면서도 자신이 시작한 일이 성공하지 못했다고 투덜거립니다. 가장 대표적인 사례가 바로 교육을 받거나 연습을 하지도 않고, 충동적으로 악기를 사서 연주해보거나, 직관적으로 그림을 그려보고 실망하는 것이지요.

임상연구에 따르면 의존적 어른은 거의 대부분의 경우 학문 및 전문 지식 분야에 있어 현저히 떨어지는 능력을 보입니다. 하지만 개인의 발달능력을 보여주는 기초 인지능력에 있어서는 눈에 띄는 손상이 보이지 않습니다. 이 말은 곧 학문 및 전문 지식 습득에 대한 저항감을 무조건 기억, 계획, 추론이나 여러 가지 정신운동 능력과 관련한 질환과 연결을 지어 설명할 수는 없다는 이야기이지요. 문제는 바로 이러한 능력들을 사용하기를 거부하는 성향에 있습니다.

어쨌든 의존적 어른은 거의 항상 자신은 호기심도 특별히 관심이 가는 것도 없다고 주장합니다. 어느 것에나 손을 대어보기는 하지만, 어떤 것을 보다 깊이 알아보려고 하지는 않지요. 자신은 새로운 것들을 배우는 데 타고난 재능이 전혀 없다는 것이 기정사실인 것처럼 말하면서 말입니다. 이들은 지나치게 자세한 정보를 접하면 불편하거나 지루하거나 짜증이 납니다. 깊이 생각해야 한다거나 고도의 집중력을 필요로 하는 활동들, 특히 강의를 듣거나 토론하는 일 등을 멀리하지요. 이들은 개인적인 의견이 없기 때문에, 여럿이 모여 토론하는 자리에 있으면 무조건 뒤로 물러나 있습니다. 다른 사람들이 자기보다 훨씬 더 많은 것을 알고 있는 것을 당연한 것처럼 여깁니다. 그러면서 자신은 혹시 실수라도 하는 건 아닐까, 다른 사람들 눈에 우스워 보이는 건 아닐까 늘 걱정하지요. 혹시라도 최소한의 지식을 쌓게 되면, 그 지식을 무슨 일이 있어도 격언과 인용의 형태로 드러냅니다. 다음은 이러한 지식습득의 거부를 보여주는 사례입니다.

빅토리아는 아주 쾌활한 64세의 중년 부인이다. 그녀는 도대체 왜 아무리 애를 써도 자신이 영어를 익히지 못하는지를 모르겠다고 했다. 내가 그녀를 만났을 때, 그녀는 영국에서 반년을 지내다가 돌아온 상황이었다. 영국에서 완벽한 현지생활을 했지만 언어는 조금도 늘지 않았다. 영국에서 지낸 일이 이번이 처음이 아니었던 만큼, 그녀가 느끼는 당황스러움은 더욱 컸다. 그녀는 이처럼 계속해서 영어를 익히지 못하는 원인이 노화로 인한 뇌기능 저하 혹은 알츠하이머 같은 퇴행성 질환 때문이 아닐까 생각했다. 하지만 그녀의 걱정은 검진을 받고 나서 일순간 해소되었다. 검사 결과, 그녀의 인지능력과 기억력은 상당히 우수한 것으로 나타났다. 그런데 어째서 영어를 익히는 것이 이토록 힘든 걸까?

빅토리아는 내게 자기가 이탈리아 출신이라고 말했다. 젊었을 때 프랑스인 외교관을 만나 결혼하고 나서 남편을 따라 여러 나라를 옮겨 다니며 생활했다. 바깥일은 전혀 하지 않고,

그저 집에서 자식들을 키우고 남편을 내조하는 일에만 매진
했다. 그녀는 수십 년간 만찬을 준비하거나 손님 접대 자리를
마련했고, 집안일과 자식들의 건강을 돌보는 데 신경을 썼다.
그러다 보니 자신이 머무르는 나라의 언어를 배울 기회가 전
혀 없었다고 한다. "단어 몇 개만 쓸 줄 알았고 나머지는 그냥
웃음으로 무마했죠. 제가 어울리는 사람들은 대부분 프랑스인
이거나, 프랑스어를 쓰는 사람들이었어요. 어쩌다 프랑스어를
못하는 사람들을 만날 때면 주로 남편만 이야기하는 식이었
지요."

빅토리아는 행복한 삶을 살아왔다고 말했다. 젊은 시절 품
었던 야심과 예술을 향한 취향, 예술가의 길을 걷고자 했던 꿈
을 모두 포기해야만 했는데도 말이다. 그녀는 남들 눈에 띄지
않는 생활을 택했고, 그 안에서 할 수 있는 것은 그저 항상 남
편의 그늘 아래에서 조연 역할을 하는 것이었다. 그렇지만 정
말로 안락한 생활을 누렸다. 남편이 모든 중요한 결정을 혼자
서 척척 내린 덕분에 어느 것 하나 부족함이 없었다. 하지만
단 하나, 어쩌면 가장 중요한 것이 부족했다. 그건 바로 독립
심이다. "예술가의 길을 포기했어요. 그 길을 걷는 게 너무 걱
정스러웠거든요. 결국 저는 남편 뒤에 완벽히 숨은 채 안락함
을 선택했지요. 자유롭지 못했고 밝게 지내지도 못했지만, 확
실히 편안하게 지냈어요."

빅토리아는 남편의 주도권에 갇혀 자기 자신을 완전히 책
임져본 일이 한 번도 없다. 일종의 존재적 안일함 안에서 살았

던 것이다. 지나가는 세월이나 갑작스럽게 닥쳐오는 금전적 어려움에 대해서도 별걱정 없이 말이다. 적어도 자식들이 커서 독립할 때까지는 그러했다. 그런데 빅토리아는 자식들이 자기 품을 떠나고 나자, 끊임없이 남편만 바라보고 있는 기존의 생활에서 빠져나와 자유를 찾고 싶었다. "예술 쪽 일을 하는 사람들과 다시 만나고, 지금이라도 영어를 배우기로 결심했어요. 그리고 미술관 큐레이터 일을 하고 싶었지만 금세 나는 그럴 만한 능력이 안 된다는 생각이 들더라고요."

빅토리아의 심리적 갈등이 두 가지 가능성 사이에서 대립하고 있었습니다. 계속해서 '남편의 아이'로 머무르며 안전한 생활을 추구하는 대신, 자기 계발을 포기할 것인가, 아니면 행동하고 성장하며 충분히 자유롭게 자기를 실현하는 대신, 아주 오랫동안 부정했던 실존적 불안과 맞닥뜨릴 것인가의 문제인 것이지요. 빅토리아가 영어를 익히는 능력을 발휘하기 위해서는 결단을 내려야만 했습니다.

기술 거부

무기력한 삶을 살아가려면 지식을 포기하는 것만으로는 충분치 않죠. 기술 또한 배척해야만 합니다. 사실 일상 속에서 필요한 기술을 다루기 어려워하는 건 우리 모두에게서 나타나는 흔한 모습이긴 합니다. 집 안에 손볼 곳을 고치거나, 요리를 하거나, 행정업무 처리를 할 때 잘 되지 않는다고 투덜거린 적은 누구나 한 번쯤은 있을 테니까요. 심지어 이러한 분야에 약한 모습을 보이는 것은 타고난 것이고, 원치 않게 갖게 된 개인적 특성이라고 단정 짓기까지 하지요. "어쩔 수가 없어, 원래 그런 사람이야.", "전혀 관심 없어."라고 말입니다. 실제로 우리는 스스로 방법을 알고 싶어 하지 않는다고 느낄 때도 있습니다.

그렇지만 매우 다행스럽게도 대부분의 사람에게는 이처럼 약한 모습을 보이는 기술 분야가 한정적입니다. 반면, 의존적 어른들에게는 이런 분야가 끝이 없습니다. 결국 주변 사람들이 의존적 어른의 행정 서류 처리, 컴퓨터 및 휴대폰 고장, 배관 문제 등등 생활 속 문제 해결에 시도 때도 없이 관여해야만 합니다. 그러다 보면 그들의 개인 비서가 된 듯한 기분이 들 정도이지요. 의존적 어른들에게서 자주 나타나는 또 다른 특성은 바로 방향 감각 부재입니다. 그래서 의존적 어른은 자신이 어디론가 갈 때마다 주변 가족들에게 함께 가자고 강요합니다. 그러면서도 이들은 방향감각을 키우기 위해 어떠한 노력도 하지 않습니다. 길을 미리 확인하지도 않고, 이정표를 기억해 두지도 않습니다. 길을 가면서도 어디로 가고 있는지 전혀 주의를 기울이지 않습니다. 의존적 어른은 일상생활에서 마주치는 수많은 분야에서 이런 식으로 자신이 발휘할 수 있는 능력을 잠재워, 자신이 해야 하는 최소한의 역할도 거부합니다.

물론 반대의 경우도 만날 수 있습니다. 어떤 의존적 어른들은 아주 활동적인 모습을 보이기도 하고, 심지어 상당히 높은 수준의 지식과 기술을 보유하고 있기도 하니까요. 앞서 언급한 환자

중 가스파르가 바로 이러한 경우입니다. 그는 컴퓨터에 대한 지식과 목공 기술이 뛰어난 덕분에 끊임없이 주변 친구들에게 도움을 주지요. 하지만 그는 결코 어떤 대가를 바라고 이런 일을 하는 게 아닙니다. 그러니까 **의존적 어른들은 지식과 기술 그 자체가 싫어서 피하는 것이 아닙니다. 무언가를 앎으로 해서 자신이 어떤 행동을 해야만 할 수도 있는 상황을 피하고 싶은 것입니다.**

실패와 죄책감, 불안

결정 내리는 것을 거부하고, 실행을 거부하며, 수동적 자세와 무기력한 상태를 이어가다 보면 결국 극심한 죄책감에 시달리게 됩니다. 의존적 어른의 대표적 특성인 이러한 죄책감을 이해하려면 죄책감의 세 가지 유형을 구분 지어 살펴봐야 합니다.

죄책감이란 어떤 규칙을 어겼을 때 느끼는 감정을 의미합니다. 거짓말, 폭력 등의 규칙 위반이 실제로 이루어진 경우에는 '적절한 죄책감'이라고 말하며, 이때에는 사죄 또는 징벌을 통해 죄책감을 해소합니다. 그런데 이러한 죄책감이 허구이거나 환각에 의해 만들어진 경우에는 그 성격이 완전히 달라집니다. 이 사람은 어떠한 객관적인 잘못을 저지르지 않았는데도, 죄책감을 느끼는 것이지요. 이러한 경우를 보고 '신경증적 죄책감'이라고 말합니다. 일부 전문가들은 이처럼 고통스러운 죄책감의 원인이 모호하고 받아들일 수 없는 욕구, 쓸데없는 '사념'에 있다고 합니다. 예컨대 홧김에 가족이 죽었으면 좋겠다고 생각하는 식이지요.

한편, 실존주의 심리학자들은 제3의 죄책감 유형을 제시합니다. '적절한 죄책감'이 아닌 이 죄책감은 자신의 본모습이 드러나는 것을 거부할 때 나타납니다. 실제로 우리 중에는 스스로 얌전하다 여기지만 사실 이는 자신에게 어울리는 모습이 아니며, 제대로 된 인생 계획과 이를 주저 없이 시행할 용기만 있다면 보다 밝고 행복하며 자기다운 모습으로 살아갈 수 있을 것 같다는 생각을 하는 사람이 많습니다. **이러한 상황에서 소위 '실존적' 죄책감이 나타납니다. 그러니까 결국 이 사람은 적극적이고 온전하게 존재하지 못함으로 인해, 자신의 열망을 포기하고 스스로를 부정하는 것에 대한 죄책감을 느끼는 것이지요.** 이 모든 것이 자기 자신, 자신의 실제 존재를 상대로 저지르는 일종의 죄가 되는 셈이지요.

이렇다 보니 결국 딜레마에 빠지고 맙니다. 수동적으로 명령을 따르며 의존적 관계만을 좇다 보면 죄책감이 들고, 반대로 이러한 의존적 관계를 뛰어넘어 진정한 자신의 모습을 경험해보려고 애쓰다 보면 불안감에 휩싸이니까요. **결국 어느 쪽을 택하든 항상 죄책감을 느끼거나 불안함을 느끼는 것입니다. 이런 상황에서 의존적 어른은 언제나 죄책감을 선택합니다.** 그러면서도 이러한 실존적 죄책감을, 다른 적절한 죄책감을 꾸며내 그 뒤에 교묘하게 숨기려고 애쓰지요. 자신이 보기에 적절한 죄책감은 실존적 죄책감보다 훨씬 견딜 만해 보이니까요. 심지어 일부러 진짜 잘못을 저지르거나 자해를 함으로써, 다른 사람이 자신을 심판하도록 만들기까지 합니다. 이들이 거짓말, 기만, 절도, 화풀이

등을 통해 반복적으로 실수를 저지르고 실패를 하는 것에는 실존적 죄책감을 숨기기 위해, 적절한 죄책감을 전면에 내세우려는 의도가 숨어 있는 겁니다.

치료 사례

이 세상 모든 부모는 잘 압니다. 사춘기 자녀에게 "스스로 책임질 수 있는 행동을 하렴."이라는 말은 부질없다는 것을 말입니다. 도대체 이 말이 어떤 의미를 담고 있기에 그러할까요?

실존적 사고의 차원에서 보면, 이 말은 스스로 무언가를 경험하고 알아가는 것을 가리키는 것이겠지요. 책임감 있는 사람은 자신에게 닥친 일에 집중하며, 그 일에 대처하기 위한 방법과 일의 해결 과정을 주의 깊게 살핍니다. 더불어 자신의 주변 여건과 가용한 수단 및 방편에 대해서도 자세히 파악합니다. 특히 자신의 인생 계획과 관련된 것이라면 더욱 자세히 알고 있지요. 니콜라의 사례를 보면 이처럼 책임지고 행동하는 일이 어떻게 이루어지는지 알 수 있습니다.

니콜라는 포동포동한 얼굴에 걸음걸이가 약간은 굼뜬 13세 사춘기 소년이다. 그는 엄마와 함께 상담을 받으러 온다. 그의 엄마 말에 따르면 학교에서 수학이나 역사 같은 과목에서 뛰어난 실력을 발휘하는 아이인데, 철자법과 문법 과목은 상당히 어려워한다. 사전 검사 결과에 따르면 난독증이나 집중

력, 주의력장애 증상은 보이지 않았다. 구두로 얘기할 때에는 풍부하고 다양한 어휘를 사용하며 비문도 없었다.

첫 상담 시간에 니콜라에게 간단한 받아쓰기를 시켜 보았다. 결과는 엉망이었다. 맞춤법에 맞게 쓴 단어가 거의 없었다. 이번에는 자신이 쓴 받아쓰기 문장을 바르게 고쳐 쓰는 일을 도와달라고 했다. 그랬더니 놀라운 일이 벌어졌다. 니콜라는 기본적인 맞춤법 규정을 완벽하게 알고 있었다. 그렇다면 니콜라는 어째서 이토록 많이 틀린 것일까?

나는 니콜라의 일상에 관해 물어보다가 또래 친구들에 비해 활동의 자유가 유난히 제한적이라는 사실을 알게 되었다. 니콜라는 평소에 엄마 없이는 한 발짝도 집 밖으로 나설 수 없었다. 니콜라를 홀로 키우는 그의 엄마는 항상 그를 쫓아다니거나 감시하였으며, 그의 안전에 관해 지나친 걱정을 숨김없이 드러냈다. 둘 사이에는 어떤 비밀도 없었다. 마치 두 사람이 하나로 이어져 있는 것 같았다. 엄마는 거리낌 없이 아들의 소지품을 뒤졌다. 니콜라는 이처럼 사생활과 자유를 보장받지 못하는 상황을 힘들어하지 않는 듯했다. 오히려 반대로 어떻게든 엄마에게 찰싹 '달라붙으려고' 했다.

니콜라가 맞춤법과 문법에 어려움을 겪는 이유는 바로 모자간의 지나치게 가까운 관계 속에서 찾을 수 있다. 사실 니콜라가 엉터리로 글을 쓴 것은 문법과 맞춤법을 몰라서가 아니라, 이를 통해 나이상으로는 청소년이 되었지만, 자신은 여전히 많은 것을 스스로 할 수 없는 어린아이라는 사실을 보여주

고 싶었던 것이다.* 사실상 맞춤법을 틀리는 것을 통해 엄마를
향한 충성심을 증명하고자 했던 것이다. 그 모든 의도가 아들
이 엄마에게 한 말 속에 함축되어 있다. "있잖아요, 엄마, 우리
는 헤어지지 않을 거예요. 저는 자라지 않으니까요."

　니콜라를 성숙한 어른으로 키우려면 문법 공부를 시킬 것
이 아니라 스스로 책임지는 것부터 배우도록 해야 한다. 엄마
는 아들이 혼자서 상담소를 찾아오도록 하는 것부터 시작해,
보다 자립적인 생활을 해야만 한다는 사실을 받아들여야 한
다. 이렇게 함으로써 니콜라가 엄마와 떨어져 일정한 거리를
두며, 스스로 분리-개별화를 체화하며 자랄 수 있도록 하는
것이다. 그러면 니콜라의 학업성적은 분명히 단시간 안에 만
족스러운 수준으로 오를 것이다.

---

* 니콜라가 어째서 다른 나머지 과목들은 뒤처지지 않으면서 유독 프랑스어 과목만 성적이
나쁜지를 궁금해하는 사람들도 있을 것입니다. 두 가지 관점에서 이유를 들 수 있습니다.
먼저 전 과목의 성적이 나쁘면 니콜라에게 지나치게 고통스러운 결과가 뒤따를 수 있기
때문입니다. 유급, 기술학교 진학, 가족들의 실망, 죄책감 등을 예로 들 수 있습니다. 또 하
나는 학교 성적이 지나치게 형편없으면 엄마와 아들 사이에 맺어진 의존적 관계가 흔들릴
수 있기 때문입니다. 또한 교사, 심리상담사, 언어치료사 등의 다양한 관계자들이 둘의 관
계에 끼어들 가능성이 커집니다. 결국 니콜라 입장에서는 한 과목 정도만 뒤처지는 것이
적절한 절충안인 셈이었지요.

9장

숨 쉴 만큼의
거리를
만들려면

정서적 의존의 원인은 따로 있다

'정서적 의존'이라는 표현은 1985년 이후 미국의 로빈 노우드Robin Norwood에 의해 널리 알려지게 되었습니다. 알코올중독 전문 심리치료사인 저자는 『너무 사랑하는 여자들Women Who Love Too Much』에 대한 이야기를 쓴 그의 저서에서 '의존'이라는 용어를 '중독'이라는 용어와 비견될 만한 뜻으로 사용할 수 있다고 써놓았습니다. 이 책이 출간된 뒤, 특정한 유형의 애정관계에서 드러나는 일부 애착관계를 맺는 방식에 관한 장애를 지칭할 때 일반적으로 '정서적 의존'을 언급하게 되었습니다. 그 특정한 유형은 다음과 같습니다. 외로움을 참지 못하며, 버려질까 봐 두려워하거나, 상대방이 자신을 안심시켜주길 바라고, 자신이 원하는 것을 상대방에게 제대로 표현하지 못하는 것 등이죠.

그런데 정서적 의존이 정말로 중독의 문제일까요? 프랑스 국립보건의학연구소INSERM, Institut National de la Santé et de la Recherche Médicale에 따르면 '중독이란 어떤 물질 혹은 행위에 대한 의존성으로 드러나는 해로운 결과를 동반한 뇌적 병리상태'입니다. 1990년에 미국 정신과 의사인 아비엘 굿맨Aviel Goodman이 중독의 주요 특징을 네 가지로 규정했습니다. 반복적인 시도에도 불구하고 어떤 물질 혹은 행위에 대한 욕망을 억제하지 못하는 것, 어떤 물질 혹은 행위에 빠져들기 전에 긴장감이 높아지는 것, 유혹에 빠져드는 순간 마음이 아주 편안해지는 것, 자신이 하는 행동에 대한 통제력을 상실하는 것이지요. 이러한 특징은 담배와 술뿐만 아니라, 음식이나 성행위에 대해서도 동일하게 적용할 수 있습니다. 이러한 특징을 토대로 여러 전문가가 연인관계에서 나타나는 정서적 의존 진단 기준을 다음과 같이 규정지었습니다.

- 정서적으로 의존하는 사람은 맺고 있는 관계가 전혀 만족스럽지 않은 상황에서도 이 관계를 끊지 못한다.
- 한 차례 혹은 여러 차례 헤어진 뒤에도 만족스럽지 않은 관계를 맺던 사람에게 다시 돌아가 만남을 이어간다.
- 공허감과 외로움을 달래는 방법이 상대방을 자주 만나는 것뿐이다.
- 관계를 끝낸다는 생각을 하면 극심한 두려움이 생긴다. 관계가 단절될 때마다 극심한 불안감과 갑작스러운 눈물, 수면 및 섭식장애, 비관적 생각에 시달린다.

수많은 남녀들이 스스로 이와 같은 기준에 해당된다고 느낄 수 있습니다. 그렇지만 일반적으로 심리학과 정신의학에서는 정서적 의존과 중독 문제를 나란히 두고 비교 대상으로 삼지 않습니다. 둘 사이의 유사성을 다양한 병리적 의존 유형에 대입시켜 보려는 연구가 극히 일부 전문가들을 통해 진행되기도 했지만, 학계에서 별다른 주목을 끌지 못했습니다. **상대방을 향한 의존**

성을 중독의 개념과 비교해 살펴봄으로써 얻을 수 있는 시사점은 문제의 원인이 의존적인 사람에게 있는 것이 아니라, 의존적인 사람이 의지하는 사람에게 있다는 사실입니다. 중독을 일으키는 요소가 상대방에게 있는 것이지요. 담배나 술에 중독되게 만드는 요인이 이 안에 있는 특정 요소에 있는 것처럼 말입니다. 이러한 관점을 적용해 프랑스의 심리학자 미쉘 라리베이Michelle Larivey는 다음과 같이 주장합니다. "이 문제는 의욕을 통제하고 다양한 욕망을 체계적으로 피해야만 해결될 수 있는 일종의 습관성 문제임을 유추해볼 수 있다. 그러므로 '정서적 의존자'는 결과가 어떻든지 간에 우선 기본적인 정서적 욕구를 채우는 일을 금해야 한다." 요컨대 연인과 결별하는 것이 정서적 안정의 결여 및 정서적 단절의 문제라고 생각하는 것은 잘못된 일이라는 것이지요. 헤어질 때 상실감을 느끼는 것은 피할 수 없는 일이지만, 그렇다고 해서 이 상실감에만 매달리면 정서적 의존을 타고난 성격의 문제로만 한정해버릴 위험이 있습니다.

그래서 다음에 오는 글에서는 앞서 해온 것처럼 정서적 의존을 실존적 의미로 해석해볼 예정입니다. 즉, 자신의 본모습을 드러내지 않고 자립을 거부하는 데서 오는 결과로서 살펴보는 것이지요.

나를 버리지 마세요

분리불안 및 버려지는 것에 대한 두려움

마르게리트는 '출구 없는 관계에 걸려들어 꼼짝 못 하게 됐다'고 생각하고 있다. 대형 병원에서 행정업무를 보는 이 40대 여성은 4년째 유부남인 직장 동료와 관계를 맺고 있다. 처음에는 남자 쪽에서 단지 섹스 파트너로서의 관계만 원한다는 뜻을 내비쳤다. 그래서 두 사람은 둘 중 한 사람의 사무실에서 만나 남몰래 섹스를 즐기곤 했다. 밖에서 따로 만나는 일도, 심지어 서로 전화 통화를 주고받는 일도 없었다. 남자 쪽에서 연락처를 주지 않겠다고 한 것이다. 겨우 이메일을 주고받는 정도만 동의했다. 그것도 오직 업무 시간 동안에만 직장 메일을 통해서 말이다. 퇴근 후나 주말, 휴가 기간 동안에는 연락도 주지 않았다.

둘의 관계가 보여주는 패턴은 늘 똑같다. 주초에 성관계를 암시하는 내용이 대부분인 이메일을 주고받는다. 그러다가 주중에 몸이 단 남자 쪽에서 자신의 사무실로 마르게리트를 부른다. 그리고 나면 그다음 주 초반까지 다시 깜깜무소식이다. 마르게리트도 처음에는 이런 상황이 마음에 들었다. 시간이 흐르면 남자 쪽에서 조금 더 깊은 관계를 원할 것이라고 생각했으니까. 그런데 4년째 상황은 전혀 진전되지 않고 있다. 요즘은 좀 더 다정하게 대해달라고 하면, 남자 쪽에서는 원하는 게 왜 이리 많으냐며 오히려 화를 낼 정도이다.

"그 사람은 저한테 다정한 말을 건네는 법이 없어요. 이 관계 안에는 오직 기다림과 욕구불만, 실망뿐이지요. 저는 그 사람에게 그저 하나의 노리개에 불과해요. 스스로가 바보 같고 우습게 느껴지면서도 그 사람을 떠나질 못하겠어요." 그녀는 딴 남자를 만나지 못할 것이라고 생각한다. 그녀는 무조건 열등한 자세를 취한다. 끊임없이 자기비하를 하거나 자신을 남의 눈에 띄지 않게 숨기려는 성향이 있다. 그녀의 마음속에는 거절당하거나 버림받을지도 모른다는 두려움이 굉장히 크게 자리 잡고 있다. "혼자 있을 땐 그 사람과 지금껏 주고받은 메일을 다시 읽어요. 병적인 수준이지요. 메일의 수를 세고 하나하나 나열하는 게 너무 좋아요. 그 남자는 심지어 몇 주 넘게 아무 연락도 없이 절 혼자 내버려 두기도 해요. 그 남자는 그렇게 해도 아무렇지 않으니까요. 그러다가 한 마디 설명도 없이 느닷없이 다시 제 앞에 나타나지요. 저는 또 아무 말 없이 그를 받아들여요. 그 사람이 날 떠날까 봐 너무 두렵거든요."

마르게리트의 사례에서는 수많은 다른 의존적 어른들의 사례와 마찬가지로 분리불안과 버려진 느낌, 이 두 가지 감정이 아주 뚜렷하게 드러납니다.

'분리불안'은 '불안감을 느끼는' 애착 유형이 밖으로 드러난 모습입니다(158~159페이지 참조). 그 원인은 아주 어린 시절에 양육자에게서 일찍 분리되거나, 부모가 죽는다거나 하는 충격이 도를 넘어가는 외상성 경험이나, 혹은 부모의 잦은 부재, 무관심, 방임 때문인 경우가 많습니다. 아이가 베이비시터 손에 맡겨지거나, 보육 시설에 맡겨진다거나, 동생이 태어나거나, 이사 및 이민을 간다거나 하는 등의 일을 겪으면서 제대로 보호자에게서 보살핌을 받지 못하기도 하지요. 이러한 상황에 처한 아이는 특히 쉽게 상처를 받고, 모든 종류의 분리를 겁내게 됩니다. 분리불안은 연령을 불문하고 나타날 수 있는 증상이며 다음과 같은 특성을 나타냅니다.

- 자신과 애착이 형성된 사람들과 헤어지는 생각을 할 때마다 지나친 불안감에 사로잡힌다.
- 떨어져 있는 동안에는 상대방이 어디에 있는지 알아야 하고, 그들의 안전을 과도하게 걱정하며 계속해서 연락하려고 한다. 또한 자신의 삶에 대한 지나친 두려움을 키운다.
- 집에서 멀어지면 우울하고 불행한 느낌이 든다. 늘 집을 그리워한다.
- 특히 분리불안을 겪는 주체가 아이일 경우, 이 아이는 길을 잃어 다시는 부모를 만나지 못하게 될까 봐 겁낸다. 그래서 혼자서 이동하고 외출하고 등교하는 일을 거부한다. 집에서도 부모에게 '껌딱지처럼' 들러붙어 있고, 졸졸 따라다니거나, 부모가 다른 곳에 가지 못하게 한다. 혼자서 자는 것을 두려워하고, 자신이 잠들 때까지 곁에 누군가 있어야만 하며, 자다가 깨서 부

모가 자는 방으로 간다. 가족을 죽음으로 내모는 참사를 겪는 악몽을 꿀 때가 잦다. 죽음에 관한 걱정을 할 때가 아주 많다.

• 애착관계가 형성된 사람과 헤어질 경우에는 어른, 아이 할 것 없이 배가 아프고 구역질이나 구토를 하고 두통을 자주 겪는다.

한편, '유기불안'은 공격성과 시기심, 욕구불만과 통제 불능, 무기력한 성향, 스스로를 무능하다고 느끼는 증세를 동반합니다. 유기불안 환자는 극심한 불안감에 시달리고, 외부로부터 어떤 도움을 받아도 이러한 불안감을 떨쳐내지 못합니다. 항상 애정결핍에 시달리며, 상대방을 잃을까 봐 두려워하는 상태로 지냅니다. 이러한 불안감이 일시적으로 완화될 수는 있지만, 절대 해소되지 않으며 언제든지 드러날 수 있습니다. 이러한 지나친 두려움은 또다시 자신의 모습을 있는 그대로 드러내기를 두려워하는 성향으로 이어지기도 합니다. 또한 환심을 사거나 주의를 끌고 관심을 받기 위해 상대방을 속여야 한다는 생각을 하기도 합니다. 애정에 대한 욕구가 무한하고, 이러한 애정을 가시적으로 보여주는 증거 혹은 표시를 끊임없이 갈망합니다.

의존적 어른들에게서 나타나는 이러한 행동을 분석하기 전에 유아기에 버림받은 경험이 어떤 부작용으로 이어지는지부터 살펴봅시다.

이른 시기부터 발현하는 정서적 박탈감

여러 가지 실험에서 엄마가 아기에게 관심을 보이지 않고 아기 인형에 집중하면, 아기가 즉시 슬퍼하는 모습을 보인다는 사실이 드러났습니다. 그러나 엄마가 집중하는 대상을 아기 인형에서 책으로 바꾸면 그렇지 않지요. 전문가들은 이러한 관찰 실험을 통해 아기들이 생후 6개월부터 질투하는 행동을 보일 수 있다는 결론을 내렸습니다.

그런데 만약 실험 시간을 몇 초에서 몇 분으로 늘리는 정도가 아니라, 아예 부모가 아이에게 신경을 쏟는 일을 무기한으로 중단시키면 어떻게 될까요? 오스트리아의 심리학자인 르네 스피츠Rene Spitz가 1940년대에 고아원이나 아동보호소에 있는 생후 6~8개월령의 영아들을 연구하며 이 질문에 답을 내놓았습니다. 이러한 영아들은 적절한 보살핌과 수유를 받아도, 결국 불안 및 우울 증세를 보인 뒤 쇠약해져 죽어갔습니다. 물리치료와 약물치료를 충분히 해도 소용없었지요. 스피츠에 따르면 이러한 현상은 정서적 박탈에서 오는 결과로 설명될 수밖에 없습니다. 즉, 해당 영아들과 개별적이고 변함없는 정서적 관계를 맺는 사람이 아무도 없다는 사실에서 오는 결과인 셈이지요.

르네 스피츠는 위와 같은 연구 결과를 토대로 정서적 박탈은 물론이고, 단지 정서적 교류와 자극이 충분치 못하기만 해도 소위 '의존성 우울'이라는 상태에 이를 수 있다는 설명을 내놓았습니다. 이러한 상황에 처한 아이는 맨 먼저 울고 떼쓰며 자신의 반경을 지나는 모든 사람에게 어떻게든 매달려 보다가 한 달쯤 지나면 그저 날카로운 울음소리로 신음하기만 합니다. 이와 동시에 체중이 감소하고 지적 발달이 멈추는 것을 확인할 수 있지요. 석 달째가 되면 정신 활동 지체 및 무기력증이 나타납니다. 얼굴이 무표정해지고 더 이상 미소를 보이지도 않지요. 또한 멍한 시선과 함께 눈의 초점 이상 증상도 나타납니다. 점점 말하기와 접촉을 거부하고 식욕을 잃어 죽어가기도 합니다. 아이가 애착대상을 다시 만나면 상황이 달라집니다. 하지만 감정을 관장하는 뇌의 영역에 후유증이 남습니다.

의존성 우울증은 유아뿐만 아니라 성인에게도 나타납니다. 의존성 우울증 환자에게서는 정서적 갈망, 버림받는 것에 대한 두려움, 기대감 결여, 정서적 발달지체 증상이 눈에 띄지요.

이러한 증상 중에는 의존적 어른에게서 나타나는 특성들도 있습니다. 이를 통해 의존적 어른은 성인이 될 때까지 본래적 의존성에서 제대로 벗어나 본 적이 한 번도 없다는 것을 추측해볼 수 있지요. 이들은 계속해서 충분한 정서적 관계를 박탈당한 유아처럼 행동하는 겁니다. 울고 떼쓰고 주변 사람들에게 매달리거나, 항상 자신과 다른 사람 사이의 거리를 좁혀야만 할 것 같습니다. 그리고 분리를 초래할 만한 모든 것을 최대한 없애고 부정하려고 애쓰지요. 진짜 현실 속 상황이 건 상상 속의 일이건, 혼자가 되거나 혹은 단지 다른 사람에게서 멀리 떨어지기만 해도 허탈감에 사로잡히고 죽음에 이르거나 미쳐버릴지도 모른다는 두려움에 휩싸이게 됩니다. 머지않아 보상상실을 일으키지요.

잠시 '보상상실decompensation'이라는 단어에 대해 살펴보겠습니다. 사람들은 대부분 인생을 살아가면서 자신의 심리적 불균형을 자제하거나 마음의 안정을 가져다주는 보상으로 달래면서 보완해나갈 수 있습니다. 특히 실존적 불안이 심리적 복원력에 일정 부분 영향을 미칠 때 말입니다. 반면 그렇지 못한 사람들도 있지요. 이들은 결국 반복적인 공황발작증 혹은 우울증을 비롯한 여러 가지 심각한 정신적 장애를 일으키며 어느 순간 완전히 주저앉고 맙니다. 이때 우리는 보상상실이 일어났다고 말하지요.

그런데 의존적 어른의 실존적 불안감은 제대로 보상받지 못합니다. 보다 정확히 말하자면 스스로 찾아낸 적절한 균형점임에도 불구하고, 그것은 불안정하고 항상 흐트러질 것만 같지요. 왜냐하면 **의존적 어른은 타인에게 지나치게 의존하고, 자신의 잠재성에 대한 충분한 믿음이 없기 때문입니다. 그렇기 때문에 의존적 어른은 계속해서 주변 사람들과 가까이 붙어 있음으로써, 곧 닥칠 것만 같은 무너짐을 어떻게든 피하려고 합니다.** 또한 가족 간의 관계에 제삼자는 그 누구도 개입하지 않아야 안심이 되지요. 제삼자는 자신의 의존적 관계를 깨뜨릴 수도 있으니까요. 이러한 이유로 대부분의 의존적 어른은 타인을 두 부류로 나눕니다. 바로 자신과 가까운 가족 및 친구, 그리고 그 이외의 사람들로 말입니다. 가족과의 관계에서는 경계를 완전히 허무는 반면, 가족 이외의 사람들과의 관계에서는 경계심 및 두려움, 무관심 혹은 적대감으로 쌓아올린 벽을 세우지요.

포스틴은 이렇게 이야기한다. "친구들한테는 뭐든지 다 줄 수 있어요. 친구들한테는 엄청 관대하지요. 그런데 다른 사람들한테는 아무것도 베풀지 않아요! 저는 아는 사람들과 있을 때는 아기처럼 구는 경향이 있어요. 하지만 모르는 사람에게는 아주 냉정하고 심지어 가까이하기 어려운 사람이 된답니다."

가까운 사람들과는 경계를 허물고, 그 이외의 사람들과는 쉽사리 넘기 힘든 경계선을 긋는 것이지요. 가족과 분리되지 않으려는 강박감이 낯선 사람들에게는 마음을 열지 않고 되도록 새로운 관계를 만들지 않으려는 강박감으로 이어지는 겁니다. 모르는 사람은 모두 잠재적 분리의 위험을 만드는 사람 혹은 '의존적 관계를 깨는 사람'으로 여깁니다.

자기 자신과 상대방 사이의 경계 거부

먼저 의존적 인큐베이터, 즉 가까운 사람들의 무리 안에서는 어떤 일이 벌어지는지 살펴봅시다. 자기 자신과 다른 가족 사이의 경계를 지우려는 의지는 모든 것을 투명하게 상호 공개하려는 매우 강력한 욕구를 통해 드러납니다. **의존적 어른은 거리낌 없이 가족들에게 비밀을 털어놓고, 자기가 살아가면서 겪는 사소한 일들까지도 끊임없이 이야기합니다. 사생활이라는 게 아예 없고, 자신을 드러내지 않는 태도의 개념을 전혀 이해하지 못하지요. 사실 이들은 진정한 사생활, 비밀의 정원, 자기 자신만이 소유함으로써 자신의 개별성을 형성하는 내적 공간을 누리기를 거부합니다.** 자기 혼자만 어떤 정보를 알고 있다는 생각만으로도 규칙을 어기고 죄를 지은 느낌이 강하게 들며, 더불어 특히 매우 불안한 외로움까지 느끼기도 하지요.

투명성 강요는 상대방에게도 유효합니다. 의존적 어른은 주변 가족들이 그들의 근황에 대해 일종의 정기 결산보고를 하지 않으면 금세 언짢아합니다. 이번에도 포스틴의 경우를 사례로 들어보겠습니다.

포스틴은 자기 자신에게 관심을 더욱 가져달라고 가족을 끊임없이 몰아붙인다. 그녀는 다른 가족 구성원들이 어느 정도 독립적으로 각자의 생활을 해야 한다는 생각을 하지 못한다. 마치 아직 부모 품 안에 있는 유아처럼 말이다. 게다가 자신의 정신적 범주 안에 실존적 관점의 독립이라는 개념을 들여놓는 일은 너무도 끔찍하다. 그렇다 보니 그녀는 다른 사람의 사생활에 성가시게 끼어들어 공간적, 시간적, 상징적, 요컨대 모든 범주의 경계를 없애려고 한다. 그녀의 관심은 병적인 집착에 가깝고, 이는 가족들이 하는 행동과 일을 제어하려는 모습으로 나타난다. 그녀는 가족들을 염탐하고 그들이 언제 어디서 무엇을 했는지 일일이 '보고'해주기를 원한다.

이 모든 성향은 그녀의 어린 시절에 형성되었다. 그녀의 엄마도 역시나 의존적 관계에 집착해 딸과의 사이에 분명한 경계를 짓기 어려워하는 사람이었다. "엄마는 제가 열두 살이 될 때까지도 젖병을 줬어요! 지금 와서 생각해보니 엄마는 제가 가능한 한 오랫동안 아기로 머물러 있기를 원했던 것 같아요."

자기 자신과 상대방 사이의 경계를 거부하려는 성향은 과도한 친밀감으로 표현되기도 합니다. 그래서 의존적 어른은 자신의 감정을 너무 솔직히 드러내거나, 어디서든지 자기 집인 양 제멋대로 행동하기도 하며, 자기 물건을 여기저기에 흘리고 다니는 모습을 유독 보이는 겁니다. 수치심이 부족한 경우도 많습니다. 예를 들어 눈에 띄게 지저분한 옷, 여기저기 늘어놓은 개인소지품, 활짝 열려 있는 화장실 문, 나체 상태로 돌아다니는 것 말이죠. 어떻게 해서든지 혼자 있는 상황을 회피하는 이들은 자신의 방문 닫기를 꺼리고, 대체로 자신이 연 것, 예를 들어 병, 변기 뚜껑, 벽장 문, 가방 등을 다시 닫기 싫어하는 성향을 보입니다.

자신의 세계가 아무런 제한 없이 열려 있는 만큼 자연스레 가족 및 친구들도 자신과 똑같이 해주기를 바라고, 상대방이 그렇게 하기를 망설이면 쉽게 기분이 언짢아집니다. 가족과 친구 사이에 공간부터 물건, 심지어 돈에 이르기까지 모든 것을 서로 공유해야만 하지요. 마치 공유재산인 것처럼 말입니다.

극단적인 경우에는 '독점애captativité'를 나타내기도 합니다. 독점애란 물건이나 주변 사람들의 관심 및 애정을 혼자서만 온전히 차지하려는 성향을 뜻하는 용어이지요. 보통 만 2세까지의 모든 유아에게서 보이는 강한 독점욕의 일종으로, 자녀가 자립하는 것을 거부하는 일부 엄마들에게서도 나타나는 증상입니다.

치료 사례

실존주의 심리학 치료에서 환자에게 주어지는 중요한 과제는 스스로 진정한 내면성을 구축하고 내적인 사생활을 만들어가는 것입니다. 마음의 비밀 정원이라고나 할까요? 방식만 따지면 적어도 겉보기에는 복잡할 것이 전혀 없지요. 더 이상 가족들에게 모든 것을 말하려 하지 않고, 어떤 생각이나 겪은 일들을 자기만 알고 있기만 하면 되는 것이니까요. 이것이 별것 아닌 일처럼 보일 수 있지만, 일부 의존성이 심한 어른들에게는 가족들을 배신하고 홀로 남겨진 듯한 괴로운 감정을 유발하는 힘든 일입니다. 하지만 자기 자신과 타인 사이에 제대로 된 경계선을 분명히 긋고, 이것에 익숙해지도록 훈련해야만 합니다. 일기를 쓰거나 친한 사람들끼리의 모임에서 가족 이외의 사람들에게 마음을 열면 도움이 됩니다(이 부분은 뒤쪽에서 더 자세히 언급하는 내용입니다).

자꾸만 양보하는 이유

앞서 보았듯 정서적 의존이 심한 어른은 자신의 존재감을 잃거나 삶을 스스로 이끌지 못할 때마다 늘 타인을 대신해 행동하거나 혹은 그들을 돕습니다. 가족이나 부부 사이에서는 상대방에게 봉사하거나 자기 자신을 희생하는 등 상대방의 이익과 행복을 위해 자기의 것은 건너뛸 정도로 한발 더 나아갈 때도 있지요. 상대방을 자신의 정신적 생존을 보장하는 대상으로 인지하다 보니 저절로 상대를 추종하게 되는 겁니다. 일부 실존주의 심리학자들이 이야기하는 '궁극의 구원자ultimate savior'로 말이지요.

그래서 결국 정서적 의존이 심한 어른은 자기 자식들에게 모든 것을 바치기도 하고, 노부모나 배우자를 위해 자기가 할 수 있는 모든 것을 하는 겁니다. 그런데 실제로 이들이 마음속으로 중요시하는 것은 그 상대방이라기보다는 그들과의 관계입니다. 그렇다 보니 상대방이 추구하는 행복과는 동떨어진 행동도 하기에 이르지요. 이들에게 오로지 중요한 것은 상대방과의 관계를 위험에 빠뜨릴 만한 것은 절대 아무것도 하지 않는 겁니다.

"싫다"는 말을 못 하는 이유

누군가와 관계를 유지하기 위한 가장 쉬운 방법 중 하나는 바로 상대방의 말을 절대 거역하지 않는 것입니다. 그렇다 보니 대체로 의존성이 심한 어른은 "싫다."라는 말을 못 합니다. 자기 자신이 원하는 바를 확실히 말하지 못하다 보니 결국 상대방의 뜻을 거스르지 못하는 것이지요. 상대방을 언짢게 하면 혹시라도 버림받을까 봐 노심초사하며 끊임없이 자기 자신을 포기하기에 이릅니다. 예를 들어 미용사가 자기 머리를 완전히 망쳐놓았는데도 고맙다고 말한다든가 도저히 먹지 못할 맛의 요리를 먹고 맛있는 척을 한다든지 하는 식이지요. 뭐든지 마음에 드는 척하기의 대가인 셈입니다.

어떤 상황에서도 "싫다."라는 말을 못 하는 것은 상대방과 원하는 바를 일치시키려고 하는 성향이 지나치게 커진 탓입니다.

의존성이 심한 어른은 항상 자기가 먼저 주변 사람들이 원하는 바를 찾아 나서기에 바쁜데요. 그러한 행동의 이면에는 '자신은 어딘가 부족한 사람이며 따라서 타인을 결코 만족시켜주지 못할 것'이라는 쓸쓸한 심정이 숨어 있습니다. 예를 들어 값싼 물건으로는 의미 있는 선물을 해줄 수 없다고 생각하는 식이지요. 결국 자신이 감당하지도 못할 만큼 엄청난 금액의 선물을 해줘야만 할 것 같은 생각에 사로잡히고 마는 겁니다. 이러한 나쁜 습관이 문제를 예상치 못한 방향으로 크게 만들기도 합니다.

36세 페넬로프는 이렇게 말했다. "어떤 남자가 술 한잔하자고 하면, 그가 결국 나와 자고 싶기 때문이란 걸 알아도 전혀 내키지는 않지만 따라나서요. 그 사람이 나로 인해 몸이 동했다면 내가 그 사람에게 빚을 진 느낌이 들거든요."

정서적 의존이 심한 어른은 다른 사람에게 선물을 주는 것은 괜찮지만, 그 반대는 불편해합니다. 열이면 열 자신은 선물을 받을 만한 자격이 없다는 생각이 들기 때문이지요. 관계에 신뢰를 쌓지 못하다 보니 당연히 일상 속에서 극심한 고통을 받게 되고, 이들은 자연스레 상대방의 요구에 무조건 응하는 사람이 되고 맙니다.

스스로를 피해자로 만들기

정서적 의존이 심한 어른은 모든 것을 수락하려는 경향이 있기 때문에 배신과 폭력, 이용당함까지도 받아들입니다. 심지어 이러한 것들을 용서하는 것도 모자라 모든 잘못을 자기 탓으로 돌릴 방법을 직접 찾습니다. 이들은 사실 스스로 철저히 피해자가 되어 살아갑니다. 자신이 피해자임을 타인이 인정하도록 만들려는 성향까지도 보이지요.

이 같은 피해자화 과정은 수많은 정서적 의존 상황에서 관찰할 수 있습니다. 가족관계, 애정관계, 직장 내 관계 등에서 말입니다. 정서적 의존이 심한 어른 중에는 자기희생이라고 불러도 좋을 만큼 아무런 대가 없이 자신의 모든 것을 내어주는 사람들이 많습니다. 이들이 그와 같은 행동을 보이는 이유는 배우자, 부모, 친구, 직장 상사 등의 상대방이 자신에게 거의 절대적인 영향력을 미친다고 느끼기 때문입니다. 상대방이 항상 관계를 깰 수 있는 카드를 쥔 입장이기 때문에 상대에게 아무리 충분히 사랑을 주어도 상대는 자신의 마음속에서 마치 '처형자'처럼 여겨질 수밖에 없는 것이지요. 그런데 이 사람은 처형자임과 동시에 구원자이기도 합니다. 왜냐하면 정서적 의존이 심한 어른의 눈에는 이 사람이 자신을 정서적으로 의존할 수 있게 하고 실존적 불안을 막아주는 어마어마한 힘을 지닌 사람이니까요. 이렇다 보니 **아주 자연스레 상대방을 대할 때 극과 극을 이루는 양면적 감정이 수반됩니다. 정서적 의존이 심한 어른은 처형자 겸 구원자를 마주하면, 당연히 애정과 미움이 뒤섞인 상반된 감정을**

느낄 수밖에 없습니다.

어빈 얄롬의 말을 인용해 보겠습니다. "비극적 아이러니는 진정한 관계를 통한 위안과 즐거움을 처절하게 필요로 하는 이들이 바로 이러한 형태의 관계를 맺기에 가장 부적합해 보이는 사람이라는 점이다." 요컨대 상대방과 헤어지거나 상대방을 떠날 능력이 없으면, 결국 빠져나올 수 없는 난감한 상황에 처할 수밖에 없다는 것이지요. 조금 더 풀어서 설명해 보자면, **정서적 의존이 심한 어른은 끊임없이 애정을 갈구하며 이러한 갈망을 채우기 위해 온갖 애를 쓰는데도 불구하고 상대방과 진정한 관계를 맺을 능력이 없는 사람으로 드러날 때가 많다는 겁니다.**

치료 사례

26세 자밀라는 항상 다른 사람들이 하는 말에 순종적이다. 가족뿐만 아니라 잘 모르는 사람들이 하는 말에까지도 말이다. "전 제가 원하는 게 뭔지 모르겠어요. 남편이 TV를 틀어 무언가를 보고 있으면 솔직히 정말 재미가 없어도 그냥 같이 봐요. 제일 힘든 건 이제 그만 자러 가고 싶어도 혹시라도 남편이 싫어할까 봐 자러 가지도 못하고 억지로 소파에 처박혀 있어야 한다는 거예요. 그러면서 딴생각을 하며 멍하니 있는 식이에요. 다른 상황에서도 마찬가지랍니다. 항상 저보다는 남편이 먼저이지요. 남편이 저더러 식사 메뉴나 TV 프로그램을 정해보라고 하면 대답을 못 하겠어요. 가끔은 오후에 남편이 자기가 아이들을 돌볼 테니 저더러 혼자만의 시간을 가지라고 할 때도 있지요. 하지만 저는 그때마다 그저 제가 원하는 것을 찾아내서 해야 한다는 생각만으로도 뭘 어찌해야 할지 몰라 쩔쩔매게 됩니다. 심지어 이유도 모른 채 불안에 떨지요. 그래서 저는 그냥 상대방이 원하는 것을 하는 것이 좋아요. 저한테 괴로운 일이라 해도 말이지요. 서빙 일을 하고 있는 식당에서도 늘 미소를 짓고 있다 보니 손님들 중에 이따금 제게 선물을 건네는 분들이 있어요. 최근에는 유명한 프랑스 작가들의 책을 선물로 준 손님도 있었지요. 그 손님을 실망시키기 싫어서 억지로 그 책들을 읽었는데 정말 고역이 따로 없었어요! 전 "싫다."라는 말을 못 해요."

자밀라는 **근본적인 변화를 이끌어내기 위해 다른 사람들의 기대를 '저버리는' 법부터 배워야만 했습니다. 어른이 되면 스스로 판단해서 때론 부모의 뜻을 거역할 줄도 알아야 하는 것과 마찬가지로, 다른 사람들의 말을 거스를 줄도 알아야 합니다. 다시 말해 다른 사람들의 마음이나 기대를 무조건 따르지 않아야 한다는 것이지요.** 그래서 자밀라는 자신이 일하는 식당에서 동료들과 점심을 먹을 때 자신이 먹고 싶은 것을 분명히 말하는 것부터 시작해 보았습니다. 우리들 대부분에게는 대수롭지 않은 일이지만 그녀에게는 극복하기 힘든 시련과도 같은 일이지요.

"어떤 걸 먹고 싶다는 말을 내뱉는 순간 기절할 것만 같았어요. 온몸이 바들바들 떨리고 얼굴이 화끈거렸지요. 무언가 엄청난 일을 저지른 것 같은 기분이 들었어요. 그런데 아무도 그렇게 생각하지 않더군요. 아무 일도 벌어지지 않았지요. 마침내 제 마음도 편해지고 기분도 좋아졌어요. 그 덕분에 조금씩 자신감이 생겼어요."

무엇을 원하는지 모르는 사람

모든 애정 혹은 성적관계 안에는 의존적 성향이 어느 정도 존재합니다. 그렇지만 의존적 어른의 성에는 몇몇 특별한 특징들이 보입니다. 이들은 특히 누군가와 진지한 관계를 맺지 못하고, 타인을 근본적으로 자기 자신과 완전히 분리된 다른 사람으로 인지하지 못합니다.

감정의 혼란

의존적 어른은 공감능력이 부족합니다. 따라서 이들이 상대방의 생각과 느낌을 상상하고 감지하는 데 어려워할 것임을 추측해볼 수 있겠지요. 무엇보다 상대방은 하나의 관념, 간략한 지적 기호 정도로 다가올 뿐, 결코 온전한 인간으로서 여겨지거나 느껴지지 않습니다. 이들이 맺는 모든 관계는 피상적이지요. 결국 상대방은 자신의 필요에 따라 방어적 도구로 사용할 때에만 의미를 지니는 셈입니다.

이처럼 의존적 어른이 자신의 가족들과 맺는 불완전한 관계는 그 대상이 주변인 중 상대적으로 낯선 사람들로 옮겨지면 훨씬 더 불완전한 모습을 보이게 됩니다. 그들에게 '외부인'은 언제나 위험할뿐더러 가족 사이의 충성심에 금이 가도록 하며, 긴밀한 관계를 맺고 있는 주변 사람들과의 의존적 관계를 깨뜨릴 수도 있는 존재로 여겨집니다. 그렇기 때문에 외부인을 배척하고, 그들에게 다음과 같은 암묵적 메시지를 계속해서 던지지요. "나는 사적인 인간관계 범주 밖에 있는 사람들과는 관계를 맺을 수 없어요."

하지만 의존적 어른이 타인과 진정한 관계를 맺기 어려워한다면, 이는 자기 자신과도 피상적이고 불완전한 관계를 맺고 있기 때문입니다. 실제로 자신의 존재를 드러내기 거부하는 특성을 언급할 때 말했듯이, 자신이 특별한 사람이 된 느낌은 의존적 어른을 두렵게 합니다. 그런데 개별적 자아 즉 정체성을 지우면, 사실상 개별적 타인에 관한 생각 즉 타자성도 지각하기 어려워집니다. 빛과 어둠, 선과 악처럼 한 사람은 또 다른 사람과의 관계 속에서만 존재한다는 생각 말입니다. 개별적 자아 및 개별적 타인에 관한 통상적인 개념은 가족적인 무리 안에서는 집단적 자아로, 가족적인 무리 밖에서는 집단적이고 보편적이며 원론적인 타인으로 대치됩니다.

포스틴의 이야기이다. "예전부터 나를 정말로 생각해주는 사람들은 나의 가족과 친구들뿐이에요. 그들이라면 대놓고 사랑한다고 말할 수 있고 그들에게 뭐든지 줄 수 있어요. 나머지 사람들, 직장 동료나 우연히 마주치는 남자들은 신경 쓰지 않아요. 이런 사람들과는 사랑하고 안 하고가 중요치 않지요. 더구나 이런 사람들과는 그 누구와도 사랑에 빠진 적이 없어요."

가족들과의 의존적 관계에 관한 착각은 수많은 의존적 어른에게 개념에 대한 혼란을 일으킵니다. 이로 인해 의존적 어른은 가까운 가족 한 사람 한 사람과 마치 연인관계를 맺은 것처럼 살아가지요. 대표적인 예로 엄마를 들 수 있습니다. 의존적 어른은 엄마와 끊임없이 연락을 하지요. 뿐만 아니라 절친한 친구와도 마찬가지입니다. 의존적 어른은 친구에게 수시로 연락하고 만나자고 하지요. 의존적 어른은 가족이나 친구에게서 부부 사이에서나 할 법한 행동을 바랍니다. 멀리 떨어져 있으면 실망감과 배신감을 느끼기도 하고 그들과 진짜 부부싸움을 하듯 다투기도 합니다.

이처럼 가족 간의 사랑, 연인 간의 사랑, 우정이 뒤섞여 만들어진 복잡한 감정은 오직 가족, 연인, 가까운 친구에게만 발현됩니다. 그 범주가 가까운 사람들의 무리를 벗어나면 상황이 완전히 달라집니다. 의존적 어른은 가족, 연인 혹은 절친 이외의 사람과 만날 때에는 전혀 적극적이지 않은 자세로 일정한 거리를 두고 대합니다.

포스틴의 이야기이다. "가족과 친구가 아닌 다른 사람에게 강
렬한 감정이 들면 가족과 친구들을 제대로 배신하는 기분이
들 것 같아요."

의존적 인큐베이터를 떠나기를 거부하는 의존적 어른은 가족
이나 친구들 중에서 애정의 감정을 쏟아낼 대상을 섣불리 찾으
려고 합니다. 특히 친구들을 대상으로 말이지요. 이처럼 의존적
어른은 사랑과 우정을 분명히 구별 짓기 어려워합니다.

불안정한 성정체성

이처럼 사랑과 우정이 뒤섞이다 보면 놀랍게도 성정체성에
대한 혼란이 오는 경우도 있습니다. 실제로 자신과 가까운 사람
들의 무리에 속해 있느냐 아니냐가 특정한 성에 속해 있느냐보
다 우선하는 것처럼 보입니다. 그렇다 보니 의존적 어른 중에는
자신의 성적 지향, 즉 자신이 끌리는 이성의 타입을 놓고 끊임없
이 망설이는 태도를 보이는 사람이 많습니다. 의존적 어른과 상
담을 하다 보면 이 문제로 상당히 불안해하는 사람들이 적지 않
다는 사실을 알 수 있습니다.

페넬로프의 이야기이다. "내가 제일 친한 여자 친구를 사랑하
는 건 아닌지 자문할 때가 많았어요. 중학교 때부터 알고 지낸

친구이지요. 그 친구 없이는 못 살아요. 물론 남자와 사귄 적
도 많았어요. 그런데 솔직히 그 친구와 사귀면 더 좋지 않을까
하는 생각이 들 때가 많아요."

가에탕의 이야기이다. "마지막으로 사귀던 사람과 헤어진
뒤에 한동안 혼자였어요. 다른 여자를 사귀지 못하겠더라고
요. 문득 내가 동성애자는 아닌가 하는 의문이 들더군요. 근
데 그 생각을 하니 오히려 마음이 놓였어요. '그래, 내가 동성
애자구나.'하고 생각했죠. 이렇게 해서 나 자신에 대해 품었던
모든 의문이 해소되었지요. 그러다가 금세 어찌할 바를 모르
고 당황스러웠어요. 내가 여자를 더 좋아한다는 걸 잘 알면서
도 한편으로 '정말 확신하는 거야?'라는 생각이 자꾸만 들었
지요." 가에탕은 열흘 가까이 자신의 성적 지향에 대해 고뇌
했다. 이 시기 동안 끊임없이 자가당착에 빠지며 태도를 이리
저리 바꾸었다.

여기에서 선택 및 행동, 자신의 존재 드러내기, 어떤 일에 가
담하기를 거부하는 것과 관련된 정신적 되새김의 요소들이 드러
나는 것은 당연한 일입니다. 하지만 이 문제의 다른 측면도 고려
해야만 합니다. 의존적 어른은 이성애, 동성애, 양성애 등 안에
서 어떤 것을 선택하기가 어려울 수 있다는 것이지요. 그리고 자
신의 성적 지향에 전혀 혹은 별로 크게 의미를 두지 않기도 합니
다. 실제로 의존적 어른이 이론적 차원에서는 이 성적 지향의 차
이를 구분 지을 수 있다고 해도, 자기 자신을 가족 및 친구들과

분리하기를 거부하려는 성향 때문에 각각의 타입이 신체적으로 표현되는 감정적 가치를 갖고 있는 것으로 여기지 못합니다. 성적 지향의 타입을 간략히 도식화하고 객관적으로 바라볼 수는 있겠지만, 자신의 욕망으로 받아들이지는 못하는 것이지요. 보다 단도직입적으로 말하자면, 의존적 어른은 만약 자신의 신체가 성적매력을 지닌 것으로 주변 사람들이 느끼게 되면, 가까운 관계를 맺은 무리의 구성원들 사이에 서로를 분열시키는 계기가 될 수 있고, 실제로 서로 간의 분리로 이어질 수도 있다고 받아들이는 것입니다. 그러면 의존적 관계에 대한 환상이 깨지게 되지요. 왜냐하면 악착같이 부정했던 경계들이 분명히 다시 드러나고 말테니까요. 이는 분리 및 유기에 대한 불안감의 갑작스러운 재출현으로 이어집니다. 그렇기 때문에 의존적 어른은 자신의 몸을 드러내지 않으려고 하고, 자신을 기분과 감정에서 분리된 중립적인 대상으로 만들어버리려고 합니다.

성욕의 부재(혹은 거의 부재한 상태)

성적 지향의 불안정성은 성욕 부족을 초래할 때가 많습니다. 다수의 의존적 어른은 성적 흥분을 잘 느끼지 못하고, 어쩌다가 한번 오르가슴을 느끼면 어쩔 줄 몰라 합니다. 게다가 어떤 형태로든 신체적 접촉이 일어나면 불안해하고 혼란스러워합니다. 신체가 노출되어서가 아니라 '어떤 행위를 하지 않으려는' 감정 때문이지요.

———◇———

26세 안젤라는 이렇게 말했다. "성관계를 맺는 동안에도 이런 저런 생각을 많이 해요. 이렇게 해야 하나 저렇게 해야 하나를 속으로 계속 생각하는 식이지요. 관계를 맺는 내내 그 상황에서 벗어나 내 모습을 객관적으로 바라보려고 해요. 그러니 저에겐 관계를 맺는 것이 항상 어색할 수밖에요."

이러한 상황에서는 대체로 오르가슴을 제대로 느낄 수가 없습니다. 의존적 어른은 자신이 오르가슴을 제대로, 아니면 그저 부분적으로 느꼈는지 확신하지 못한다고 고백합니다. 이들은 스스로 별 흥미가 없으면서도 상대방을 만족시키기 위해 성관계를 받아들이는 성향이 있습니다. 심지어 성관계를 하지 않고도 살아가는 데 별문제가 없다고 말합니다. 그렇다면 이러한 의존적 어른들은 소위 무성애자인 걸까요?

'무성애asexuality'를 옹호하는 사람들의 모임에 따르면 "사람은 성적인 면이 없이도 누군가에게 시각적으로 매력 즉 미적 매력을 느끼거나, 로맨스적인 감정 즉 낭만적 매력을 느낄 수 있다."라고 합니다. 무성애는 성에 대한 완전한 무관심만을 가리키는 것이 아닙니다. 무성애는 성적 지향, 즉 어떤 성에 대한 선호도가 없는 상태를 동반하기도 하지요. 이러한 성향은 청소년기 때부터 나타납니다. 무성애자들 중 상당수는 욕구가 없음에도 불구하고 부부로 살아가고(상대방은 무성애자가 아닐 때도 있음), 때로는 상대방의 욕구 충족을 위해 성관계를 하기도 합니다.

무성애의 원인이 불안 혹은 수치심에서 온다고 주장하는 일부 전문가들이 있지만 이러한 관점에 이의를 제기하는 의견도 많습니다. 실제로 성적매력을 느끼지 못하는 것은 심리적 장애 혹은 성폭력 등에서 오는 정신적 외상 때문도 아니요, 호르몬, 생식, 뇌 등의 생리적 기능 이상에서 비롯된 것도 아니라는 의견에 점점 힘이 실리고 있습니다. 사실 성적 지향이 없는 것 또한 하나의 성적 지향이라는 의견이 점점 많아지고 있지요. 이성애나 동성애처럼 말입니다.

물론 의존적 어른이 모두 무성애자라고 단정 짓는 것은 아닙니다. 그렇지만 그들은 마치 무성애자인 것처럼 보이는 행동을 할 때가 있습니다. 불확실한 성적 지향, 성적 욕구가 오락가락하거나 아예 없는 상태, 성적 쾌락이나 오르가슴을 잘 못 느끼는 상태 이외에도 다음과 같은 특성을 보입니다.

"중요한 건 상대방의 만족이에요." 의존적 어른은 자신의 욕구보다 상대방의 욕구를 더 중요시합니다. 그래서 성관계를 맺을 때에도 자신의 감각은 신경도 쓰지 않고 심지어 성적 욕구 충족은 바라지도 않은 채, 스스로를 상대방에게 맞추기 위해 자신을 희생하려 합니다.

32세 포스틴의 말이다. "쾌락 따윈 신경 안 써요. 오르가슴을 못 느껴도 상관없고요. 그저 그 사람이 만족하기를 바랄 뿐이죠."

"잘 못 할까 봐 겁나요." 능력이 부족하다고 생각하는 의존적 두려움과 자기비하가 여기에서도 드러납니다. 의존적 어른은 이러한 생각 때문에 성관계를 기술과 수행의 차원에서 바라보고 접근하게 되지요.

◇

36세 페넬로프의 말이다. "제가 뭘 해야 하는지, 어떻게 해야 하는지 계속 생각해요. 남자들이 절 자극시키면, 순간 내가 상대방을 실망시킬지도 모른다는 두려움에 몸이 얼어붙어요. 다른 여자들이 나보다 잘할까 봐 겁나요. 섹스는 절 두렵게 해요. 왜냐하면 제가 잘해야만 하니까요. 이런 생각을 이겨낼 수 없을 것 같아요."

40세 가스파르의 말이다. "섹스할 때 속으로 생각해요. '짐승처럼 굴어야 하나? 소리를 질러야 하나?' 스스로에게 자꾸만 질문을 던져요. 예컨대 키스할 때마다 다가가는 각도가 괜찮은지, 고개를 좀 더 오른쪽으로 혹은 왼쪽으로 기울여야 하고 생각하지요."

"딴 데 있는 것 같아요." 아무 생각이 없거나 정신이 딴 데 있는 것 같은 느낌과 더불어 무감각하거나 마비된 것 같은 느낌을 언급할 때가 많습니다. 오로지 행위를 잘하고 있는지에만 신경이 가 있거나, 진행 중인 행위와는 전혀 관계없이 다른 생각이 떠오릅니다. 육체적 감각과는 거리를 둔 것처럼 느껴집니다.

앙젤라의 말이다. "저도 모르게 벽지나 이불의 무늬 등 방의 인테리어 요소를 쳐다보고 있을 때가 많아요. 나중에 돌이켜 보면 그날 무슨 일이 있었는지 기억이 제대로 나질 않지요."

"아무 일도 없었던 것처럼 행동해요." 의존적 어른은 여러 수 많은 상황에서와 마찬가지로 모든 책임을 거부합니다. 성관계를 피할 수 있으면 안심하지요. 성관계를 맺는 동안 자신이 먼저 어떤 행위를 나서서 하는 일은 없고, 상대방이 하는 대로 이끌려가는 것을 좋아합니다. 술을 마시고 반쯤 의식이 나간 상태에서 성관계를 하는 것을 좋아합니다. 의식이 온전하지 않은 상태에서 성관계를 하고 나면 있었던 일을 나중에 부정할 수 있기 때문이지요.

페넬로프의 말이다. "확실한 대답을 하지 않아요. 사실 좋다고 하지만 속으로는 정말로 하고 싶지는 않다거나 다른 세상에서 벌어진 일인 것처럼 별 상관없다는 생각이 들 때가 많아요."

이 모든 증언에서 가장 두드러지는 것은 남아 있는 불안감과 성행위에 대한 두려움입니다. 성관계 시의 심리적 분열 및 망각도 의미 있는 증상에 속합니다. 일반적으로 심각한 분열 증상은 외상성 스트레스를 받았을 때, 특히 성폭력을 당했을 때 일어납니다. 생각과 감각 사이에 일종의 합선이 일어난 셈이지요.

그렇지만 동의된 성관계는 정신적 외상을 일으키는 상황이 아닙니다. 오히려 이론상으로는 그 어느 때보다 적극적으로 의식을 집중하려고 하는 순간이지요. 하지만 의존적 어른은 성관계에 동의했다 하더라도, 혹은 자신도 어떤 욕구를 느꼈다고 하더라도, 성행위를 하는 순간에는 어른과 마주한 아이의 모습과 다를 바 없습니다.

게다가 의존적 어른에게 있어 성은 육체 혹은 대상의 문제, 순전히 유기적이고 기계적인 문제에 지나지 않습니다. 파트너인 상대방을 감정이 배제된 육체로 바라보지요. 특별한 누군가가 아니라 그저 일반적인 다른 사람, 추상적인 대상으로 바라보는 겁니다. 이 상대방에게 특별한 사람으로서의 의미를 부여하면 안 됩니다. 이러한 의미를 부여하면 어떤 감정이 일어날 수 있고 그렇게 되면 가까운 가족 및 친구들과의 의존적 관계가 흐트러질 수도 있기 때문이지요.

그러니까 의존적 어른에게 성관계란 '영혼이 없는 두 육체의 피상적인 만남'에 불과합니다. 이러한 관계는 환상과 공상에 기대지 않거나 혹은 이타성을 드러내지 않고서는 그 자체로 아무런 이득도 의미도 없겠지요. 이런 맥락에서 보면 의존적 어른 중 다수가 이미 오랜 시간 성관계를 경험해 놓고서도 스스로 순결하다고 느낀다는 사실에 그리 놀랄 것도 없습니다.

치료 사례

32세 포스틴의 사례이다. "사실 저는 남자를 만나는 게 어려워요. 남자 품에 안기면 마음이 놓인다는데, 전 잘 모르겠어요. 남자들 몸을 봐도 특별한 느낌이 없고, 매력을 느끼지 못해요. 특별한 이상형도 없어요. 어쨌거나 남자들은 오직 제 몸에만 관심이 있는 존재이고, 제 인생에서 끊임없이 스쳐 지나가는 이름들에 불과하지요. 한 남자와 두 밤을 보내는 법이 없어요. 두 번 중 한 번은 절대 진도를 나가지 않고 뜸 들이는 정도로 만족해요."

포스틴은 호흡이 긴 치료 방법을 택했다. 그녀와 가족과의 사이에 경계를 짓는 법을 배웠다. 다른 한편으로는 자신의 가족 및 친구가 아닌 사람들과 그녀 사이에 세워 놓은 '무관심의 벽'을 허물기 시작했다. 지하철, 버스, 길거리에서 자신이 모르는 사람들에게 내보이는 경계심을 자각하기 시작했다. 그런 뒤에 몸을 편안하게 하는 방법을 배웠다. 물론 단순한 이완법이 아니라, 타인에게 마음을 보다 넓게 열고 보다 가까이 다가가는 것을 수용하기 위한 방법이었다. 이것은 엄청난 불안감이 뒤따를 수밖에 없는 수행법이었다. "위험에 처한 느낌이 들었어요. 무언가 나쁜 짓을 저지르는 것만 같았죠. 나는 바깥 세상에 눈을 뜰 자격이 없는 사람이니까요. 다른 사람을 만나면 나의 가족과 절친한 친구들을 배신하는 것 같았죠. 그들이 없으면 보호받지 못하는 느낌이 들고 혼자가 된 느낌이었어요. 그러다 보니 나 자신에게만 매달리게 되었죠."

다음 단계는 그녀가 마주치거나 만나는 남자에 대해 스스로 질문을 던져보는 것이었다. 말하자면 그들 각자의 특성을 하나씩 살펴보는 것이다. '누가 마음에 들었나? 누가 마음에 들지 않았나? 이유는?' 처음에는 이러한 질문을 던져도 아무 대답이 생각나지 않았다. 그래서 그녀는 자신의 감정과 느낌에 좀 더 귀 기울이기 시작했다. 얼마 뒤 그녀는 한 남자를 만나 진지하게 사귀기 시작했다. "첫날밤을 보내기까지 몇 주가 걸렸어요. 첫날밤 보낼 생각만 하면 어쩔 줄 모르겠더군요. 첫 관계가 한 시간 앞으로 다가왔을 때 눈이 침침해지고 식은땀도 났어요. 엄청난 불안감이 밀려왔지요. 없던 일로 하고 싶은 마음이 굴뚝같았지만 견뎌냈어요. 그날 밤 그전까지 한 번도 경험해보지 못했던 오르가슴을 느꼈어요." 이러한 상황에서는 아주 짧은 순간이라 할지라도 성적 쾌락을 경험한 것이 타인과의 진정성 있는 만남에 대한 증표가 된다.

"앞으로는 주저하지 않을 거예요. 정말 잊을 수 없는 경험이었어요. 조금씩 부모님과 거리를 두는 법을 알아가고 있어요. 가장 놀라운 건 이제 더 이상 그렇게 해도 죄책감이 들지 않는다는 거예요. 하지만 이러한 인생의 욕구를 한번 경험하고 나면 나머지 것들은 하찮아지겠지요. 그 느낌이 정말 강렬하니까요."

정서적 의존에서 벗어난다는 것은 오롯이 자신을 위한 '인생의 욕구'를 받아들이는 것이라는 말이 있습니다. 이보다 더 멋진 말이 또 있을까요. 이런 의미에서 포스틴이 새로운 삶에 완전히 발을 들여놓았을 때 제게 보내온 편지의 일부 내용을 인용하는 것으로 이 장을 마치고자 합니다.

"예전에는 내 인생은 이미 정해져 있다고 믿었어요. 결코 내가 선택한 적 없는 삶을 살았던 거죠. 그런데 스스로에게 진정한 질문을 던진 뒤로는 달라졌어요. '난 더 나은 삶을 살고 싶은 걸까? 어떤 삶이 나를 행복하게 할까?' 질문에 귀 기울이기만 하면 대답은 절로 뒤따른다는 것을 깨달았어요. 이제는 저도 모르게 인생이 아름답다는 말을 불쑥 내뱉거나 혹은 그런 생각이 떠올라 놀랄 때가 있어요. 게다가 스스로 엄청난 가능성을 발견해냈어요. 사람은 누구나 자신의 인생을 결정할 능력이 있다는 것을요. 물론 이 사회를 살아가려면 이런저런 제약이 따르겠지요. 직업도 가지고 돈도 벌어야 하니까요. 하지만 일단 이러한 여러 제약을 받아들이고 나면, 제가 가진 무한한 가능성도 발휘될 거라고 믿어요."

10장

나도 그들을
필요로
했습니다

의존적 괴롭힘의 대표적인 결과 중 하나가 바로 주변 사람, 즉 가족, 연인, 친구들로 하여금 정서적 의존성을 보이는 어른 곁으로 모이게 하는 겁니다. 앞서 살펴본 것처럼 어떤 가족은 의존적 어른에게 다가가고 적극적으로 도움을 주려 하는 모습을 보이려고 하는가 하면, 또 어떤 가족들은 거리를 두고 신중한 태도를 취합니다. 의존적 어른의 의도가 만들어내는 끝없는 피곤한 상황에서 벗어나는 방법을 구체적으로 살펴보기 전에 각자가 주어진 상황 속에서 어떤 위치에 있는지를 제대로 알아보는 것이 중요합니다.

가장 시달리는 한 사람

모두 알다시피 조력자들 중 한 사람은 주 조력자의 역할을 맡게 됩니다. 역할을 맡게 된 과정도 이유도 모른 채 말입니다. 정신을 차려보면 어느새 의존적 어른이 내게 습관적으로 도움을 요청하고 있지요. 나머지 가족 구성원과 의존적 어른 사이에서 중재자 역할을 하면서 발생하는 문제를 자기 몫으로 여기는 사람이 바로 주 조력자입니다. 본인의 의지나 의사는 전혀 반영될 틈도 없이, 주 조력자는 다른 사람들의 머릿속에 의존적 어른을 돌보는 의무를 맡은 일종의 감독관으로 자리 잡게 됩니다. 주 조력자는 나머지 사람들에 비해 의존적 괴롭힘에 더욱더 많이 노출되는 외로운 위치에 놓이게 되지요. 그만큼 많은 고통을 겪게 됩니다. 다음의 사례들을 보면 이와 같은 상황이 아주 분명하게 드러납니다.

47세 피에르의 말이다. "2~3년 정도가 지나자 다른 가족들은 스스로를 지키기 위해 마르쿠스에게서 점점 멀어지기 시작했지요. 저는 전쟁터에 혼자 남은 꼴이 되어 정말 죽을 지경이었어요. 10년을 줄곧 형의 괴롭힘에 시달렸어요. 이러한 상황에서 벗어날 방법이 전혀 보이지 않더군요. 형은 점점 내가 형을 책임져야 하는 유일한 사람인 것처럼 행동하기 시작했지요. 사실상 제 스스로 함정에 빠지고 만 셈이죠."

20세 카를라의 말이다. "심리치료를 받으면서 제가 우리 엄마로 인해 부모화되었다는 사실을 알게 되었어요. 그걸 이해하는 것은 어렵지 않았지만, 받아들이는 데는 시간이 좀 걸렸죠. 이미 엄마를 돌보는 사람으로 살아가는 데 익숙해져 있었으니까요."

일반적으로 정서적 의존성을 보이는 어른과 물리적으로나 지리적으로 가장 가까운 위치에 있는 사람을 가리켜 주 조력자라고 이야기할 때가 많습니다. 주 조력자는 의존적 가족의 사정을 잘 알고, 의존적 가족과 연락을 가장 자주 하며, 의존적 가족에게 인내하는 모습을 가장 많이 보이는 사람인 것처럼 비쳐집니다. 프랑스의 심리학자 자닌-소피 지로데Janine-Sophie Giraudet와 잉게 칸테그레일-칼렌Inge Cantegreil-Kallen은 가족관계를 다룬 자신들의 논문에서 이렇게 설명합니다. "주 조력자는 스스로 자처하기보다는 지목될 때가 더 많다. 다른 가족 구성원들에 의해 여유가 있는 존재로 인식되기 때문이다." 이러한 개념을 풀어내기 위해 가족관계 심리학에서 이야기하는 아주 유용한 개념을 한 가지 더 살펴볼 수 있습니다. 바로 '환자로 지목된 사람'입니다. 가족관계 심리학에서는 가족 구성원 간의 상호작용이 가족 전체에 영향을 미치며, 아울러 역으로 가족 전체의 상태도 각 구성원에게 영향을 미친다고 보고 있습니다. 이와 같은 원리를 토대로 가족 구성원 중 한 명이 보이는 우울, 불안 등의 장애로 인해 가족의 체계 자체가 곤경에 빠질 수 있다고 봅니다. 예컨대 가족관계 심리학 안에서는 정서적 어려움을 겪는 어른이 가족 사이에 소통의 문제를 일으키는 사람이 되기도 합니다. 원만한 방식으로 작동하지 못하는 가족 체계 안에서는 마치 문제를 겪는 구성원을 해당 사람에게 일종의 '감압밸브'가 달린 것처럼 바라봅니다. 여기서 말하는 문제의 환자를 가족치료 분야에서는 관례적으로 '환자로 지목된 사람'이라 부릅니다. 지목된 사람이란 가족 구성원들 사이의 무분별한 상호작용 속에서 가장 심한 중압감을 보이는 사람을 뜻하지요. 말하자면 구성원들은 이 사람을 희생양으로 삼고, 가족은 이 한 사람이 겪는 고통 덕분에 긴밀히 결합된 하나의 총체로서 그 기능을 계속 이어나가는 것이지요.

하지만 의존적 괴롭힘이 벌어지는 상황에서 문제를 겪는 가족만 여러 가지 문제적 징후를 가진 사람으로 여겨지며 지목되는 것은 아닙니다. 다양한 관점에서 봤을 때 주 조력자 역시 지목된 것처럼 보입니다. 실제로 주 조력자 또한 자신의 고통을 통해, 가족이 제기능을 하지 못하는 측면을 드러냄과 동시에 가족의 결합을 위해 애씁니다. 그러니까 적어도 비공식적으로 주 조력자를 '지목된 조력자'라고 부를 수 있겠지요. 그렇다면 이제 이런 의문이 남습니다. 어째서 특정한 일부 구성원이 전체 가족 구성원들 중에서 주 조력자로 지목될 가능성이 높은 걸까요?

어떻게 해서 주 조력자가 되는가?

주 조력자들은 대체로 주어진 원치 않는 상황에 걸려들거나 심지어 함정에 빠진 것 같은 느낌을 경험하게 됩니다. 너무나도 당연한 느낌이지요. 그런데 여기서 '함정'이라는 단어가 지닌 의미를 들여다볼 필요가 있습니다.

일반적으로 함정이라 함은 짐승 혹은 사람을 잡기 위한 수단입니다. 이것이 의존적 어른이 보이는 의도 혹은 행동들과 일치할까요? 언뜻 보기에 그래해 보입니다. 어쨌든 누군가를 독점하려 하거나 매달리는 행동을 보이는 이유도, 그리고 스스로를 억지로 직업적, 경제적, 감정적 등 여러 방면에서 곤경에 처하게 하는 등의 교묘한 수단들을 동원해 주변 가족 및 친구들이 자신의 일에 관여하도록 만드는 이유도, 결국 의존하고자 하는 대상을 곁에 붙잡아 두기 위함이니까요. 또한 의존적 어른은 자신의 책임을 다른 사람에게 전가하기 위해 끊임없이 애쓰고, 분리되는 상황을 피하기 위해 가능한 모든 수단을 동원합니다. 그러므로 특정한 형태의 지배 상황을 만들어내고, 그 상태를 지속하기 위한 일관성 있는 시도를 의도적으로 또는 일정 부분 은연중에 드러내지요. 게다가 이러한 지배 상황은 조력자들이 무시하기가 거의 불가능해보일 정도로 아주 강력합니다. 따라서 조력자들은 상담하는 동안 하나같이 이런저런 형태로 함정 및 유폐의 개념을 언급합니다. "완전히 갇힌 것 같아요.", "선택의 여지가 없어요.", "무슨 일이 있어도 꼭 엮이게 되어버려요.", "어떻게 해야 벗어날 수 있을지 모르겠어요." 등으로 말이지요.

하지만 그렇다고 해서 정서적 의존성이 심한 어른 혼자 이 함정을 놓았다고 단정 지을 수 있을까요? 아닙니다. 오히려 각자가 책임질 부분이 있는 집단적 기능의 결과라고 생각하는 것이 맞습니다.

정서적 의존성이 심한 가족이 처음으로 도움을 호소할 때부터 주변 가족은 각자의 역할을 나누어 가지게 됩니다. 누군가는 주 조력자로 지목되고, 나머지 가족들은 한 발 뒤로 물러서서 부득이할 때 도와줄 준비를 하고 있습니다. 물론 나머지 가족들이 냉정하게 일체의 개입을 거부하지 않는 이상 말입니다. 가끔은 완전히 거부하는 경우도 있습니다. 그런데 어떻게 어떤 구성원은 의존적 어른에게 쉽게 말려드는 반면, 어떤 구성원은 적당한 거리를 두면서 자신의 자리를 찾아가는 걸까요? 실존주의적 가정에 따르면 의존적 가족과 긴밀한 정도는 각자의 심리적 안정성에 따라 조절이 이루어진다고 합니다. 즉, 은연중에 각자의 불안한 정도와 가족 전체의 불안한 정도를 최소한으로 줄이려고 하는 것이지요. 보다 구체적으로 말하자면 의존적 어른에게 거리를 두는 가족 구성원은 나름대로 자신의 개인적인 불안 수준을 최대한 낮출 수 있는 위치에 정확히 이르도록 애쓴다는 겁니다.

물론 이러한 조정은 서로 간에 명확히 의견을 주고받는 과정을 통하지 않고 암묵적으로, 이루어집니다. 어떤 식으로 이루어질까요? 특별한 것은 없습니다. 그저 문제의 구성원과의 거리와 접촉 빈도 및 강도를 직관적으로 조정해 나가며 이루어집니다. 예컨대 어떤 사람은 엄마와는 긴밀한 관계를 유지하고, 아빠와는 거리를 두며, 자매와는 더욱더 거리를 둬야지만 마음이 편안해질 수도 있습니다. 나머지 가족들도 각자의 의향에 따라 나름대로 관계를 형성하지요. 어찌 되었든 여기에는 자신이 중시하는 대인 간 거리, 서로 간의 우호적 또는 대립적 관계에 따른 역학적인 조정 절차가 존재합니다. 또한 이러한 조정은 가족 전체의 결속력을 유지해야 한다는 제일의 필요성을 어느 정도 따르게 됩니다.

그런데 이러한 맥락에서 보았을 때, '지목된 주 조력자는 항상 의존적 어른과 가장 긴밀한 관계를 유지하는 사람'이라는 사실이 의미하는 바는 단 하나입니다. 지목된 조력자는 정서적 의존성이 높은 가족과 가까이 붙어 지내야만 하는 사람이라는 것입니다. 즉, 그 **조력자 역시 의존적 어른만큼이나 의존적 관계에 매달린다는 것이지요. 결국 지목된 조력자 또한, 스스로 깨닫지 못하지만 분리 및 유기에 대한 두려움에 사로잡힌 정서적 의존성이 높은 어른인 것입니다.**

주 조력자들은 이러한 견해를 인정하지 못하는 경우가 많을 겁니다. 의존적 괴롭힘의 상황에서 자신은 도움을 요청하는 쪽이 아니라, 도움을 주는 쪽임을 강조하며 반박하겠지요. 경우에 따라서는 자신은 독립적이고 자립적인 생활을 하고 있으며 스스로를 책임질 수 있는 만큼, 절대로 의존적 관계에 집착하는 사람이 아니라고 강력하게 주장할 수도 있습니다. 하지만 주 조력자가 독립적이고 자립적인 행동과 제대로 결정하고 행동으로 옮긴다는 것을 고려해도, 그들은 단지 의존적 행동을 보완할 능력이 비교적 높은 사람이라는 정도로만 봐야 합니다. 주 조력자들 역시 의존적 관계를 추구하는 것은 분명한 사실이니까요. 겉으로 내보이지는 않지만 주 조력자 스스로 고통스럽고 파괴적인 의존적 관계를 감내할 정도로 의존적 관계에 대한 욕구가 강렬한 것입니다.

카를라의 경우입니다. "솔직히 엄마와 멀리 떨어지기가 두려워요. 엄마가 절 필요로 한다고 생각하지만 아마도 저 역시 엄마가 필요한 것이겠지요. 엄마한테서 연락이 없으면 극도로 외롭거든요."

피에르는 말합니다. "서도 형에게 아주 강한, 어쩌면 과도한 애착을 가지고 있다는 것을 인정해야 할 것 같아요. 심지어형 말고 나머지 가족들에게도요. 솔직히 말하면 저 역시 두려움을 떨쳐내려면 가족이 꼭 곁에 있어야만 하는 사람이에요. 겉으로는 스스로를 독립적이고 때론 혼자 있기를 좋아하는사람처럼 보이게 하지만요."

결국 함정의 핵심은 바로 여기에 있습니다. 지목된 조력자가의존적 괴롭힘의 상황에서 진정 벗어나고 싶다면, 조력자 스스로가 자신이 도와주려는 가족과 어느 정도로 의존적 결합을 바라고있는지를 먼저 알아차리는 것이 중요합니다.

"좀 더 해줄 수 있얼을 텐데."
"내가 할 일을 못하고 있는 거 아닐까?"
그들이 습관적으로 하는 생각입니다.

11장

나부터
구했을 때
시작되는 변화

실존주의 심리치료의 핵심 요소에 대해서는 앞서 이미 언급한 바 있습니다. 하지만 조력자가 이 책에서 제안하는 의존적 어른을 위한 심리적 지원 및 치료적 보살핌의 이점들을 제대로 이해하려면 몇 가지 세부적 사항들을 추가로 살펴봐야 합니다.

삶의 전제조건을 받아들일 때
치료가 시작된다

실존주의 심리치료*는 1960년대에 펼쳐진 휴머니즘 운동의 일환입니다. 특히 인간이 자신이 가진 개별성을 깊이 성찰하여, 스스로를 변화시키고 성장시키며. 인생을 주도적으로 선택할 수 있도록 만드는 것에 중점을 둔 사상입니다. 요점은 **사람은 누구라도 현재 처한 상황이 아무리 비참하고 절망적으로 보인다고 하더라도, 어떤 상황에서건 적절히 대응할 수 있고, 성숙하게 자신의 삶의 이유를 찾아 뜻깊은 인생을 살아갈 수 있는 발전의 가능성을 가지고 있다는 것입니다.**

---

* '여러 가지' 실존주의 심리치료라고 이야기하는 것이 보다 정확한 표현입니다. 이 치료에도 다양한 형태의 방식이 존재하기 때문이죠. 그렇지만 여기에서는 어빈 얄롬이 집약해서 설명한 실존주의 심리치료의 본질적인 내용에만 국한해 설명하고 있습니다.

심리치료의 관행에 근본적인 변화를 이끌며 인간중심 상담기법을 발선시킨 미국의 심리학자 칼 로저스Carl Rogers는 환자가 겪는 증상 혹은 문제에 초점을 맞추기보다, 환자가 스스로 계속해서 타고난 잠재력을 실현할 수 있도록 해야 한다고 주장했습니다. 그는 인간이 타고난 잠재력에 대해 이렇게 설명합니다. "내면의 힘이자 미묘한 흐름이며 삶의 원천이자 우리의 물리적인 생활에 꼭 필요한 힘이다. 이를 구현하려는 혹은 행위로 실현하려는 성향이 모든 인간에게 내재되어 있고, 이를 통해 스스로 발전하고 성숙할 수 있는 가능성이 주어진다."

인간중심 상담치료는 치료자가 내담자에 대해 선불리 판단하지 않고, 오직 긍정적인 시선으로 바라보는 태도를 통해 환자인 내담자가 스스로 이해받고 수용되고 받아들여진다는 느낌을 받도록 하는 것입니다. 치료자가 취해야 하는 기본적인 태도는 무조건적인 호의와 경청입니다. 치료자는 내담자가 표현하는 감정을 수용하고, 다시 내담자에게 똑같이 되돌려 보냅니다. 이와 같은 공감의 관계를 통해서 내담자는 자신의 감정적 경험을 새롭게 헤아려볼 수 있게 되지요.

인간중심 심리치료사들은 내담자의 치료적 효과와 성숙을 이끌어내는 것은 기술이나 이론적 틀이 아니고 '관계' 그 자체라고 생각합니다. 그리고 여러 과학적 연구가 이러한 주장을 뒷받침하기도 합니다. 1976년에 이루어진 한 유명한 연구 결과를 통해 심리치료의 형태를 불문하고, 내담자의 실존, 인지, 가족관계 등에 있어서의 회복에 가장 중요한 요인은 '관계의 질'이라는 사실이 밝혀졌습니다. 그 뒤에 이루어진 여러 실험을 통해 인간관계에 대해 올바른 생각을 가진 친구나 선생님 등의 비전문가와도 내담자가 꾸준히 대화를 나누다 보면, 상태가 눈에 띄게 호전될 수 있다는 사실도 밝혀졌습니다.

실존주의 심리치료는 인간중심 상담의 사고 안에서 치료자와 내담자 사이의 관계 진정성에 상당한 주의를 기울입니다. 또한 이 외에도 중요시하는 몇몇 원칙들이 또 있습니다. 어빈 얄롬은 자신의 주요저서『실존주의 심리치료Existential Psychotherapy』에서 주요한 네 가지 실존적 문제, 즉 '죽음과 비존재', '실존적 고립', '삶의 무의미성', '자유와 책임'을 마주하는 원인이 우리가 겪는 수많은 불안에 있다고 설명합니다. 그러한 불안으로부터 스스로를 지키기 위해 우리는 어떤 방어기제를 동원하는데, 그 방어기제가 때때로 극단적이거나 경직된 형태로 드러나기도 한다는 것이죠. 이제 남은 문제는 이러한 방어기제에는 어떤 것들이 있는지, 방어기제들이 우리에게 어떤 작용을 미치는지를 밝히는 일이지요.

이러한 방어기제에는 여러 가지가 있습니다. 예컨대 일벌레가 되기도 하고, 충동적이고 강박적인 증세를 보이거나, 화를 참지 못하기도 하지요. 또 여러 가지 술, 마약, 음식, 게임, 섹스에의 중독에 빠지기도 하며, 감당하지도 못하면서 모든 것을 완전히 통제하려고 애쓰기도 합니다. 뿐만 아니라 앞서 살펴본 것처럼 타인에게 심하게 정서적으로 의존하는 한편, 자신의 삶을 스스로 온전히 살아가기를 거부하며, 다른 사람들이 자기 대신 어떤 일을 결정하도록 만들기도 하지요. 어빈 얄롬은 이렇게 설명합니다. "대체로 [그] 사람들은 자기 자신의 욕구를 경계하거나 무산시킨다. 실제로 상당수가 스스로 강해 보일 수 있게 하는 어떤 것도 하지 않는 것이 더 좋다고 마음먹는다. 결국 자신의 욕구는 약해지고, 밖으로 드러나지 않게 된다. 원하지 않으면 더 이상 실망하거나 거절당하는 일도 없으니까 말이다. 한편, 일부는 어린아이처럼 다른 사람들이 자신의 욕구를 짐작하고 미리 알아서 무언가 해주길 바라는 마음에서 자신의 욕구를 감추기도 한다."

그러니까 심리치료에서 부여하는 과제는 결국 항상 내담자가 자신의 존재 자체를 스스로 느끼며, 자신이 행동하는 것에 책임질 수 있는 사람이 되도록 노력하는 과정입니다. 마리 노엘 살라테Marie-Noëlle Salathée는 실존주의 심리치료의 목적을 이렇게 설명했습니다. **"무엇보다 내담자가 살아가게 하는 것이다. 그리고 삶의 여러 가지 제약을 받아들임과 동시에, 자신의 욕구와 잠재적 능력을 자각하게 하여, 스스로를 불안하게 만드는 상황에 대처하기 위한 가치를 찾아낼 줄 아는 사람이 되도록 이끄는 것이다."** 이러한 이유로 치료자는 상담치료를 하는 내내 다음과 같은 중요한 질문들을 수시로 반복해서 던집니다. "지금 이 순간 어떤 느낌이 드나요?", "어떻게 됐으면 좋겠어요?", "어떻게 했나요?", "앞으로 어떻게 할 건가요?" 이런 질문을 받으면, 의존적 어른은 두려운 느낌이 들 때가 많습니다. 이런 고민을 줄곧 회피하며 살아가는 사람에게는 대답하기 굉장히 어려운 문제들일 테니까요. 그러니까 대답할 수 있도록 도와줘야만 합니다. 치료자는 소크라테스의 질문법을 사용해 내담자가 스스로 답변을 찾도록 돕습니다. 자세, 몸짓, 반응과 같이 관찰이 가능한 세세한 부분들을 이용해야 하지요. 예컨대 만약 내담자가 말수가 아주 적다면 이러한 점에 관해 질문을 던지는 식이지요. "당신은 어째서 이토록 말수가 적은가요?"라는 식으로 말입니다.

이처럼 상담시간 동안 일어난 일은 치료적 훈련 과정의 중심에 다시 놓입니다. 앞서 언급한, 어떤 말을 할 때마다 억지로 웃음을 지어 보인 앞서 언급한 내담자의 경우도 마찬가지였지요. 상담치료를 하면서 이와 관련해 이야기한 덕분에 그는 이 억지 웃음이 자신감의 지속적인 저하를 야기할 뿐만 아니라, 다른 사람들에게 '내가 하는 말을 진지하게 생각하지 말라. 내 의견은 상관 말고 하라'는 식으로 비춰진다는 사실을 인식하게 되었습니다. 아주 사소한 것처럼 보이는 세세한 부분 하나가 상황의 근본적인 개선을 불러올 수 있는 훈련으로 이어지기도 한다는 사실을 알 수 있습니다.

실존주의 심리치료에서의 훈련과정은 사고의 분석이나 파악, 일시적인 컨트롤에만 국한되지 않는다는 점을 명심해야 합니다. 상담을 할 때마다 반드시 본질적인 변화를 이끌어내야 하지요. 하지만 이를 위해서는 내담자가 사전에 변화하겠다는 생각 자체를 받아들여야만 하는데, 이것이 결코 쉽지가 않습니다. 사실 내담자들 중 상당수가 불안하거나 심란한 상태로 망설입니다. '꼭 지금과 다른 사람이 되어야만 하는 걸까?' 그러므로 내담자에게 변화의 네 가지 기본 원칙을 반드시 상기시켜줘야 합니다.

- 나는 나를 바꿀 수 있는 유일한 사람이다.
- 변화는 어떠한 위험도 내포하지 않는다.
- 내가 원하는 것을 진정으로 얻으려면 변화해야만 한다.
- 나는 변화할 능력이 있다.

여기에서 우리는 앞서 이미 언급한 중요한 점을 재차 떠올릴 수 있습니다. **실존주의 심리치료를 통해 이끌어내는 변화의 궁극적이고도 당연한 목표는 다른 사람이 되는 것이 아니라, '진정한 내'가 되는 것입니다.**

당신이 없어도 괜찮습니다

우리는 아직까지 여러 가지 구체적인 치료 사례를 통해 의존적 관계에 매달리는 환자가 개인적인 변화를 이끌어내는 데 성공한 이야기를 살펴보았습니다. 이제는 치료자가 조력자들을 의존적 함정에서 빠져나오도록 이끄는 방법에 대해 살펴볼 것입니다. 재차 언급하지만 이러한 유형의 상황에서는 예외 없이 상호적인 정서적 및 심리적 의존관계가 관찰됩니다. 의존적 가족이 주변 사람들에게 매달리는 것은 확실하지만, 지목된 조력자 역시 의존적 관계에 매달리는 것이지요. 물론 조력자의 경우, 매달

리는 정도가 훨씬 약할 수는 있겠지만요. 대부분의 경우 조력자
가 의존적 관계에 대한 집착을 버리는 데는 타인의 심리적 지원
및 지지가 도움이 됩니다.

모든 것을 통제하려는 마음 버리기

지목된 조력자는 주 조력자의 위치에 있는 동안, 자신에게 부
여된 권위와 권한을 도전받는 경우가 거의 없습니다. 주변 가족
들 눈에는 주 조력자가 의존적 가족의 상황에 관해 내리는 판단
이 중요하게 보이지요. 주 조력자가 하는 말이 결정적이고요. 행
동에 옮기고 조치를 취하는 데 필요한 전적인 신뢰를 주 조력자
에게 보내는가 하면, 주 조력자의 의견에 따라 상황을 판단하고,
돈 문제뿐만 아니라 행정적인 문제까지도 주 조력자가 관리하고
해결하도록 맡깁니다. 한편 정서적 의존이 심한 가족은 주 조력
자를 자신의 후견인처럼 여깁니다. 자신을 보호하고, 자기 대신
거의 모든 일을 결정할 수 있으며, 필요하다면 훈계하거나 벌주
는 일도 서슴지 않고 해줄 자격이 있는 사람이라 생각하지요.

그런데 주 조력자는 이러한 권한을 너무도 잘 감당해서 역시
나 '지배적 관계'라고 부를 수 있는 정도의 모습이 나타납니다.
의존적 가족은 상당히 수동적으로 주 조력자를 잘 따르지요. 실
제로 둘 사이에는 지배적인 형태 혹은 소유적인 형태가 역력히
드러나는 것을 확인할 수 있습니다. 심지어 상대방을 마음대로
소유해야만 하는 그릇된 모습을 보이기도 하지요. 모든 일을 당
연히 상호의존적 관계를 맺고자 하는 의지의 결과물처럼 받아들

여야만 하는 겁니다. 조력자들이 이 부분에 관해 이야기한 내용을 살펴보면 이와 같은 사실은 아주 분명하게 드러납니다.

"저는 형이 하는 일을 통제해야만 해요. 그런데 이상하게도 제 마음 한쪽에서는 이러한 역할이 기분 좋게 느껴지기도 하지요."

"남편이 꼭 자식 같아요. 남편을 꼭 내 자식인 양 마음대로 하려 하거나 고압적으로 대하는 제 모습을 자각할 때가 많아요. 그런데 이런 모습을 자제할 수가 없어요."

"제가 그의 의견이나 욕구를 무시할 때가 많아요. 심지어 욕을 퍼붓거나 벌로 무언가를 못 하게 할 때도 있지요."

"가끔은 '과연 내가 무슨 자격으로 그에게 훈계를 하고 있지?'라는 의문이 들 때도 있어요. 그 사람을 언제나 어린애라 생각하는 것 같아요."

"그를 절대 포기하지 않을 거예요." 조력자는 이렇게 말하면서 의존적 가족에게 행하는 권한을 쉽게 정당화시킵니다. 하지만 정확히 말하자면, 조력자가 의존적 가족을 놓아 버리거나 그냥 내버려 두지 못한다는 것은 사실 조력자도 의존적 가족에게 매달리고 있다는 것과 같은 의미 아닐까요? 이렇게 말하면 분명히 자신은 조력자로서의 책임이 있기 때문에 불가피하게 의존적 가족에게 매달릴 수밖에 없다고 말하겠지요. 하지만 사실은 이와 같은 행동의 밑바닥에는 독점욕이나 집착과 유사한 동기가 깔려 있음을 부정할 수 없습니다.

끝으로 주 조력자로서의 역할에는 도의적인 이점이 부여된다는 사실을 눈여겨봐야 합니다.

───◇───

한 조력자의 말이다. "나머지 가족들도 저한테 의지했던 것 같아요. 가족들이 제게 고마워할 때가 많아서 어느 정도 긍지를 느꼈던 게 아닐까 싶어요. 제 스스로 옳다고 생각해서 한 것도 있었겠지만 어쩌면 가족들의 그러한 반응 때문에 하기 싫다는 소리를 못 했던 것 같아요."

남편에게 괴롭힘을 당하며 조력자 역할을 한 어느 부인은 이렇게 말했다. "사실 남편은 제가 가진 활기 넘치고 호전적인 면에 아주 잘 기댈 줄 아는 사람이었어요. 스스로가 남편에 비해 강하다고 느끼는 상황이 만족스러웠던 건 사실이에요. 그렇다 보니 저도 모르게 제 문제에 더해 남편의 문제까지 모두 떠안았고, 시부모님까지 그런 상황을 만족해하셨죠. 시부모님이 제게 너무 고마워하셔서, 힘들어도 계속 혼자 문제를 해결해 나갈 수밖에 없었어요."

하지만 **주 조력자가 의존적 함정에서 벗어나려면 자신의 통제 욕구를 경계함과 동시에 욕구를 부추기는 근본적인 동기가 무엇인지 살펴봐야 합니다. 많은 주 조력자가 부인하지만, 그들 대부**

분을 움직이는 주요 요인은 바로 '분리불안'입니다. 실제로 주 조력자에게 의존적 가족과 약간의 거리를 두라고 제안하면, 무조건적인 반감을 드러냅니다. 이는 주도권을 잃을 수도 있다는 상실감 때문이기도 하지만 '최악의 상황을 피하기 위해' 의존적 가족을 감시하려는 병적인 욕구 때문이기도 하지요. 그런데 이때의 최악의 상황이란 정확히 무엇일까요? 의존적 가족에게만 해당되는 상황을 말할까요? 실은 조력자에게도 의존적 가족과 거리를 두며, 자신의 실존적 불안과 마주해야 한다는 것이 '최악'의 상황은 아닐까요?

그러니까 분리에 대해 먼저 인정하도록 해야 합니다. 언제든지 큰일이 실제로 벌어질 수 있다는 매우 불안한 생각을 받아들이는 것에서부터 시작합니다. 이와 동시에 자기 자신의 한계를 먼저 인정할 필요가 있습니다. 상대방을 대신해 행동하면서 일어날 수 있는 불의의 사건들과 맞설 수 없고, 도와주고 싶은 사람을 대신해줄 수 없으며, 상대방을 위해 원하거나 선택하고 그를 대신해 살아갈 수 없다는 것을 말입니다. 바꾸어 말하면 **의존적 관계에서 벗어난다는 것은 나 자신과 의존적 가족 사이에, 뿐만 아니라 모든 사람들의 사이에도 마찬가지로 뛰어넘을 수 없는 간격이 존재한다는 사실을 깨달아 나가는 과정입니다.** 과감히 다른 사람의 도움 없이 살아가고, 더 나아가 자기 자신을 위한, 자기 자신에 의한 삶을 살아가는 것입니다.

이처럼 '내려놓기' 위해서는 관점의 전환이 필요합니다. 조력자가 신경 써야 할 진짜 문제는 의존적 가족이 자립할 수 있도록 도와주며 애쓰는 것이 아닙니다. 먼저 자기 자신부터 자립하는 것이지요. 그러니까 조력자는 "그 사람이 언젠가는 나 없이도 살아갈 수 있었으면 좋겠어요."라고 의존적 가족에 대해 얘기하려고 애쓸 것이 아니라, 오히려 "그 사람 없이도 제가 살아갈 수 있어야만 해요."라고 자기 자신에 대해 얘기해야 하는 겁니다.

결국 조력자는 심리치료를 통해 의존적 가족의 삶을 통제하려 하지 않고, 자신의 삶을 살아가는 법을 받아들이도록 하는 훈련을 해야 합니다. 더불어 조력자는 의존적 어른에게 자기가 없어서는 안 된다는 생각을 버리려고 애써야만 합니다. 물론 이러한 변화는 행동으로 나타내 보여야 하겠지요. 그렇다면 실제로 어떤 식으로 이루어질까요?

형 마르쿠스에게 괴롭힘을 당하고 있는 피에르는 이렇게 말했다. "아무것도 확인하지 않는 연습을 했어요. 형의 전화를 시도 때도 없이 받거나, 형이 원하는 것은 뭐든지 바로 들어주는 것을 그만두었어요. 형이 부를 때 무조건 달려가는 것도 하지 않기로 했지요. 대신 나를 위한 시간을 가졌어요. 처음에는 많이 불안했지만 조금씩 이러한 불안 속에서 생활하는 게 익숙해지기 시작했지요."

잔느는 이렇게 말했다. "내 휴가를 반납하고 니코엘을 감시하는 건 아무 소용없는 일이라는 사실을 깨달았어요. 처음엔 정말 힘겨웠어요. 아들과 저 사이에 일정한 거리를 두어야 한다는 사실을 인정해야만 했으니까요. 무척이나 힘든 것은 사실이었지만, 제가 보기에도 이런 저의 생각이 문제의 핵심처럼 보였어요. 처음에는 외롭고 심지어 고통스럽기까지 했어요. 그런데 아들과 거리를 두는 태도를 지켜나가다 보니, 어느 순간 적잖이 무뎌진 제 모습을 발견했어요."

피에르와 잔느가 경험한 것처럼 의존적 가족을 통제하려는 욕구를 단념한 조력자라면, 누구든지 처음엔 갈피를 잡지 못하는 느낌을 지울 수가 없습니다. 그러다가 어느 순간 다시금 자기 자신과 마주하게 되지요.

잔느의 말이다. "저는 평생을 주변 가족들을 도우며 지내왔어요. 꼭 직장에서 일하듯 말이죠. 항상 철두철미하게 조력자 노릇을 해왔지요. 이젠 내가 지금껏 해온 희생 때문에 특히 스스로를 돌보지 못했다는 생각이 들어요."

어떤 형태로든 분리가 이루어지면 매우 불안한 실존적 문제가 제기됩니다. 엄마, 아빠, 형, 언니, 동생 등 다른 사람을 돕는 일에 전념해야 할 의무가 없어진다면 나는 내 인생을 어떻게 살아갈 수 있을까? 삶의 의미에 관한 본질적인 문제가 당장 떠오르고, 그 문제를 피해가기 보다는 스스로 마주해야 함을 깨닫게 되지요.

타인의 책임을 대신 짊어지지 않기

이제 우리는 의존적 괴롭힘의 상황이 벌어지는 순간, 주 조력자가 의존적 가족의 수많은 책임을 대신, 그것도 혼자 짊어진다는 것을 잘 압니다. 여러 가지 행정 절차부터 건강, 돈 문제까지 말이지요. 더불어 의존적 가족의 실존적 책임까지도 맡았다고 생각합니다. 그의 삶의 의미를 찾고, 그의 삶의 욕구를 확고하게 만드는 일 등을 말이지요. 하지만 결국에는 이와 같은 역할은 수행하는 일이 사실상 불가능하다는 것을 깨닫게 됩니다.

피에르의 이야기입니다. "병원에서 당뇨라든지 이런저런 건강문제 때문에 형에게 당분이나 단백질을 금하라고 했어요. 그런데 제가 형을 병원 카페에 데리고 가면 형은 무조건 케이크와 당분이 잔뜩 들어간 음료만 집어 들어요. 그리고 병원 구내식당에 가면 고기 메뉴를 찾지요. 예전에는 형의 그런 모습에 화가 났어요. 형을 늘 감시하며 나무랐지요. 그런데 이제는 형을 그냥 내버려 둡니다. 그저 형한테 "형 마음대로 해."라고만 말하지요. 참 힘든 일이에요. 형이 일부러 스스로를 위험에 빠뜨리는 걸 가만히 지켜봐야 하니까요. 하지만 이제는 알게 되었어요. 자기가 죽고 사는 문제를 결정하는 것은 형 혼자만이 할 수 있다는 걸요."

일상적인 책임들은 떠안을 수 있다 쳐도 그 대상이 실존적인 것이 되면 얘기가 달라집니다. 실존적 책임은 절대 양도할 수 없는 것입니다. 서로 바꿀 수도 나누어 가질 수도 없으니까요. 다른 사람의 실존적 책임을 떠안을 수 있는 사람은 아무도 없습니다. 그저 환상을 품을 뿐이지요. **의존적 상황이 장기화되는 것을 감당할 자신이 없다면, 유일한 방법은 이러한 눈가림을 그만두는 것입니다. 피에르의 말처럼 형이 스스로를 죽을 위험에 처하게 하는 선택을 한다 해도 그건 형의 선택이고, 그 결과 또한 전적으로 형 몫인 것이지요.** 여기에서 우리는 모든 조력자가 의존적 가족은 자신과 분리된 상태로 존재한다는 사실을 수용하는 이미지 트레이닝을 필수적으로 수행해야 한다는 결론을 얻을 수 있습니다. 이러한 조건이 갖춰져야지만 주 조력자를 비롯한 나머지 가족 구성원들이 '죽음의 직면 단계'에 있어 마지막 단계에 도달할 수 있습니다(87~89페이지 참조). 이 마지막 단계는 실존적 고립을 수용하는 연습과 다름없습니다. 이와 같은 연습을 통해서 조력자는 자신과 의존적 가족 사이의 거리에 익숙해져야만 합니다. 예컨대 항상 진심과 최선을 다해 대응해야 한다는 강박을 떨쳐버린다거나, 의존적 가족이 도움을 요청하거나 곁에 있어달라고 할 때마다 무조건 대응하는 일을 멈추어야 합니다. 이를 통해 의존적 가족이 어떻게든 자기 스스로 선택하고, 그 결과를 받아들이도록 해야 하는 것이지요. 이와 같은 거리 두기를 제대로 실현하려면 정서적 의존이 심한 어른이 조력자에게 주로 던지는 두 가지 요구를 거절해야 합니다.

- 네가 나를 완전히 책임져야 해.
- 나는 모든 챙김을 받을 권리가 있어. 너는 나를 챙기는 의무만
  다하면 돼.

더 이상 자신을 버리지 않기

주 조력자는 계속해서 막연한 죄책감에 시달립니다. "좀 더 해줄 수 있었을 텐데.", "내가 해야 할 일을 제대로 못하고 있는 건 아닐까."라는 식으로요. 이들이 자주 내뱉는 하소연이지요.

죄책감에는 여러 가지 유형이 있다는 사실을 다시 한번 떠올려봅시다. 때로는 이러한 죄책감이 상황을 악화시키기도 합니다. 조력자는 예외 없이 의존적 가족의 요구에 제대로 대응하지 못하고 있으며, 자신의 노력이 다소 부족했다거나, 지원을 제대로 하지 못했다고 느낍니다.

언니에게 괴롭힘을 당하고 있는 가랑스의 말이다. "도무지 아무것도 할 수 없을 것 같은 순간들이 종종 있어요. 그럴 땐 언니의 전화도 받지 않았지요. 몸이 너무 안 좋아지고 나서는 그동안 내가 뭔가 잘못해왔다는 생각이 들었거든요. 하지만 전화를 안 받으면서도 뭔가 죄책감을 느껴요. 그리고 컨디션이 좋을 때는 또 그때대로 죄책감이 밀려와요. 언니는 이런 순간들을 누리지 못할 거라는 생각이 들거든요."

이와 같은 유형의 죄책감은 비교적 쉽게 떨쳐낼 수 있습니다. 조력자가 문제를 객관화하고, 이 문제는 자신이 어떻게 할 수 없는 것이며, 지속적인 도움을 주려면 오히려 약간의 거리를 두는 것이 옳거나 효과적이라고 생각할 수 있으면 되니까요.

반면 떨쳐내기가 조금 더 어려운 다른 유형의 죄책감도 있습니다. 이 죄책감은 실제로 어떤 잘못을 저질렀기 때문이 아니라 조력자 스스로 나쁘거나 수치스럽게 여기는 생각들에서 비롯된 것입니다.

아들에게 괴롭힘을 당한 프랑시스의 말이다. "사는 게 정말 미칠 것 같이 힘들 땐 속으로 불현듯 이런 생각이 들기도 해요. '아들 녀석이 또 자살 기도를 해서 정말로 죽으면 모두를 위해 차라리 더 좋은 것 아닌가?'하고 말이지요. 하지만 저도 모르게 머릿속을 스친 그 생각에 깜짝 놀란 뒤엔 저 자신에게 금세 화가 치밀어 오르고, 많이 슬퍼지지요."

물론 이들이 이런 생각을 받아들이는 건 아닙니다. 조력자들도 인간이므로 당연히 우리를 살아 움직이게 하는 가치들과 모순되거나 때론 충격적인 생각들을 할 수는 있습니다. 인간의 가치를 드러내는 것은 인간이 하는 생각이 아니라, '그러한 생각을 바탕으로 결국 어떤 행동을 하느냐'에 달려있는 겁니다.

앞서 살펴봤듯이 이 두 가지 유형의 죄책감 이외에 또 다른 유형의 '실존적' 죄책감도 있습니다. 이 죄책감은 자기실현을 거부하는 데서 비롯됩니다. 이 경우 주 조력자는 자신이 의존적 가족을 도우려는 의지가 겉으로 보이는 것보다 훨씬 더 이해관계와 얽혀 있다고 판단할 때가 많습니다. 이번에도 조력자가 의존적 가족에게 보이는 의존성과 그 관계를 토대로 한 타협 문제가 등장합니다. 실제로 조력자 중 상당수가 이렇게 말합니다. "도와주면서 제 삶의 의미를 찾을 수 있어요.", "그 사람을 돌보는 일은 제 소명과도 같아요.", "스스로가 원하는 만큼 인생을 제대로 살지 못한다는 생각이 들 때, 의존적 가족을 도와줘야만 하는 제 처지를 위안으로 삼아요.", "의존적 가족을 돕는 일이 결국에는 다른 가족들 눈에도 상당히 대단하게 보일 겁니다."…. 다른 사람을 돕는 것이 언젠가 맞닥뜨릴 수 있는 자기 실존에 관한 여러 가지 문제를 효과적으로 잠재운다는 것을 모두가 잘 알고 있습니다. 의존적 관계에 의지해 다른 누군가에게 온통 신경을 쏟으면, 자기 자신이 가진 문제들이 더 이상 급하게 보이지 않겠지요. 그렇게 자신을 잊는 겁니다. 그렇기 때문에 의존적 함정에서 빠져나오려는 조력자는 스스로 자신과 관련된 좋은 기억을 떠올리고, 자기만의 삶을 살아가며, 자기 자신을 최우선으로 생각하려는 마음을 훨씬 더 키워야만 합니다. 그렇게 하지 않으면 말 그대로 자신의 에너지를 계속해서 헛되이 흘려보내야 하니까요.

진짜 자비심의 힘

과연 이와 같은 매달리는 가족의 의존성은 치료할 수 있는 걸까요? 정서적 고통과 타인에게 매달리고 싶은 욕구를 어떻게 내려놓게 할 수 있을까요? 우선 전형적인 두 가지 예를 구별하는 것이 좋습니다.

먼저 가장 흔한 경우로 의존적 어른이 아직 사회생활에 어느 정도 적응할 때입니다. 이들은 비교적 안정적인 삶을 이끌 수 있는 것처럼 보이며, 일도 하고, 자식도 기르고, 집도 가지고 있는 등의 모습을 보이지요. 대체로 주변 가족에게 부탁하는 일이 꽤 많기는 해도, 어쨌든 스스로를 돌아보고 개인적인 어려움을 살필 줄 아는 모습을 보입니다. 또, 보다 만족스러운 삶을 살아가는 방법들을 찾기도 합니다.

두 번째 경우는 의존적 어른이 방황하는 삶을 살아가며, 여러 가지 실패와 돈 문제, 관계 단절, 불확실한 관계를 거듭할 때입니다. 이들은 만성적으로 불안정한 모습을 보이고, 자신의 문제를 돌아보기 무척 어려워하거나 아예 못하기도 하지요. 또한 자신에게 주어진 책임을 제대로 살피지 않고, 나아지려고 노력하지도 않으며, 하물며 심리치료의 도움을 받을 생각도 없습니다.

첫 번째 경우에는 상황을 낙관적으로 볼 이유가 충분히 있습니다. 이 경우에 속하는 의존적 어른은 우선 자기 스스로 의존적 괴롭힘의 상황을 끝내겠다는 생각을 하지는 못해도, 지나치게 다른 사람과 의존적 관계를 맺으려는 성향에 대해 스스로 문제를 제기할 수는 있습니다. 물론 정신과 의사를 찾아가 상담치료를 받을 수도 있습니다. 다만 의사를 찾는 이유는 의존성 때문이 아닙니다. 이들이 정신과를 찾는 가장 흔한 이유는 급성 불안발작 혹은 우울증에 대처하거나, 무미한 삶을 살아가는 것에 대한 고통스러움을 타파하기 위한 도움을 얻고 싶어서입니다. 타인에 대한 지나친 의존으로 인해 불가피하게 이러한 고충이 나타나는 것이 사실 다행스러운 일이기도 합니다. 의존적 어른이 이러한 증상들과 마주한 덕분에 심리치료를 받겠다는 결심을 할 수 있으니까요.

이 경우에는 실존주의 심리치료를 보통 6개월에서 1년 정도로 단기간만 받아도 효과를 볼 수 있는 확률이 아주 높습니다. 단기간에 불안감 및 죄책감, 분노가 완화되고, 중장기적으로 자신의 지나친 의존으로 인해 가족 혹은 친구를 괴롭히는 상황을 끝낼 수 있지요. 또 여러 가지 관련 신체적 및 정신적 증상의 해소 효과를 볼 수도 있습니다. 그렇지만 실존주의 심리치료를 만병통치약이라고 생각해서는 안 됩니다. 다른 심리치료 방법들과 마찬가지로 이 방식 또한 성공하기도 하고 실패하기도 하니까요. 모든 건 의존적 가족인 내담자가 '변화하려는 의지를 가지고 적극적으로 참여하느냐 마느냐'에 달려 있습니다.

그렇다면 불안정하거나 삶에 부적응한 의존적 어른의 경우는 어떨까요? 이 경우에는 문제가 복잡하다는 것을 인정해야만 합니다. 실제로 이 경우에 속하는 의존적 어른은 심리학자와 정신과 의사를 피하고, 개인적인 변화를 이끌어내는 제안은 뭐든지 무조건 거절하려는 성향을 보입니다. 물론 상황에 따라, 예컨대 입원을 한 경우에는 일대일 혹은 그룹 심리지료 상담을 몇 차례 받을 수는 있겠지만, 여전히 열의는 없는 상태일 겁니다. 상담치료 과정을 진행하기로 수긍한다고 해도, 그저 상담을 받기로 강요당한 느낌이 들어서거나 혹은 그 안에서 당신과 의존관계를 유지하는 새로운 방식을 찾았기 때문이겠지요.

그런데 중요한 것은 의존적 어른 본인의 의지와는 상관없이, 또는 실질적인 동기 없이 이루어진 심리치료에서 어떠한 효과를 이끌어낼 가능성은 전혀 없습니다. 의존적 어른은 분명히 어떤 문제가 있고 바꿔야 한다는 것을 아주 잘 알지만, 이와 동시에 항상 지금은 변화할 때가 아니라거나 스스로 그럴 만한 능력이 없다고 생각하기 때문입니다. 그렇다 보니 결국 주변 사람은 의존적 어른 스스로 내적 변화를 이끌어내고 싶어 하는 계기를 기다릴 수밖에 없게 되지요.

이와 같은 계기는 정신분열증과 같은 매우 심각한 정신질환을 앓는 환자에게서도 나타날 때가 있습니다. 특히 조력자인 당신이 날마다 스스로를 돌아볼 뿐만 아니라, 부적응한 가족을 꾸준히 최대한 자비롭게 대하며 상황을 호전시킬 때 이러한 계기가 나타납니다. 이때 조력자가 베푸는 자비심이 방어적인, 즉 의존적 관계를 지키기 위한 마음에서 나온 것이면 안 됩니다. 의존적 가족이 스스로의 존재에 관해 온전히 책임을 지도록 하면서, '진짜' 자비심을 베풀 때 조금씩 상황이 호전될 가능성을 점칠 수 있습니다.

카멜리아의 사례는 특별하다. 서른이 될 때까지는 비교적 순응하는 삶을 살았지만, 그 후에 반복된 마음의 무너짐으로 현재는 사회에 적응하지 못하며 극히 불안정한 사람이 되었다. 하지만 그녀는 용기를 내어 실존주의 심리치료를 받았으며, 이를 통해 스스로의 자율성을 되찾음과 동시에 자유롭고 평온한 세 번째 인생을 살 수 있게 되었다.

카멜리아는 한 정신건강센터를 통해 나를 찾아왔다. 처음 그녀를 만났을 때 그녀는 몸과 마음이 피폐해진 55세의 중년 여성이었다. 오랜 정신질환으로 심각하게 불안정한 상태였으며, 과도한 정신질환 치료 약물 및 진정제 복용으로 말투가 어눌했고, 자주 멍한 모습을 보였다. 손 떨림 증상도 약간 있었다. 카멜리아는 회복에 대한 희망을 잃고 낙담해 있었다. 그럴 만했다. 나를 찾아오기 직전까지 양극성 장애인 조울증 진단을 받고 1년 내내 정신병원에서 살다시피 한 터였다. 조울증은 지나치게 우울한 기분, 무력감, 자폐, 자살 욕구를 보이는 우울증과 지나치게 고양된 기분, 흥분, 비현실적인 계획, 지나친 자신감을 보이는 조증이 번갈아 나타난다. 또한 터무니없는 생각, 방향감각 상실 등의 과대망상증까지 동반한다.

카멜리아는 1년간 정신병원에 있으면서 심리치료와 함께 전기충격요법을 40여 차례 받았지만, 별다른 효과는 없었다. 약물요법으로 어느 정도 안정된 상태를 유지하기도 했지만, 비관적인 생각을 떨쳐내지는 못했다. 그녀는 낙담한 듯 말했다. "이미 자살 기도를 수차례 했고, 지금도 여전히 그 생각을 해요. 정신병원에서 퇴원하기 직전에 정신과 의사가 이렇게 말하더군요. "당신은 이제 폐차를 앞둔 차나 다름없습니다." 그러면서 한 마디 덧붙이기를 이제 내게 남은 유일한 방법은 요양원에 들어가는 거라고 했어요."

카멜리아의 가혹한 시련은 25년째 이어져 오고 있었다. 그 동안 수차례 '발광' 증세를 보여 입원도 여러 번 했다. 그런데 그녀가 살아온 과거를 돌이켜보면 이런 상황의 원인이 될 만한 특별한 어려움이 보이지 않았다. 트라우마나 유의미한 장애나 유전적 특성도 없었다. 오히려 카멜리아는 별문제 없는 정다운 가족 품에서 자랐다. 별문제 없이 대학을 마치고, 자신이 원했던 직업을 구해 활동적인 삶에 뛰어들었다.

서른 살 즈음에 정신착란 증세가 처음으로 찾아왔다. 이제 막 부모 품을 떠나 원룸을 구해 독립해서 산 지 얼마 되지 않았을 때였다. 어느 날 밤 갑자기 그녀는 시공간 개념을 잃고 말았다. 내가 지금 있는 곳이 어디지? 지금이 몇 월 혹은 몇 년도이지? 그녀는 자신이 시공간 개념을 잃고, 견디기 힘든 불안감에 사로잡힌 것을 깨닫고는 스스로 미쳤다고 생각했다. 그러고는 깊은 절망에 빠졌다. 그녀의 엄마가 긴급히 의사를 불렀으며, 의사는 그녀를 검사하고 안심시켰다. 그저 과로 증세의 일종이라고 했다. 그녀의 생활은 다시 안정을 되찾은 듯했다.

카멜리아는 그로부터 5년 뒤 또다시 발작을 일으켰다. 그런데 이번에는 증상들이 이전보다 훨씬 더 오래 지속되었다. 정신병원에 입원해야만 했고, 병원에서 몇 주를 지낸 뒤에야 정상적인 상태로 돌아왔다. 이젠 더 이상 과로의 문제가 아니었다. 이미 양극성 장애가 언급되기 시작했다.

카멜리아는 이후 결혼해서 자식도 한 명 낳고 별문제 없이 직업생활도 얼마간 이어나갔다. 하지만 몇 년 동안 그녀는 끊임없이 극심한 불안감에 시달렸다. '발광' 증세도 수차례 나타났다. 처음에는 드문드문 나타났지만, 나중에는 점점 그 간격이 줄어들고 규칙적으로 나타나 결국 일종의 만성우울증에 빠질 정도가 되었다.

나를 찾아왔을 땐 카멜리아도 스스로 가망이 없다고 여기고 있었다. 언제고 또다시 불안발작이 일어날까 봐 두려움에 떨며 거의 집에만 틀어박혀 있던 상황이었다. 이미 완전히 의존적인 사람이 되어 있었다. 남편은 카멜리아와 이혼했음에도 여전히 스무 살 된 딸과 함께 그녀를 보러 와서 그녀의 거의 모든 일상적인 활동을 도와주고 있던 상태였다.

카멜리아는 성별을 불문하고 발병률이 1퍼센트에 불과한 기분장애인 양극성 장애를 겪고 있었습니다. 여타 대표적인 정신질환 대부분과 마찬가지로, 해당 질환 역시 발병 원인이 제대로 알려지지 않은 상태입니다. 최근에 이루어진 연구들도 근본적 원인은 밝혀내지 못했지만, 일종의 취약점으로서 유전자적 특성과(관련 유전자들이 여러 가지 있음) 뇌의 특정 신경전달물질 이상을 언급하기는 합니다. 이러한 관점에서 보자면, 특정한 사람들에게서 해당 장애가 발현되기 쉬운 소지가 있다고 말할 수는 있습니다. 사실 양극성 장애는 여러 가지 동인의 작용으로 발현되고 심해집니다. 특히 살면서 겪는 일련의 힘든 일들, 예를 들어 어릴 때 경험한 주변 사람의 죽음, 애정결핍, 사고뿐만 아니라 항정신성 약물 복용 및 수면부족도 동인으로 작용하지요.

이미 실행된 연구와 치료 방식들을 부정하는 것은 아닙니다만, 실존주의 심리치료의 관점에서는 이것만으로는 충분하지 않습니다. 더욱이 실존주의 전제에 따르면 인간은 항상 자신의 존재적 책임을 오롯이 짊어져야 하지요. 결국 이와 관련해 심리치료적 관점에서 던질 수 있는 질문은 다음과 같습니다. 존재 혹은 삶에 관한 근본적인 문제들과 마주하는 방식이 어느 정도로 양극성 장애 증상들에 영향을 미치는 걸까?

상담 중에 카멜리아는 자신에 대해 상세히 이야기하며 오래 전에 자기 자신에 의해, 자기 자신을 위해 스스로의 존재를 거부한 사실을 털어놓았습니다. 그녀는 항상 삶의 무대 전면에 나서기보다는 무대 뒤에 머무르기를 더 좋아했습니다. 이러면서 당연한 수순으로 점차 수동적이고 의존적인 모습을 보이고자 애쓰게 되었으며, 이러한 의존성을 정당화시킬 만한 여러 가지 결핍과 미숙함을 점차 키워나가게 되었다고 합니다. 예컨대 기억력 감퇴, 다양한 부적응, 떨어지는 방향감각 등을 내보임으로써 주변 사람들이 어쩔 수 없이 자신을 도와주고 자신 곁에 가까이 있도록 만드는 것이지요.

의존성은 카멜리아의 방어적 존재 방식과 다름없었습니다. 그렇지만 실존적 문제와 마주하는 것을 무시하고, 능동적인 삶을 피하고자 했던 견고했던 그녀의 모든 심리적 방어기제도 결국은 소용이 없었습니다. 결국 카멜리아는 자신이 분명히 부정하려고 애썼던 여러 가지 실존적 불안과 마주해야만 했습니다. 아이러니하게도 이는 자신이 가진 결핍을 증명하기 위해 내보인 여러 증상으로 인해, 끊임없이 자신이 의지하는 사람과 헤어져 스스로에게 전념하도록 위협받고, 결국 혼자만 남겨지게 되는 일이 허다했기 때문이지 않았을까요. 그녀에게 있어 명백한 분리는 극도의 절망으로 이어질 수 있는 위협과 마찬가지였고, 결국 심리적 보상작용 실패에 이르고 말았던 것입니다. 실제로 그녀는 매번 가족과 멀리 떨어지는 경험을 한 뒤에 '발작' 증세를 겪었습니다. 처음으로 독립해서 원룸에 들어갔을 때, 아버지가 돌아가셨을 때, 딸이 해외 유학을 떠났을 때, 담당 정신과 의사가 다른 곳으로 전근 갔을 때, 최근에 남편과 이혼했을 때와 같이 말입니다. 이와 같은 사건들의 사이에는 균형을 이루며 제법 안정적이고 자율적인 삶을 살아갔던 시기도 있었습니다. 그런데 몇 년 전부터 더 이상 그럴 만한 여력이 없는 상태에 이르렀습니다. 특히 직업적인 부분에서 어떤 일도 지원할 수 없게 되었습니다. 의존적 관계를 맺고자 하는 의지를 자기실현이라는 상반된 의지로 더 이상 메우지 못하게 되었던 것이죠. 그래서 결국 극도로 의존적인 태도를 고집하게 된 것입니다. 아울러 항상 다른 사람들에 비해 열등한 위치에 있다고 느끼게 되었으며, 자신의 행동이 다른 사람들에게 무조건 인정받을 수 있도록 애쓰게 된 것이죠. 그녀는 자신의 세계가 "모든 것이 모호하고 도무지 이해할 수 없는 불안으로 가득 찬 거대한 냄비와도 같다."라고 말합니다.

정신질환을 겪는 사람 중에는 그 병의 원인이 일정 부분 자신에게 있다는 생각에 충격을 받는 사람도 있을 겁니다. 실제로 오늘날에는 정신질환들이 결국 생물학적 요인들과 주로 관련이 있을 거라는 의견을 따르며 환자 스스로의 책임을 면제하려고 하는 경향이 있습니다. 그러나 이러한 **책임 면제는 환자들을 무력화하고, 환자들이 회복을 위해 자기 스스로 무언가를 할 수 있다는 생각을 하지 못하도록 만듭니다. 매우 불행히도 결국 이들은 더욱더 의존하게 되지요. 즉, 병원, 정신건강센터, 상담센터 등의 기관에 의존하고, 약물에 의존하고, 주변 사람들에게 의존하는 것입니다. 말 그대로 자신의 삶에서 추방당한 상태에 이르게 될 정도로 말이지요.**

초반에 이루어진 상담시간에 저는 카멜리아에게 그녀가 두려워할 만한 질문을 하나 던졌습니다. "당신은 뭘 하면서 살 건가요?" 그녀는 아예 질문을 이해하지도 못한 채, 기어들어 가는 목소리로 대답했지요. "해변을 거닐러 갈 거예요…." 그래서 저는 다른 방식으로 질문을 수정했습니다. "당신이 지금 스무 살이라면 똑같은 질문을 했을 때 분명히 해변을 거닐고 싶다고 대답하지 않았을 겁니다. 대신 공부를 하고 싶다거나, 어떤 직업을 가지고 싶다거나, 아이를 가지고 싶다고 대답했겠지요." 그러자 카멜리아는 한참 동안 가만히 생각하다가 결국 이렇게 말했습니다. "모르겠어요." 이처럼 그녀는 결국 자신에게도 미래가 있다는 사실을 완전히 잊어버린 상태에 이르고 말았던 것이지요. 요컨대 그녀가 여태까지 받아 온 다양한 형태의 보살핌이 그녀를 이렇게 만들었던 것입니다. 게다가 상담을 받으러 오기 직전에는 사람들이 그녀더러 요양원에 들어가는 것이 어떻겠냐는 이야기까지 했습니다. 이러한 상황에서 그녀가 어떻게 무언가를 바랄 수 있겠습니까?

실존주의 심리치료에서는 환자가 자신의 책임을 거부하려는 문제와 그 원인을 살펴보는 것을 절대적으로 중요하게 여깁니다. 이를 통해 환자가 다시 자신의 삶과 미래의 주인이 되는 것이지요. 이러한 과정을 거치면서, 환자는 아주 강력한 치료 효과를 경험하게 됩니다. **자신이 겪는 문제의 원인이 자기 자신에게 있다는 사실을 인정하게 되면, 또 한편으로 그만큼 스스로에게 그 병을 무찌를 수 있는 힘이 있다는 것도 깨닫게 되기 때문이지요.**

자기 자신과 마주하기

의존적 어른이 자기 자신을 되찾게 하기 위해서는 자신을 그저 타인의 연장선상에 놓인 비개성적 존재가 아니라, 특별하고 유일한 존재로 만드는 자신만의 다양한 특징들을 떠올리게 해야 합니다. 자신이 어떤 사람인지, 무엇을 느끼고 원하는지를 또다시 살펴보게 해야 하지요. 어떻게 할 수 있을까요?

저는 또 다른 심리치료에서 일부 기법을 착안했습니다. 이 또한 실존주의 심리치료와 연결점이 있는 게슈탈트 치료입니다. '게슈탈트Gestalt'는 '형태', '구조', '조직'을 가리키는 독일어입니다. 요약하자면 게슈탈트 치료는 우리가 삶을 지각하는 방식이나, 끊임없이 세상 혹은 타인과 접촉하면서 삶에 형태와 의미를 부여하는 방식, 그리고 삶 속에서 마주하는 일련의 사건들에 적응하는 방식에 집중합니다. 상담치료를 할 때에도, 동작, 연극, 춤, 미술 등을 매개로 한 여러 가지 기발한 훈련 방식 덕분에 내담자가 그동안 단절되어왔던 여러 가지 감정들을 다시 떠올릴 수 있도록 도와주는 일이 가능하지요.

간단하면서도 유명한 상담 사례가 바로 게슈탈트 치료의 창안자, 프리츠 펄스Fritz Perls가 상담한 어느 내담자의 이야기입니다. 이 내담자는 상담을 하는 동안 자신이 앉은 소파의 팔걸이를 무의식적으로 탁탁 두드렸습니다. 이러한 행동은 신경과민 증상이었을까요? 불편해서였을까요? 아니면 화가 나서였을까요? 프리츠 펄스는 내담자에게 살짝 두드리는 행동을 보다 세게 해보라고 했습니다. 그러자 두드리는 행위가 점점 내려치는 행위로 바뀌었죠. 그제야 내담자는 그동안 무시하려고 애쓰며 억제했던 분노의 감정을 밖으로 드러낸 것입니다. 그때까지 겉보기에 냉정해 보이도록 했던 모습보다 훨씬 더 진실되고 '진짜인' 분노의 감정이 드러난 것이지요. 내담자는 분노의 감정을 분명히 드러내 보이고 표현하면서 비로소 자신을 되찾을 수 있었으며, 아울러 본래의 자기 자신과 다시 이어질 수 있었습니다.

게슈탈트 치료에 포함된 방대한 종류의 훈련방식 중 불확실한 부분을 드러나게 해주는 또 다른 흥미로운 기법이 있는데, 이른바 '두 의자' 기법입니다. 내담자는 자기 맞은편에 놓인 의자에 앉은 가상의 인물에게 말을 걸고 대화합니다. 내담자가 먼저 대화를 시작한 뒤, 가상의 인물 역할을 맡아, 맞은편에 놓인 의자로 옮겨가서 대답을 하는 식이지요. 이렇게 하다 보면 내담자의 여러 가지 감정과 신념, 느낌이 지닌 상반된 측면이 드러나게 됩니다. 이때 상담치료사는 내담자의 새로운 인식을 이끌어낼 수 있을 만한 몸짓과 억양, 자세를 비롯한 여타 상세한 행동을 관찰합니다. 말하자면 어떠한 설정된 상황 속에서 문제점을 찾아내는 새로운 방식이라고 할 수 있습니다. 해당 기법의 변형 방식 중에는 이른바 '빈 의자' 기법이 있습니다. 내담자가 가상의 인물과 대화하는 것이 아니라, 그 순간 자신이 겪고 있는 문제와 대화하는 것이지요. 그런데 큰 의미 없어 보이는 이 '연기'가 역시나 흥미로운 관점을 열어줍니다. 내담자가 평소의 고정관념에서 벗어나 지금껏 제대로 인지하지 못했던 내면의 여러 가지 생각들과 심리적 표상들을 발견하기 때문이지요. 이렇게 되면 내담자는 더 이상 스스로를 그저 자신의 생각과 감정, 욕구들을 수동적으로 모아 두기만 하는 존재로 여기지 않게 될 뿐만 아니라, 이 모든 것들이 온전하게 자신에게 속해 있었던 것임을 깨닫게 됩니다.

두려움으로 불안 이기기

앞서 언급했듯이 상담치료 과정 중에는 내담자에게 근본적인 질문 세 가지를 꾸준히 하게 됩니다. "기분이 어떤가요?", "어떻게 했으면 좋겠어요?", "어떻게 됐으면 좋겠어요?" 카멜리아는 이 질문들에 명확히 대답하게 되면서 자신의 오래된 욕구들을 다시 떠올리기 시작했습니다. 사진 촬영, 글쓰기, 과거 조산사로 일했던 시간 등 그동안 자신이 점점 포기했던 욕구들을 말입니다. 낡은 상자에서 예전에 쓰던 카메라를 다시 꺼내 근처 공원으로 나가 사진을 찍기 시작했습니다. 또한 과학 관련 잡지, 그중에서도 특히 의학 잡지를 다시 읽기 시작했지요. 그리고 그날그날 자신이 느낀 여러 가지 인상과 느낌을 일지처럼 기록하기 시작했습니다.

그러다가 그녀는 금세 카메라를 제대로 조작할 수 없다는 둥, 글을 읽는 게 너무 피곤하다는 둥, 그날 있었던 일을 일일이 기억해서 글로 쓰기가 힘들다는 둥, 이런저런 불평을 늘어놓았습니다. 그래서 또다시 그녀는 누군가의 도움과 지원을 받아야만 했지요. 전형적인 의존적 어른의 행동거부 현상이 일어난 겁니다. 주어진 상황에 직면하여 행동함과 주도적으로 어떤 일을 하는 것을 받아들임을 통해 자신의 존재감을 경험하는 순간, 의존적 내담자는 당연히 두려움을 느끼게 됩니다. 그래서 의존적 관계에 매달리던 예전의 반사적 행동들이 다시 고개를 들 수밖에 없는 겁니다. 그렇다 보니 카멜리아는 장보는 일도 두렵고, 잔돈을 제대로 내지 못할까 봐 두렵고, 사진을 예쁘게 못 찍을까 봐 두렵고, 제대로 이해하지 못할까 봐 두렵고, 또 밖에 나섰다가 길을 잃을까 봐 두려운 것이지요.

저는 지금 분명히 '불안'이 아니라 '두려움'에 대해 언급하고 있습니다. 그렇다면 이 둘 사이에는 어떤 차이가 있는 걸까요? '두려움'은 자신에게 속하지 않은 외부 대상과 관련이 있습니다. 우리는 항상 식별이 가능한 무언가에 대해 두려움을 느끼지요. 개, 밀폐된 공간, 질병, 즉 우리가 맞서거나 도망칠 수 있는 무언가 말입니다. 반면 '불안'은 어떠한 명확한 대상이나 위협과 관련된 것이 아닙니다. 불안에 빠진다는 것은 사르트르가 지적한 대로, 자기 자신 그리고 존재에 대한 책임감, 혹은 '스스로 어떻게 할 것인가'라는 실존적 문제와 마주했을 때 올라오는 불편한 감정만을 알아채고, 정작 그 불안감이 무엇 때문에 발생하는 것인지 그 원인에 대해서는 결코 제대로 알지 못하는 것입니다. 한편, 구체적인 현실 속에서 자신의 두려움과 제대로 맞선다는 것은 이러한 질문에 직접적인 행동으로 대응하는 것입니다. 그렇게 하면 더 이상 불안이 설 자리가 없지요. 여기에서 '자신의 두려움과 더욱더 맞설수록 불안감이 줄어든다.'라는 실존주의 상담치료 원칙이 잘 드러납니다.

어떤 사람은 매일 타인의 시선, 집 밖으로 나섰을 때 입을 수 있는 피해, 실패 혹은 실망을 경험하게 될 위험, 자신이 원하는 것을 얻지 못할 가능성 등의 다양한 삶의 시련과 이미 맞서고 있는데도 불구하고, 심각한 불안감을 느끼거나 공황발작을 겪는 사례들이 있다며 이의를 제기하겠지요. 하지만 그들이 정말로 그렇게 하는 걸까요? 그럴 가능성은 무척 희박합니다. 그들의 모습을 좀 더 자세히 들여다보면, 그들은 거의 대부분 그저 이러한 두려움에 맞서는 시늉만 한다는 것을 알 수 있습니다. 실제로 그들은 두려움을 잠재울 정도로 제법 강렬한 의존적 관계에 대한 환상에 기대어 두려움을 교묘히 피해 가는 셈이지요. 예컨대 그들은 타인과의 과도한 의존적 관계를 유지하며, 자신의 책임을 떠넘길 수 있는 오만가지 방법을 찾습니다. 직장에서나 가정 혹은 다른 곳에서도 다른 사람의 조언을 듣지 않고서는 결코 혼자 행동하지 않고, 타인과 분리되려 하지 않으며, 자신의 존재를 뚜렷이 드러내지 않으려 합니다. 뿐만 아니라 자기 자신에 의해, 자기 자신을 위해 행동하는 일을 무조건 회피하려 합니다. 그들은 항상 다른 누군가의 뒤에 숨어 아무런 대가도 치르지 않고 자신의 두려움과 맞서려고 하지요.

물론, 이에 대해 반박하는 사람도 역시 있을 겁니다. 하지만 이번에는 또 다른 의견입니다. 진취적이고 심지어 자기중심적이라고까지 할 만큼 독립적인 사람들, 예를 들어 탐험가, 예술가, 정치가, 기업가 중에는 일부러 위험을 찾아다닐 정도로 두려움을 대수롭지 않게 여기는 것처럼 보이는 사람들이 많지만, 이들도 불안감을 느끼는 것은 피할 수 없다는 겁니다. 여기에서도 역시나 겉치레와 가장을 경계해야만 합니다. 실제로 이러한 사람들은 자신의 취약점을 부정하게 만드는 영웅적인 전지전능함의 감정에 사로잡혀 지냅니다. 이들은 사실 두려움을 자주 느끼지만, 스스로 끄떡없다고 생각하지요. 그런데 주지해야 하는 부분은 바로 이것입니다. **자신의 두려움과 제대로 맞선다는 것은 '충분히 의식을 연 채로, 자신이 취약한 부분을 느끼고 수용한다'는**

것입니다. 또한 인간은 항상 어느 정도의 시련을 겪을 수밖에 없다는 명확하고도 두려운 사실을 직시한다는 것이며, 끝으로 이 세상에 모든 시련을 완벽하게 피해갈 수 있는 방법이 없음도 인정한다는 것입니다.

다른 모든 의존적 내담자와 마찬가지로, 카멜리아가 자신의 상처받기 쉬운 마음을 단련하기 위해서 필요한 것은 엄청난 도전이 아니라, 언뜻 보기에 보잘것없는 소소한 행위였습니다. 혼자 결정하고 선택하기, 아니라고 과감히 말하기, 자기 의견을 주장하기, 실수와 실패를 무릅쓰기 등이지요. 고립에 대한 두려움도 아주 간단한 방법으로 맞설 수 있습니다. 식당에서 혼자 점심 혹은 저녁 먹기, 혼자 영화관 가기와 같은 일들을 과감히 시도해보는 것이지요. 평범하고 소소해 보이는 이러한 여러 훈련을 시도해보기만 해도 즉시 치료효과를 확인할 수 있습니다.

이러한 행위를 통해 내담자가 두려움에서 벗어나려고 애쓰게 되면, 의존, 자폐, 무기력 등의 불안정한 심리적 방어기제는 사실상 약화될 수밖에 없습니다. 내담자의 내면을 말 그대로 갉아먹으며 장애를 유발하는 주범은 다름 아닌 이러한 심리적 방어 그 자체입니다. 비유하자면, 바깥에 나가도 조금만 조심하면 별일 없다는 것을 알고 나면, 더 이상 영원히 벙커에 틀어박혀 지낼 필요가 없다는 것을 깨닫는 상황과 유사하다 하겠습니다. 불안정한 심리적 방어기제가 근본적으로 수정되면서 보다 유연하고 현실에 적합한 방어기제가 새롭게 자리 잡게 됩니다.

재활

카멜리아는 자신의 두려움과 관련해 많은 훈련을 수행했습니다. 이 덕분에 스스로 자신의 미래에 대해 다시금 생각해볼 여지가 생겼지요. 그녀는 더 이상 다른 누군가가 자신을 돌봐주고 책임져주기를 바라지 않습니다. 예전에는 알고 싶어 하지 않았던 온갖 종류의 것들을 배우고 있습니다. 은행 계좌 및 행정 서류를 스스로 관리하고, 타인과 약속을 잡기 시작했으며, 자신이 먹는 음식에도 관심을 가지게 되었고, 세상일이 어떻게 돌아가는지 파악하며 매일같이 닥치는 삶의 수많은 역경들을 극복해 나가고 있습니다. 그녀는 주변 가족들이나 타인의 지시를 따르지 않고, 자기 스스로 무언가를 원하기 시작했습니다. 그리고 무엇보다도 자신의 진짜 인생 계획을 세우는 일을 받아들이기 시작했습니다. **자신이 겪고 있는 악순환에서 벗어나고자 한다면 "스스로 어떻게 할 것인가?"라는 질문에 대답하는 수밖에 없다는 것을 깨달은 것입니다. 사회생활을 다시 시작하고 하루 일과를 어떻게 보낼지에 대한 고민을 넘어서, 궁극적으로 스스로를 온전히 책임지고 자신의 삶을 살아가기 위해서 말입니다.**

그렇다면 그녀는 자기 스스로 병이 치료되었다고 생각할 수 있을까요? 극도의 신중함을 중시하는 정신건강 분야에서는 절대로 '완치'라는 단어를 사용하지 않습니다. 요즘은 '치료' 대신 '재활'이라는 단어를 더 많이 사용합니다. 여기서 '재활'은 환자가 정상적인 사회생활을 다시 시작하는 것을 의미합니다. 카멜리아는 현재 타인에게 전적으로 의존하는 태도를 보이지 않고 있으며, 주변 사람들과 보다 균형 잡힌 관계를 형성하기 시작했습니다. 물론 지금도 여전히 애쓰고 있지요. 하지만 이제 그녀도 인생은 자신의 것이고, 정서적 고통과 타인에의 의존이 자신에게 꼭 필요한 것이 아니라는 것을 알게 되었습니다. 다른 보통의 사람들처럼 말입니다. 반면 성공하지 못하는 환자들도 있습니다. 애써 보다가 결국 손을 들고 또다시 의존적 관계에 대한 환상에 굴복하고 마는 것이지요. 그렇다면 도대체 어떤 환자가 다른 환자보다 그 함정에서 좀 더 잘 빠져나오는 걸까요? 이는 심리학계에서 여전히 어려운 수수께끼로 남아 있습니다.

어쨌든 여기서 제가 말하고자 하는 바는 치료 기법 및 비결 목록을 나열하려는 것이 아닙니다. 이러한 방식은 여러모로 주어진 문제를 단순화하는 데 그치고 말 테니까요. 진정한 목적은 바로 변화를 이끌어낼 수 있을 만한 실존적 원칙을 끄집어내는 데 있습니다. 그러므로 상담치료를 하는 동안 이루어지는, 타인과의 발전된 인간관계가 대표적인 치료적 도구라는 사실을 분명히 짚고 넘어가야 할 것 같습니다. 더불어 같은 맥락으로 사회에 적응한 의존적 어른과 조력자에게 적합한 다른 형태의 치료방식들도 소개하고자 합니다.

나에게 맞는 치료

정신과 의사는 어떻게 찾아야 할까요? 무엇보다도 도움을 구하고 싶은 전문가가 심리치료사 혹은 임상심리사, 정신과 의사 자격증을 소지하고 있는지 확인하는 것이 중요합니다. 예컨대 해당 전문가가 명부에 이름이 등록되어 있는지 확인해볼 수 있 겠습니다. 또한 지금 이 책에서 의존성 및 의존적 관계가 주제인 만큼, 일절 말을 하지 않거나, 또는 대화를 주고받지 않거나, 어 떠한 설명도 하지 않는 심리치료사는 의존적 괴롭힘의 상황과 관련된 치료에 추천하고 싶지 않습니다. 같은 맥락에서 내담자 가 의존적이고 수동적인 자세로 치료에 임하도록 상담을 이끌려 는 성향이 있는 심리학자나 상담사는 무조건 피하는 것이 좋습 니다.

그러니까 모든 환자는 자신이 응하게 될 치료가 어떤 유형이 며 해당 치료기법의 원칙 및 목적, 근간이 무엇인지를 상세히 알 권리가 있다는 점을 주지해야 합니다. 상담 약속을 잡을 때 주저 하지 않고 실질적인 면, 즉 비용, 상담 기간, 해당 심리치료사의 소속 학파 등을 비롯한 기법 혹은 이론적인 사항 등에 대해서도 질문하세요. 마지막으로 심리학자의 윤리 규정(인터넷에서 열람 가능) 을 읽어 보면 심리치료사의 의무에 관해 상세한 정보를 얻을 수 있음도 알려드리고 싶습니다.

체계적 접근방식의 가족심리치료

체계적 가족치료에서는 사람을 단지 한 개인이 아니라 그 사 람이 살아가는 모든 환경, 즉 가족관계, 부부 사이, 때때로 직업적 틀을 이루는 부분으로 나누어 파악합니다. 이 치료방식은 의존적

괴롭힘의 상황을 극복할 때 대단히 유용하다고 자신 있게 말할 수 있습니다. 예컨대 해당 치료기법을 통해 가족 구성원들 각자가 맡은 역할을 명확히 말할 수 있지요. 누가 무엇을 하는지, 서로가 어떤 점을 비난하는지, 누가 누구의 희생자처럼 느끼는지, 임무와 특권을 어떻게 나누어 가지는지, 각자의 취약점은 어디에 있으며 서로 어떻게 연결되어 있는지 말입니다.

심리치료사는 이러한 문제들을 명확히 드러나게 하기 위해 경우에 따라 이른바 '가족조각 family sculpting' 기법을 사용할 수 있습니다. 가족의 한 구성원에게 다른 가족 구성원들과 생활하는 모습을 조각하게 해서 각각의 구성원이 다른 가족 구성원과 어떤 관계 및 상황 속에 있는지를 밝힙니다. 즉, 치료 시간 중에 가족 중 한 명이 자신이 경험한 가족 간의 사건을 기억해내고 재구성하는 과정에서 느낀 자신의 감정을 표현하기 위해, 다른 가족을 공간에 배치하고 그들에게 개개인의 동작과 표정을 지시하는 방법입니다. 이 과정 중 주고받는 대화와 대답을 통해 가족 모두를 계속해서 괴롭힘 속에 가두어 온 무언의 소소한 약속들이 그대로 드러나게 됩니다.

체계적 가족치료의 또 하나의 목적은 가족 모두가 공유하고 있는 그들의 과거사나 특정 구성원에 대한 왜곡된 신념과 기대에 대한 '가족신화 family myth'와 부모의 명령("자라지 마", "너 마음대로 행동하지 마" 등)과, 더불어 대대로 전해져 오는 가족의 비밀을 확인하는 것입니다. 그동안 가족 구성원 중 누구도 관심을 기울이지 않았던 부분들이지요. 이를 통해 가족 구성원 간에 이루어지던 기존의 상호작용 방식이 어떤 식으로 가족 안에서 기능장애 혹은 불화를 일으키는 데 작용했는지를 밝혀냅니다. 동시에 이를 옳은 방향으로 수정하고자 하는 것입니다. 실제로 지목된 환자에 의해 구현된 이러한 불화들은 일상적인 생활에 지장을 초래하는 증상의 원인이 될 때가 많습니다.

이러한 가족치료는 비교적 치료 기간이 짧다는 장점이 있습니다. 가족 구성원 모두에게 동기 부여가 잘 되기만 하면, 십여 차례 이내의 상담만으로도 가족 내에 변화를 불러일으킬 수 있습니다. 그렇지만 이러한 변화는 결국 불가피한 가족해체 과정을 동반하게 됩니다. 이것은 대부분의 가족이 꺼리는 과정이지요. 그러므로 가족 구성원의 거센 감정적 저항 즉, 분노, 상담에 결석하는 것 등을 극복해야만 합니다. 또한 체계적 가족치료에 쓰이는 장치는 여타 다른 치료방식의 장치보다 복잡하고 무거울 수 있다는 점을 명심해야만 합니다. 우선 치료사가 두 명이고, 원칙적으로 상담치료를 녹화한 뒤 판독하는 과정을 거칩니다. 간혹 치료사 중 한 명은 안에서는 밖이 보이지 않고 밖에서만 안을 들여다볼 수 있는 곳에 있으면서, 전화로 파트너 치료사와 대화하며 상담 과정에 개입하기도 합니다. 끝으로 이 가족치료는 가족 구성원 전원이 규칙적으로 열심히 참여해야지만 효과가 나타날 수 있습니다. 하지만 정서적 의존이 심한 가족은 상담을 거부할 때가 많습니다. 이런 경우는 치료효과가 한정적일 수밖에 없습니다.

인지행동치료

'인지행동치료cognitive behavioral therapy'는 우울증, 공포증, 공황발작과 같은 여러 병리의 치료뿐만 아니라 심지어 일부 정신장애의 치료에서도 인지교정의 큰 효과가 입증되었습니다. 그런 이유로 최근 20~30년 동안 입지가 비약적으로 커졌습니다. 명칭에서 드러나듯 인지행동치료는 무엇보다도 인간의 인지과정과 행동에 관심을 보입니다. '생각'이라는 뜻의 라틴어 'cognitio'에서 온 '인지cognition'라는 용어는 인식, 믿음, 정신적 표상과 정보가 뇌에서 처리되는 과정을 가리킵니다.

심리치료사는 내담자가 자신의 생리적, 감정적 행동과 연관된 스트레스, 불안 등과 같은 특정한 행동 및 사고의 유형을 어떤 방식으로 습득하는지를 진단합니다. 국제정신질환분류체계에 의거한 진단은 다음의 네 가지 단계를 따릅니다. 먼저 내담자와 그 주변 가족이 알려주는 관찰 가능한 행동을 수집합니다. 해당 수집 작업이 이루어지고 나면 치료 목표를 정합니다. 정해진 목표를 기준으로 내담자에게 각각의 치료기법을 설명한 뒤 실행합니다. 체계적 평가에 따라 치료를 끝냅니다.

인지행동치료는 다양한 기법을 사용합니다. '체계적 둔감화systematic desensitization' 기법을 예로 들 수 있습니다. 예컨대 개와 같은 대상에 공포증이 있는 환자의 경우, 몸을 편안히 이완하는 시간을 가지게 한 뒤 공포를 느끼는 대상을 먼저 머릿속으로 떠올려 보게 합니다. 그런 다음 사진으로 마주하게 하고, 마지막으로 실제 개 앞에 환자를 노출시킵니다. 이러한 훈련은 당연히 천천히 시간을 두고 심리적 표상에 관한 아주 치밀한 비판적 훈련과 함께 진행되어야 합니다.

또 다른 기법으로는 '자기주장훈련assertiveness training'이 있습니다. 이 방법은 특히 의존적 괴롭힘의 상황에 큰 효과가 있습니다. 실제로 이 훈련을 통해 환자는 자기주장을 펼칠 수 있게 됩니다. 즉, 자신의 관점을 주장하고, 스스로의 기대에 따라 행동할 줄 아는 능력을 키울 수 있게 되는 것입니다.

인지치료 영역에는 여러 가지 이형들이 존재하는데, 그중 도식에 근거한 치료가 있습니다. 인간이 살아가면서 자신이 겪는 경험을 받아들이고 해석하는 기본 틀인 '인지도식cognitive schema'은 자기 자신과 세상에 대한 안정적인 정신적 표상이라고 할 수 있습니다. 인지도식은 지극히 개인적인 생각과 믿음입니다. 때때로 경험을 부정적으로 해석하거나 잘못 해석해서 문제를 일으키는 '역기능적 인지도식dysfunctional cognitive schema'이 드러나기도 하는데, 이것은 대부분 유년기 때 형성된 것입니다. 또한 어떤 인지도식은 부모의 명령이나 나이가 들어가는 과정에서 문화적, 개인적으로 받아들인 다양한 방어적 명령으로 이루어진 경우도 있지요. 지금까지 수많은 도식 유형이 밝혀졌습니다. 이러한 유형 중 대부분은 앞선 여러 장에서 이미 설명했듯이, 타인을 향한 의존감 그리고 의존적 관계 추구와 연관됩니다. 그 예로 먼저 '유기·불안정Abandonment or instability' 인지도식이 있습니다. 어떤 관계도 신뢰할 수 없으므로, 늘 분리를 두려워하는 사람이지요. 다음으로 '정서적 결핍emotional deficiency' 인지도식이 있습니다. 자신의 정

서적 욕구가 절대 채워질 수 없다고 여기는 사람입니다. '의존·
무능dependence or incompetence' 인지도식도 있습니다. 스스로 어떤 결
정을 내리고 책임질 수 없다고 생각하는 사람이지요. 이 외에도
의존적 결합, 실패, 의존, 무능, 자기희생, 뭐든지 허락을 받고 싶
은 욕구 등이 드러나는 인지도식도 있습니다. 이러한 도식들은
일반화시킬 수 있는 특정한 방식을 형성할 정도로 상호 간에 유
기적으로 연결되어 있습니다. 이는 기능장애와 이어질 때가 많
습니다. 인지도식을 기반으로 한 치료는 환자의 생각과 감정, 행
동에 체계적으로 영향을 주며 존재 방식에 관여하고 또 변화시
킵니다. 유념해야 할 점은 해당 치료에서도 여러 다른 인간중심
적 접근방식에서와 마찬가지로, 환자와 공감관계를 얼마만큼 형
성하느냐가 변화를 이끌어내는 중요한 힘으로 작용한다는 사실
입니다.

맺음말

저는 '의존적 괴롭힘'이라는 이름을 붙여, 다양한 케이스의 의존 관계에서 생성되는 정서적 고통의 원인을 의존적 인격에서 찾아보려고 노력해왔습니다. 무엇보다 삶에 불어 닥친 곤혹스러운 상황을 겪는 이들에게 그나마 조금이라도 문제를 논리적으로 파악할 수 있는 방법을 알려주고 싶었지요. 하지만 결코 쉽지 않은 일이었습니다. 경우에 따라 전문가가 겉보기에 그럴싸한 설명을 풀어놓는다고는 해도, 실제로는 주어진 문제를 해결하기는커녕 오히려 더 복잡하게 만들 때도 있습니다. 그렇다 보니 의존적 관계에 집착하는 사람에게 다소 성급하게 '인격이 비뚤어진' 혹은 '유해한' 사람이라는 낙인을 붙이게 됩니다. 이 낙인은 우리가 자신은 부모, 형제자매나 배우자에게 정신적인 괴롭힘을 당하는 '피해자'라고 여기는 원인이 됩니다. 하지만 이들은 그저 정서적 의존도가 심한 것뿐입니다. 때문에 저는 괴롭힘의 또 다른 유형

인 의존적 괴롭힘을 제대로 고찰해볼 필요가 있다는 생각이 들
었습니다. 이러한 심리적 문제들을 보다 잘 파악하면 이 문제에
서 벗어날 수 있는 길이 열릴 거라는 희망을 안고서 말입니다.

아쉽게도 이 책에서 관련된 모든 내용을 정확히 풀어낼 수는
없었습니다. 하지만 의존적 괴롭힘과 의존적 관계에 집착하는
것과 관련한 여러 개념들을 크게 네 가지 원칙을 통해 접근함으
로써, 문제의 핵심을 보다 정확히 파악할 수 있는 방향을 제시하
고자 했습니다. 당연히 이러한 개념들은 서로 논의되어야 하고,
필요하다면 수정될 수 있습니다. 그러다가 언젠가는 다른 개념
으로 대체되어야 할 수도 있겠지요. 심리치료 영역에서 생겨난
다른 여러 개념이 대부분 그러한 과정을 거치듯 말입니다.

게다가 이 책은 실존주의 심리학을 조금 더 제대로 알리고자
하는 바람에서 쓴 것이기도 합니다. 실존주의 심리학은 분명히
앞으로 역동적인 다른 접근법들과 어깨를 나란히 하며 점점 중
요한 역할을 하게 될 겁니다.

실존주의 심리학은 앞서 살펴봤듯이, 자신의 존재를 드러내
보이고, 실제 삶 속에서 그리고 관계 속에서 자신을 구체적으
로 자리 잡게 하는 것에 관심을 둡니다. 실존주의 심리학은 실질
적 경험에 관해 간단하지만 본질적인 질문들을 던집니다. '어떻
게 진짜 내가 될 수 있을까?', '나는 과연 참된 나로 변화할 수 있
을까?', '내가 가진 창의성을 어떻게 제대로 발휘할 것인가?', '어
떻게 자유로워질 것인가?' 사르트르는 이렇게 말했습니다. "인
간은 먼저 존재한 뒤 서로의 만남을 통해 세상에 모습을 드러내

며, _(중략) 최종적으로 내가 누구인지를 규정짓는다. 실존주의자는 인간을 이렇게 바라본다. 인간이 정의할 수 없는 존재라면, 본질적으로 아무것도 아니라고 말이다. 아무것도 아니었다가 나중에 자신이 스스로 만드는 대로 그 모습을 드러낸다." 여러모로 봤을 때 이와 같은 자유는, 감히 마법이라 할 수도 있을 정도로 정말 강력하게 다가옵니다. **만약 삶이 미리 결정지어진 것이 아니라면, 각자가 자신의 모습 그대로를 책임져야 하는 것이니까요. 하지만 한편으로는 이러한 실존적 자유가 우리 모두에게 놀라운 기회와 미래를 보여주기도 합니다. 각자가 이 세상에 처한 상황이 어떻든지 간에 언제든지 끊임없이 그 상황을 변화시키고 인생의 의미를 새롭게 만드는 것이 가능할 테니까요.**

참고문헌

- American Psychiatric Association, DSM-V, *Manuel diagnostique et statistique des troubles mentaux*, Paris, Elsevier-Masson, 2016.
- Ayduk O., Mischel W., Peake P. K., 〈Regulating the interpersonal self. Strategic self-regulation for coping with rejection sensitivity〉, *Journal of Personality and Social Psychology*, no 79, 2000.
- Loas G., Corcos M., *Psychopathologie de la personnalité dépendante*, Paris, Dunod, 2006.
- Hirigoyen M.-F., *Le Harcèlement moral*, Paris, La Découverte, 2003
- Boszormenyi-Nagy, G. Spark, *Invisible Loyalties, Reciprocity in Intergenerational Family Therapy*, New York, Harper & Row, 1973.
- Vannotti M., 〈Raison et déraison de la loyauté familiale. Un cas clinique〉, *Cahiers critiques de thérapie familiale et de pratiques de réseaux*, no 44 (1), 2010.
- Le Goff J.-F., 〈Thérapeutique de la parentification : une vue d'ensemble〉, *Thérapie familiale*, vol. 26 (3), 2005.
- Loranger A. W., 〈Dependant personality disorder. Age, sex and axis I comorbidity〉, *Journal of Nervous and Mental Disease*, no 184, 1996.
- Fiske S. T., *Psychologie sociale*, Louvain-la-Neuve/Paris, De Boeck Supérieur, 2008.
- Kernis M. H., Barclay L. C., 〈Stability and level of self-esteem as predictors of anger arousal and hostility〉, *Journal of Personality and Social Psychology*, no56, 1989.
- Daneault S. avec la collaboration de Lussier V. et de Mongeau S., *Souffrance et Médecine*, Québec, Presses de l'université du Québec, 2006.
- Naggar J., Noël L., *Fatigue de compassion. Quand aider conduit à l'épuisement*, rencontre des intervenants sociocommunautaires en HLM (RIS2016), Atelier conférence, 2016.
- Yalom I., *Thérapie existentielle*, Paris, Galaade, 2008
- Debray Q., Granger B., Azaïs F., *Psycho-*

pathologie de l'adulte, Paris, Masson, 1998, 2001.

- Bornstein R. F., *The Dependent Personality*, The Guilford Press, New York, 1993

- Loranger A. W., 〈Dependent personality disorder. Age, sex, axis I comorbidity〉, art. cit.

- Reich J. 〈The morbidity of DSM-III-R dependent personality disorder〉, *Journal of Nervous and Mental Disease*, no 184, 1996

- B. F. Grant et al., 〈The epidemiology of social anxiety disorder in the United States. Results from the national epidemiologic survey on alcohol and related conditions〉, *Journal of Clinical Psychiatry*, 2005.

- J. Masterson, D. Rinsley, 〈The borderline syndrome. The role of the mother in the genesis and psychic structure of the borderline personality〉, *International Journal of Psycho-Analysis*, no 56, 1975.

- O. F. Kernberg, *Severe Personality Disorders, Psychotherapeutic Strategies*, New Haven, Yale University Press, 1984.

- K. Wingenfeld, C. Spitzer, N. Rullkötter, B. Löwe, 〈Borderline personality disorder. Hypothalamus pituitary adrenal axis and findings from neuroimaging studies〉, *Psychoneuroendocrinology*, no 35, 2010.

- O. F. Kernberg, R. Michels, 〈Borderline personality disorder〉, *American Journal of Psychiatry*, no 166, 2009.

- Puérilisme mental : Dupré, 1903; infantilisme affectif : Jampolsky, 1948; personnalité infantile : Kernberg, 1982.

- A. Bertrand, *La Personnalité immature affective*, mémoire pour le CES de psychiatrie, Paris-VI, 1982.

- M. Tristan, M. Delage, D.Montaud, P.Thibault, 〈À propos de l'immaturité affective〉, *Médecine et armées*, 5, 9, 1977.

- C. Barrois, 〈Psychiatrie et armée〉, *Encyclopédie médico-chirurgicale. Psychiatrie*, Paris, Elsevier-Masson, 1984.

- J. B. Overmier, M. E. P. Seligman, 〈Effects of inescapable shock upon subsequent escape and avoidance responding〉, *Journal of Comparative and Physiological Psychology*, no 63, 1967.

- M. Seligman, S. Maier, 〈Failure to escape traumatic shock〉, *Journal of Experimental Psychology*, no 74, 1967.

- G. Bateson, D. D. Jackson, J. Haley, J. Weakland, 〈Toward a theory of schizophrenia〉, Behavioral Science, no 1, 1956.

- J. Bowlby, *Attachement et perte*, Paris, PUF, 2002.

- M. Ainsworth, 〈Attachment and exploratory behavior of one year-olds in a strange situation〉, in B. M. Foss (éd.), *Determinants of Infant Behaviour*, vol. 4, London, Methuen, 1969.

- J. W. Livesleyet al., 〈Dependent personality disorder and attachment problems〉, *Journal of Personality Disorders*, vol. 4, no 2, 1990.

- M. A. Whisman, A. L. McGarvey, 〈Attachment, depressotypic cognitions, and dysphoria〉, *Cognitive Therapy and Research*, no 19, 1995.

- E. Somer, 〈Maladaptive Daydreaming. A qualitative inquiry〉, Journal of Contemporary Psychotherapy, vol. 32, no 2-3, 2002.

- E. Klinger, M. D. Murphy, J. L. Ostrem, K. Stark-Wroblewski, 〈Disclosing daydreams versus real experiences. Attitudes, emotional reactions, and personality correlates〉, Imagination, Cognition and Personality, vol. 24, no 2, 2005.

- E. Somer, J. Lehrfeld, J. Bigelsen, D. S. Jopp, 〈Development and validation of the Maladaptive Daydreaming Scale〉, Consciousness and Cognition, no 39, 2009.

- G. Cole, 〈Existential dissonance. A dimension of inauthenticity〉, The Humanistic Psychologist, vol. 44, no 3, 2016.

- M. K. Suvak, B. T. Litz, D. M. Sloan, M. C. Zanarini, L. Feldman Barrett, S. G. Hofmann, ⟨Emotional granularity and borderline personality disorder⟩, *Journal of Abnormal Psychology*, vol. 120, no 2, 2011.
- Interview de L. Feldman Barrett, ⟨Are you despair ? That's good⟩, *New York Times*, 3th June 2016.
- R. A. Barkley, ⟨Distinguishing sluggish cognitive tempo from attention-deficit/ hyperactivity disorder in adults⟩, *Journal of Abnormal Psychology*, no 121 (4), 2012.
- R. Naviaux et al., ⟨Metabolic features of chronic fatigue syndrome⟩, *Proceedings of the National Academy of Sciences*, vol. 113, no 37, 2016.
- J. W. Brehm, *A Theory of Psychological Reactance*, Cambridge Mas., Academic Press, 1966.
- R. Laforgue, *Psychopathologie de l'échec*, Paris, Payot, 1941.
- R. Norwood, *Ces femmes qui aiment trop*, Montréal, Les Éditions internationales, 1985.
- C. Versaevel, ⟨La dépendance affective et la psychiatrie : une mésentente⟩, *L'Encéphale*, no 37, 2011.
- M. Larivey, ⟨Dépendance affective et besoins humains⟩, *La Lettre du psy*, vol. 3, no 7, 1999.
- C. Adam, *Psychopathologie et délinquance*, Bruxelles, Bruylant, 2015.
- S. Hart, H. Carrington, ⟨Jealousy in six-month-old infants⟩, *Infancy*, no 3, 2002.
- J.-S. Giraudet, I. Cantegreil-Kallen, *Comment aider ses proches sans y laisser sa peau*, Paris, Robert Laffont, 2016.
- C. Rogers, *Être vraiment soi-même. L'approche centrée sur la personne*, Paris, Eyrolles, 2012,
- L. Luborsky, B. Singer, L. Luborsky, ⟨Comparative studies of psychotherapies : is it true that everyone has won and all must have prizes?⟩, *Proceedings of the Annual Meeting of American Psychopathological Association*, no 64, 1976.
- M.-N. Salathée, ⟨Soin de l'âme. L'approche existentielle en psychothérapie⟩, *Sciences croisées*, no 7-8, 2011.
- A. T. Beck, *Depression, Clinical Experimental and Theoretical Aspects*, New York, Harper and Row, 1967.
- J. Young, J. Klosko, Je réinvente ma vie, Montréal, Les Éditions de l'homme, 1993, *La Thérapie des schémas. Approche cognitive des troubles de la personnalité*, Louvain-la-Neuve/Paris, De Boeck, 2003.
- J.-P. Sartre, *L'existentialisme est un humanisme*, Paris, Gallimard, 1996,
- Adam C., *Psychopathologie et délinquance*, Bruxelles, Bruylant, 2015.
- Allport G., Feifel H., Maslow A., Rollo M., Rogers C., *Psychologie existentielle*, Paris, Epi, 1971.
- Chaperon A.-F., *Prendre en charge les victimes de harcèlement moral*, Paris, Dunod, 2015.
- Debray Q., Granger B., Azaïs F., *Psychopathologie de l'adulte*, Paris, Masson, 2001.
- Hirigoyen M.-F., *Le Harcèlement moral*, Paris, La Découverte, 2003.
- Joublin H., *Réinventer la solidarité de proximité : manifeste de proximologie*, Paris, Albin Michel, 2005.
- Laforgue R., *Psychopathologie de l'échec*, Paris, Payot, 1941.
- Organisation mondiale de la santé, *CIM-10. Classification internationale des troubles mentaux et des troubles du comportement*, description clinique et directives pour le diagnostic, 10e édition, Paris, Masson, 2005.
- Vittorio L., *Les Troubles de la personnalité*, Paris, Flammarion, 1996.

⌒

감사의 말

먼저 이 책을 집필하는 동안 옆에서 도와주느라 신경을 많이 쓰고 영감을 주신 분들에게 감사한 마음을 전합니다. 늘 관심과 열정을 보내주고 격려를 아끼지 않은 엘렌 라그랑주Hélène Lagrange와 로랑스와 아가트 가르티Laurence et Agathe Garti 부부, 옆에서 항상 친절하게 도와주고 신중한 조언을 건넨 야닉 르리블Yannick Lerible, 명철한 판단으로 문제를 제기하고 집필한 내용을 다시 한번 읽어 준 장뤽 베르노Jean-Luc Bernaud와 린 로틀리에Lin Lhotellier, 면밀하고 건설적인 시각으로 도움을 준 실비안 봉트Sylviane Bonte, 풍부한 철학적 가르침을 전해 준 이브 세메리아Yves Séméria 교수, 시종일관 확신을 가지고 지지의 뜻을 보내온 임상심리학의 대가 시릴 파약Cyrille Pajak에게 감사드립니다.

또한 여러 증언과 반응으로 상당히 많은 사례들을 이 책에 실을 수 있도록 해준 모든 내담자들에게도 감사드립니다.

끝으로 나의 어머니 길 귀도 세메리아Gil Guido Séméria 여사께 경의를 표하고자 합니다. 평생토록 자신과 마주친 모든 이들에게 감히 인생을 살아갈 숭고한 용기가 되어준 어머니, 감사합니다.